FRÉDÉRIC LALOS
Meilleur Ouvrier de France Boulanger

LA BOULANGERIE

PRÉFACE DE Guy Savoy

PHOTOGRAPHIES D'Emanuela Cino

PRÉFACE

Guy Savoy

Le pain, meilleur complice de la cuisine, est aussi le premier ingrédient d'une table. Impossible d'imaginer dans notre pays une table sans pain. De la tartine du matin, en passant par le sandwich réconfortant, jusqu'aux différents repas, le pain est le socle de la gastronomie française grâce aux savoir-faire de nos artisans boulangers, pétris de talent, qui orchestrent à la baguette nos déjeuners et dîners. Comme en cuisine, en boulangerie s'opère la magie de la transformation. À partir de farines, de sel, d'eau, de levain et de levure, une diversité de pains va prendre forme sous la maîtrise et la sensibilité des artisans. Parmi eux, Frédéric Lalos excelle dans son art. Par sa mise au point millimétrée, il a su créer pour mon restaurant le pain croustillant aux «quatre quignons», véritable ode à la gourmandise. Un ingrédient devenu indissociable des mets dégustés dans la maison Guy Savoy. Tout au long de ces décennies de collaboration, j'ai pu apprécier la constance d'une qualité irréprochable. Frédéric Lalos fait partie de ces partenaires incontournables au service d'une gastronomie exigeante. Il est la preuve que le mariage entre pain et cuisine est un mariage d'amour appelé à durer éternellement.

AVANT-PROPOS

FRÉDÉRIC LALOS

❖

Ma passion du bon pain est née très tôt et j'ai toujours su que je serai boulanger, malgré mon entourage qui me prédisait un avenir scientifique.

Avec l'audace de la jeunesse et mon désir d'excellence, je me suis engagé dans cette voie. Aujourd'hui, encore, l'odeur du pain, la vue d'une croûte dorée et croustillante, m'émeuvent comme au temps de mon enfance. Chaque jour, dans mon atelier, je poursuis mon combat : celui de proposer ce produit – qui m'est cher – à tous et partout, afin de donner du plaisir et de faire respecter cet extraordinaire métier qui est le mien. J'expérimente et j'innove, pour réaliser toujours les meilleurs pains, dans le respect de la tradition artisanale.

Ma créativité s'est enrichie au fil de mes nombreux séjours à l'étranger, où j'ai pu découvrir de nouvelles techniques ainsi que des produits et des saveurs inattendus.

Quant à ma passion, elle n'a eu de cesse d'être entretenue par les rencontres marquantes que j'ai faites, et c'est pour cette raison que j'ai souhaité donner également la parole aux grands chefs qui partagent mon amour du pain : David Bizet, Guillaume Gomez, Thierry Marx, Christophe Moret, Anne-Sophie Pic, Jean-François Piège, Jean-François Rouquette, Guy Savoy, Frédéric Simonin et Éric Trochon.

Que ce livre vous accompagne et vous permette de faire vôtres les plus belles recettes de la boulangerie française.

SOMMAIRE

DU PAIN ET DE LA BOULANGERIE

❖

LES RECETTES

❖

LES ANNEXES

❖

DU PAIN
ET DE LA
BOULANGERIE

L'HISTOIRE DU PAIN

Le pain que nous fabriquons,
ou que nous consommons,
est le fruit d'une histoire millénaire
qui nourrit aujourd'hui encore les recherches
scientifiques. Universel et symbolique,
il est bien plus qu'un aliment. Contribuant
à notre roman national, le pain est
une véritable passion française,
mais aussi une tradition et un savoir-faire
que le monde entier nous envie !

LE BERCEAU DU PAIN

Quelques millénaires avant les débuts de l'agriculture et la domestication des céréales, des miettes retrouvées sur un site archéologique natoufien, à Shubayqa, au nord-est de la Jordanie, attestent de l'existence du pain depuis environ quatorze mille ans. En effet, dans les années 1990, des équipes de chercheurs de Copenhague, Londres et Cambridge découvrent, parmi des denrées alimentaires, des résidus de pain. Le pain confectionné par les communautés de Shubayqa serait plat, légèrement brûlé, très protéiné et proche des pitas moyen-orientales. Il n'est pas encore question de fermentation, et donc de levain, mais bien des premiers pains !

Au Néolithique, vers 8500 ans avant notre ère, apparaît en Mésopotamie l'agriculture. Les céréales cultivées (blé amidonnier, orge, avoine, millet, engrain ou petit épeautre…) sont récoltées et broyées entre deux pierres. Mélangées à l'eau, les brisures sont consommées en bouillies et en fines galettes, cuites sous la cendre ou sur des pierres brûlantes. Les premiers agriculteurs auraient inventé la meule permettant d'écraser le grain et de le transformer en une farine tamisée à la main. Au fil des découvertes des archéologues, anthropologues et historiens et au gré de la création d'outils propres à chaque civilisation se dessinent ainsi les origines du pain.

LES PREMIERS PAINS LEVÉS

On observe les premières représentations du pain en Égypte antique. Offrande destinée aux dieux, le pain, qui prend différentes formes, et se décline en de multiples saveurs, devient un aliment incontournable ainsi qu'une monnaie d'échange. Selon une légende, une ménagère ou « esclave égyptienne » serait à l'origine de la création de la fermentation. La jeune femme distraite aurait oublié son pâton, sans levain. Sous la pluie, il aurait tourné et gonflé. Pour échapper aux représailles, elle l'aurait fait cuire et aurait obtenu un pain levé.

Vers 1250 avant Jésus-Christ, lors de leur exode hors d'Égypte, les Hébreux fuient sans emporter de levain ou sans avoir le temps de laisser pousser leur pain et confectionnent donc des pains non levés. On distingue alors le pain levé, considéré comme impur, car issu de putréfaction, du pain non levé (ou « azyme »), devenu offrande divine en référence à la traversée de la mer Rouge.

Du XVe au XIe siècle avant notre ère, les Égyptiens inventent plus de quarante sortes de pains – aux dattes, aux figues et au miel – pour satisfaire les papilles des pharaons. Dans l'Empire romain, on régale les foules avec du pain et des jeux.

Les premières représentations du pain apparaissent en Égypte antique. Ces modèles en bois de boulangères et de boulangers datant d'environ 1981-1975 av. J.-C. proviennent de la tombe de Méketrê, à Deir el-Bahari.

D'après Hérodote, ce serait des Égyptiens que les Grecs tiendraient les secrets du pain levé. Vers 800 ans avant Jésus-Christ, forts de ce savoir, ils améliorent les techniques de mouture pour obtenir des farines plus fines et plus blanches. À cette même époque, ils conçoivent des fours plus perfectionnés et en développent l'utilisation. Le pain, jusqu'alors préparé dans les foyers, est désormais cuit dans des fournils dédiés à sa cuisson. Les Grecs diffusent aux Romains leur science du pain et leur goût pour cet aliment. Homère qualifie les Grecs de « mangeurs de pain » par opposition aux barbares qui ignorent l'art de la panification. Au IIe siècle avant Jésus-Christ, la fabrication du pain se « professionnalise », les évolutions techniques s'accélèrent avec la création notamment de moulins hydrauliques, et la corporation des *pistores* (« pileurs ») s'organise avec la fondation à Rome d'un collège de meuniers et de boulangers.

En 168 avant Jésus-Christ, après la victoire contre Persée, roi de Macédoine, le peuple romain met en esclavage des « boulangers » grecs. Et environ cinquante ans avant notre ère, l'occupation de la Gaule par les légions romaines de Jules César contribue à diffuser encore plus largement l'art de faire du pain. Après la naissance de Jésus à Bethléem (« maison du pain » en hébreu), le pain, symbole du corps du Christ, revêt une dimension sacrée. On compte quelque quatre cents références au pain dans les Saintes Écritures.

PAIN PAYSAN ET PAIN DES VILLES

Du ve au xve siècle, la distinction entre pain des pauvres et pain des riches s'accroît. Le pain paysan est composé d'un mélange («méteil») de plusieurs céréales, à peine tamisé, constitué dès la récolte, à la mouture ou au moment de la panification. Le pain de ville est, lui, issu exclusivement du froment. Lorsque les récoltes sont maigres, les pauvres se nourrissent du «pain de disette» ou du «pain de famine» composé de farine mêlée de paille, d'argile ou d'écorces d'arbres broyées, de farine de glands, de racines ou d'herbes pilées. Le pain est aliment de reconnaissance sociale et porte le nom de la caste à laquelle il est destiné: «pain de la Cour», «pain des chevaliers», «pain des écuyers»... Des tranches de pain bis (les «tranchoirs») servent d'assiettes aux seigneurs.

DES TALMELLIERS AUX BOULANGERS, UNE PROFESSION RÉGLEMENTÉE

Dès le début du Moyen Âge, dans les campagnes, les seigneurs féodaux, en échange de taxes, demandent au peuple de venir moudre leurs céréales au moulin seigneurial et de cuire la pâte, pétrie par les femmes dans les foyers, au four collectif, propriété du seigneur banal. Les fournées étant rares, les pains sont de gros calibre, pouvant atteindre près de 10kg. C'est à cette époque que se constitue la corporation des talmelliers, terme dérivé de «tamiser» (étape importante pour éliminer les corps étrangers que la meule n'a pas écartés) ou de «taler», c'est-à-dire «battre» (pétrir) et «mêler». Autorisés à construire leur propre four, ils ont ensuite pris le nom de «panetiers» avant celui de «boulengers» (en référence aux boules de pain), puis de «boulangers» à partir du moment où ils confectionneront leur pain avec une seule farine. Sont alors créés des «ouvroirs», premières échoppes où les pains sont disposés sur une étagère. La profession subit une réglementation de plus en plus sévère: qualité, poids et prix du pain, mais aussi nombre d'années de formation des apprentis font désormais l'objet d'ordonnances royales, elles-mêmes réformées au fil des siècles et au gré des souverains.

Un boulanger et une boulangère au Moyen Âge : enluminure extraite du *Tacuinum sanitatis*, un manuel médiéval sur la santé.

Scène de soulèvement devant une boulangerie, rue Saint-Antoine à Paris ; les émeutes de la faim en avril et mai 1775 sont dues à la hausse des prix des céréales et du pain, suite aux mauvaises récoltes de 1773 et de 1774.

UNE RÉVOLUTION BOULANGÈRE

Le XVIIe siècle marque un tournant dans l'histoire de la boulangerie française. La levure de bière, de plus en plus utilisée, est interdite par la Faculté de médecine. Mais, alors qu'en 1665, un boulanger l'introduit dans un pain à la mie légère, il obtient un franc succès qui fera lever l'interdiction en 1670. Les Français se montrent de plus en plus friands de pain blanc et aérien, à la farine de froment. Treize ans plus tard, le croissant, à base de pâte à pain, est inventé à Vienne par un boulanger polonais.

Au XVIIIe siècle, les pains, jusque-là de forme ronde, s'allongent et se diversifient, avec notamment l'apparition du pain complet. À cette même époque, la culture et la production de blé se développent en France. En 1774, Turgot, contrôleur des finances, décrète le libre commerce des grains dans tout le royaume. L'année suivante, les dépôts de blé sont pillés. C'est la « guerre des farines ». Après avoir publié, en 1778, *Le Parfait Boulanger*, Antoine Augustin Parmentier ouvre deux ans plus tard, avec Antoine-Alexis Cadet de Vaux, la première école de boulangerie à Paris. La Révolution éclate, le peuple parisien manque de pain et se regroupe au cri de « Allons chercher le boulanger, la boulangère et le petit mitron ! ». L'Assemblée constituante impose des prix fixes et la fabrication d'un seul type de pain, dit « d'égalité », composé d'un mélange de blé, de seigle et de son. En 1790, avec la suppression de la gabelle, l'impôt sur le sel, l'usage du sel dans la fabrication du pain se répand.

D'UNE GUERRE À L'AUTRE, DES PROGRÈS TECHNIQUES

Au XIXe siècle, un boulanger polonais développe une technique permettant de se passer de levain. Cette méthode, appelée « poolish », donne un pain moins acide. Ce pain dit « viennois » connaît un véritable engouement. À cette époque, la consommation quotidienne de pain est d'environ 1 kg par personne. À la fin du XIXe et au début du XXe siècle, les progrès se succèdent avec, notamment, l'apparition de la levure pressée, en 1867, qui marque le début de la méthode actuelle de panification et l'invention du pétrin mécanique.

Pendant la Première Guerre mondiale, les céréales viennent à manquer; la main-d'œuvre est au front. Une loi institue en 1916 le «pain national». Il se substitue à tous les autres et comprend différents blés avec un taux de blutage plus élevé. Dès 1917, le pain est rationné: 300 grammes par jour et par personne en 1918 (et 275 grammes en 1942). Les «cartes de pain» s'imposent et on commence à ajouter au blé du maïs, de l'orge, de la farine de fèves, des brisures de riz et, dans certaines régions, des pommes de terre. Il faut attendre un décret de 1919 pour que les Français retrouvent leur pain blanc et leurs croissants.

Après la Première Guerre mondiale, les pétrins mécaniques intègrent peu à peu les fournils et la levure reste utilisée à faible dose. Les temps de fermentation sont importants. Les fours à sole rectangulaires permettent aux boulangers d'enfourner des pains de forme longue. Paris accueille ses premières baguettes. Deux ans après la création du concours couronnant «l'un des meilleurs ouvriers de France», Léon Bardin est le premier MOF Boulanger. Avec le second conflit mondial et l'Occupation, il faut faire face de nouveau à une pénurie de blé et une production de pain de piètre qualité, rationné.

LE PAIN BLANC D'APRÈS-GUERRE

Les années 1950 marquent l'apparition d'une nouvelle technique de pétrissage intensifié. Par une oxydation excessive de la pâte, le pain obtenu est caractérisé autant par sa blancheur que par sa fadeur. Si les Français y voient le signe de la fin des années de privations et de «pain noir», la baisse de qualité gustative du pain favorise la diminution de sa consommation. La réduction des dépenses physiques et la hausse du niveau de vie contribuent également à faire du pain, non plus un aliment de base, mais un accompagnement. Parallèlement, l'industrialisation de la profession et les innovations techniques se poursuivent, entraînant une meilleure productivité. En même temps que les pétrins et les fours deviennent de plus en plus performants et automatisés, la première farine prête à l'emploi est proposée à la vente aux boulangers. Dans les années 1970, la boulangerie artisanale se voit concurrencer par la grande distribution qui produit toujours plus. Les Français sont moins friands de ce pain que l'on commence à accuser d'être indigeste ou trop calorique.

LE RENOUVEAU DE LA BOULANGERIE ARTISANALE ?

Bien qu'emblématique de la culture française, le pain est aujourd'hui globalement de moins en moins consommé pendant les repas, mais davantage en sandwichs ou en hamburgers chez les jeunes. Ces dernières décennies, la profession s'organise afin de remettre le pain à l'honneur et retrouver le goût des pains pétris lentement, reposés longuement, souvent fabriqués à base de levain, de poolish ou de pâte fermentée, à partir de céréales anciennes. En France, depuis une dizaine d'années, certains boulangers sont devenus de véritables chefs d'entreprise, à la tête de plusieurs enseignes.

En 1993, un décret définit le «pain de tradition» comme un pain réalisé sans congélation et garanti sans additifs. L'appellation «Boulangerie», créée en 1995 et toujours en vigueur, réglemente le métier et toutes les phases de production (ni congélation, ni surgélation des produits de panification). Depuis 1996, le 16 mai, à la Saint-Honoré, patron des boulangers, nous célébrons la «fête du pain». Une consécration de notre fierté française que viendrait couronner l'entrée de notre baguette au patrimoine mondial de l'Unesco. Aujourd'hui, boulangeries artisanale et industrielle se partagent à égalité les parts de marché.

Les enjeux de la boulangerie artisanale française : entre modernité et authenticité

Jadis produit de première nécessité, indispensable à la sécurité alimentaire de notre pays, le pain a désormais changé de statut entraînant avec lui de grandes évolutions dans le secteur de la boulangerie artisanale. Il n'est plus « ration de survie » dans un marché captif, mais produit « culturel » et produit « plaisir et santé » dans un marché exigeant et ultra-concurrentiel.

La consommation de pain n'a cessé de décliner. Au Moyen Âge, elle s'établissait entre 1 kg et 1,5 kg par habitant et par jour ; elle n'était plus que de 600 g en 1900, et réduite à l'équivalent d'une demi-baguette en moyenne aujourd'hui. En France, le pain reste pourtant un aliment du quotidien pour la grande majorité de la population : près de 32 millions de baguettes sont vendues chaque jour. Et, lorsque les Français partent en voyage à l'étranger, ils déclarent pour un tiers d'entre eux que la baguette est l'aliment qui leur a le plus manqué, preuve d'un attachement qui reste malgré tout viscéral et très culturel.

Dans le même temps et depuis la sortie de la Seconde Guerre mondiale, le développement du pain blanc et avec lui des boulangeries industrielles a été grandissant : mécanisation des fournils, pétrissage intensifié, développement de l'utilisation des améliorants et du sel… Ce qui comptait alors était d'augmenter la productivité pour nourrir le plus grand nombre, tout en suivant une logique de production à moindres coûts. Ce développement s'est fait au détriment de la qualité. Aujourd'hui, les industriels et les chaînes ont commencé un changement de braquet. Ils ont de plus en plus recours, pour redorer leur blason et rassurer leurs clients, aux farines sous labels de qualité.

Pourtant, dans ce contexte de marché en baisse et très concurrentiel et alors qu'elle perd encore environ 3 % de parts de marché chaque année face aux ateliers de grandes surfaces, aux points chauds et autres chaînes de boulangerie, la boulangerie artisanale a encore de véritables atouts pour peu qu'elle sache négocier le virage. La mission qui lui est désormais confiée, plus que de nourrir la population, est de la rassurer, de l'émouvoir, de lui donner du plaisir.

La profession l'a bien compris, d'abord guidée par des pionniers dans les années 1980. Elle s'est petit à petit réapproprié les fondamentaux de la boulangerie française : fermentation lente, retour en force des pains au levain, travail d'une plus grande variété de céréales panifiables, recherche permanente de goût, etc. Et le tout, sans abandonner les avancées technologiques qui permettent de rendre plus attractif le métier de boulanger aux jeunes générations.

Le métier de boulanger attire désormais des profils très différents. On retrouve aux côtés du traditionnel boulanger-pâtissier l'entrepreneur aux multiples boulangeries, le cadre de grande entreprise reconverti, la star internationale de la boulangerie ou encore le paysan-boulanger. Le métier se féminise également. En même temps que les profils se diversifient, tous ont un point commun : la recherche de l'essentiel, de ce qui fait sens, le retour en grâce des métiers manuels, l'amour du « tour de main ». Ainsi, malgré les efforts de l'industrie pour aller vers plus de qualité, la boulangerie artisanale est vouée à garder une place spéciale dans le quotidien des Français.

En matière de pain, les tendances de la consommation sont : au bon (croûtes, saveurs, baguette de tradition, diversité des céréales et sources de protéines...), au sain (farines complètes, graines, naturalité des farines, absence de résidus de pesticides...), au responsable (agriculture raisonnée ou biologique, *green label*, réduction des émissions des gaz à effets de serre...) et à l'équitable (soutien à l'économie locale, rémunération juste des producteurs...) ; le tout baigné d'une demande forte de clarification, de traçabilité, bref de transparence ! L'intérêt pour le terroir, la proximité et le local sont aussi un atout puissant de la boulangerie artisanale. Son maillage du territoire lui permet de choisir des meuniers en phase avec ces valeurs, et sa proximité avec les clients, d'établir une communication directe et une véritable relation de confiance.

En matière de service, les artisans, selon leur zone de chalandise, selon qu'ils ont une clientèle citadine ou rurale, sont invités à se réinventer en proposant des niveaux de cuisson différents, en adaptant les horaires d'ouverture à ceux de travail des clients, en aménageant un self-service, en proposant un tranchage, une dégustation, voire une digitalisation (click & collect par exemple).

Si la célèbre baguette de tradition, la tourte de seigle ou le croissant ont encore de beaux jours devant eux, ils doivent désormais apporter du plaisir, sans culpabilité, nous garantir une bonne santé et la protection de notre environnement. Dans ce contexte, la boulangerie artisanale doit innover tout en s'appuyant sur ses fondamentaux et en maintenant son niveau de qualité et d'authenticité, notamment par la rigoureuse sélection de ses fournisseurs et la valorisation de son savoir-faire.

LE BLÉ TENDRE

Matière première stratégique,
tant au niveau alimentaire, économique,
politique que social, le blé fait l'objet
d'une demande accrue sur le plan international.
Sa culture est la plus importante
dans le monde en termes de surface.
La France est l'un des principaux producteurs
de cette céréale convoitée.

UNE PLANTE PLURIMILLÉNAIRE MONDIALEMENT CULTIVÉE

Originellement planté au Moyen-Orient, le blé est cultivé depuis des millénaires. Grâce à ses capacités d'adaptation et son transport aisé, cette plante s'est répandue sur tout le globe. De l'hémisphère nord à l'hémisphère sud, par le jeu des saisons inversées, elle est récoltée toute l'année.

Un grain de blé en coupe

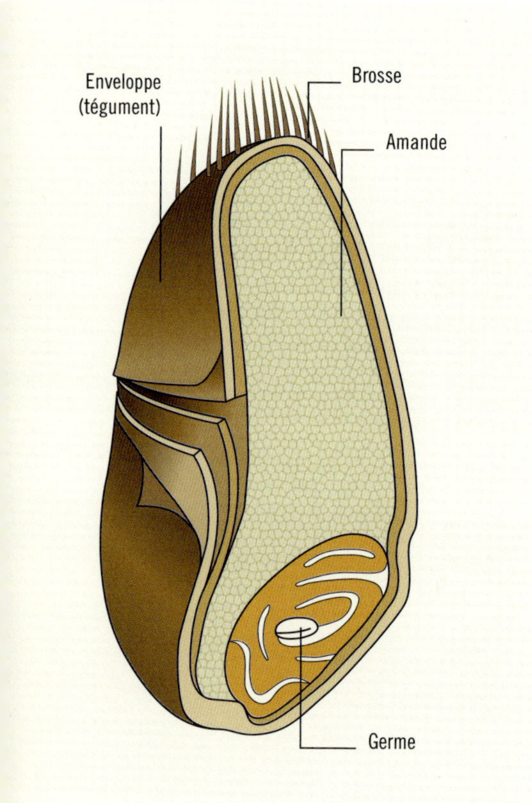

UN PEU DE BOTANIQUE

Le blé est une plante annuelle de la famille des Poacées. Cette famille, qui regroupe environ 12000 espèces, est homogène et facilement identifiable. Les faisceaux et les fibres, à la structure à la fois solide et souple, qui constituent ces tubes cannelés expliquent les ondulations des tiges portées par le vent dans les champs de blé. Le blé mesure entre 0,50 mètre et 1,50 mètre et présente des inflorescences en épis.

Un épi de blé comporte 45 à 60 grains. Les grains sont constitués d'une double enveloppe (tégument), elle-même composée de fibres dures et serrées (son), ainsi que d'une amande comportant un germe, riche en protéines et en lipides.

- **L'enveloppe** protège l'intérieur du grain de blé. Après la mouture, les enveloppes correspondent à ce qu'on appelle le « son ». Elles représentent 20 à 25 % du poids du grain. Pour la fabrication du pain complet, on incorpore une partie ou la totalité des enveloppes broyées à la farine.
- **L'amande** est composée d'amidon et de gluten qui servent à la fabrication de la farine. Elle représente 75 à 80 % du poids du grain.
- **Le germe** assure le renouvellement de la plante si le blé est semé. Il est riche en oligo-éléments, en vitamines et en lipides. Ces derniers dégradent la qualité de la farine en rancissant. C'est pourquoi une grande partie du germe est éliminée à la mouture.

LE BLÉ PANIFIABLE

Jusqu'au XIXe siècle, le terme « blé » (ou « bled ») a désigné l'ensemble des grains récoltés avant d'être attribué uniquement au froment, aujourd'hui appelé « blé tendre ».

Les deux types de blé les plus cultivés sont :

- **le blé dur** (tétraploïde), une fois concassé et réduit en semoule, qui permet la fabrication notamment de pâtes et de couscous ; cependant, il peut être intégré également à de la farine de froment pour la réalisation de pains et de viennoiseries ;
- **le blé tendre** (hexaploïde) qui donne, une fois broyé et tamisé, de la farine principalement destinée à la meunerie.

Lorsqu'il est de moindre qualité, il est destiné à l'alimentation du bétail.

Les variétés de blé tendre panifiable sont sélectionnées en fonction du terroir des régions agricoles céréalières. Il faut bien connaître les différentes propriétés de chaque variété pour choisir les mieux adaptées au sol, au climat et à la demande des meuniers. Un blé de qualité doit produire une farine permettant de réaliser une pâte qui ne colle pas et se travaille bien mécaniquement ainsi qu'un pain bien levé, à l'aspect, à l'odeur et au goût agréables. Le blé tendre est la première céréale produite en France avec plus de 190 000 exploitations agricoles en 2019.

Planche botanique de *Triticum vulgare L.*

À quoi servent les protéines dans le blé?

Si les protéines sont reconnues pour leur intérêt nutritionnel, elles sont également très importantes, d'un point de vue technique, pour la panification. La teneur en protéines du blé varie entre 8 à 13 % en fonction du climat, des variétés de blé semées, et des méthodes de culture. En pétrissant la pâte, le boulanger permet à certains maillons des protéines de s'accrocher ensemble pour former une sorte de filet (ce qu'on appelle le « gluten », voir aussi pages 38, 40 et 41). Puis, pendant le temps de repos de la pâte, les levures s'activent et forment des bulles de gaz qui sont retenues, comme les molécules d'eau, par le filet formé par les protéines. Ce sont ces bulles qui rendent la mie aérée et légère. Sans protéines, le pain serait plat. Le pain devient rassis quand les molécules d'eau s'échappent de la mie.

Le blé français en quelques chiffres

5 millions d'hectares de surfaces cultivées en blé d'hiver (le blé de printemps a quasiment disparu)
39,5 millions de tonnes produites
7,2 tonnes par hectare de rendement moyen
1er producteur et exportateur européen
5e producteur mondial
2e exportateur mondial

Source : FranceAgriMer pour la campagne 2019-2020 et SSP (récolte 2019)

LA CULTURE ET LA PRODUCTION DU BLÉ EN FRANCE

Cultivé sur l'ensemble du territoire français, le blé est de nos jours essentiellement produit dans la moitié nord du pays, qui bénéficie d'un climat tempéré particulièrement favorable. Les quatre premières régions productrices sont les Hauts-de-France (20 % de la production nationale en 2018-2019), le Grand-Est (15 %), le Centre-Val de Loire (13 %) et la Normandie (11 %), qui représentent au total plus de la moitié de la production française. La culture du blé est favorisée par une terre riche, bien préparée et nettoyée de toutes les mauvaises herbes. Les semis trop précoces (avant le 20 septembre) entraînent généralement une baisse de rendement.

DU BLÉ TENDRE À LA FARINE : LES ACTEURS DE LA FILIÈRE

La filière blé s'organise autour de cinq acteurs principaux : les sélectionneurs, les semenciers, les agriculteurs, les stockeurs et les meuniers.

LES SÉLECTIONNEURS

Pour leurs cultures, les agriculteurs ont le choix parmi quelques centaines de variétés de blé répondant à des utilisations diverses (alimentation animale, farines pour le pain, les pâtes ou la biscuiterie, etc.). C'est là qu'entrent en jeu les sélectionneurs qui créent des variétés productives pouvant satisfaire à ces usages, tout en respectant une agriculture durable. L'usage boulanger étant le plus répandu, beaucoup de blés inscrits au Catalogue français des espèces et des variétés (environ 40 nouvelles variétés de blé tendre chaque année), conditions *sine qua non* pour leur commercialisation, ont une bonne valeur boulangère.

Pour cela, les sélectionneurs doivent imaginer des croisements et créer de nouvelles variations génétiques. Puis, ils sélectionnent, testent et multiplient les descendances, tout en fixant leurs caractères. Les premières générations se réalisent en pépinières, puis dans des champs d'expérimentation. Les objectifs principaux de l'amélioration des plantes en général, et donc du blé, sont le rendement et la résistance aux maladies et à la sécheresse afin de réduire les intrants (fongicides, pesticides, engrais, eau…) et d'optimiser l'utilisation de l'azote du sol et de l'eau. Les variétés créées doivent aussi être capables de s'adapter à l'évolution des conditions climatiques et posséder un profil qualitatif correspondant à la demande.

L'un des enjeux de la sélection est d'anticiper les besoins du marché, car la conception d'une nouvelle variété de blé d'hiver requiert en moyenne six à dix ans. Ce long processus implique des investissements importants ainsi que des partenariats entre chercheurs, sélectionneurs, agriculteurs, artisans et industriels.

LES SEMENCIERS

Les semenciers reproduisent les générations de semences commerciales des nouvelles variétés conçues par les sélectionneurs ainsi que les semences dites «de base», qui sont leurs «semences-mères» (la plupart des obtenteurs sont aussi semenciers, mais pas l'inverse). Ils interviennent du semis jusqu'à la récolte de la céréale, triée, vérifiée et certifiée, afin de répondre aux critères de qualité, de pureté des variétés et aux normes sanitaires strictes propres à chaque culture.

LES AGRICULTEURS

En lien avec les sélectionneurs, les semenciers et divers instituts techniques (Arvalis, chambres d'agriculture, coopératives, etc.), les agriculteurs choisissent les variétés qu'ils vont semer, puis cultiver et récolter en fonction de leur terroir, du climat, de leur rendement potentiel et de l'usage final de la variété de blé retenue.

Au champ, le travail commence à l'automne, car les variétés généralement utilisées sont les blés d'hiver, qui supportent bien les températures basses, bénéfiques pour leur bon développement. Pendant les mois de repos, les jeunes plantes, sous l'action du froid, subissent une série de transformations internes qui leur permettent de monter en fleur au printemps suivant. Sans cette action, le blé d'hiver donnerait très peu ou pas d'épis. Il faut attendre que les grains soient mûrs et secs pour commencer la moisson, sous une météo favorable. Le cycle du blé, du semis à la récolte, dure environ neuf mois.

De plus en plus raisonnée, l'agriculture privilégie les démarches de qualité et de traçabilité afin de mettre sur le marché des produits répondant aux critères de sécurité sanitaire, tant pour les hommes que pour l'environnement. Les agriculteurs limitent ainsi les intrants et adaptent les traitements aux besoins de la plante.

LES STOCKEURS

Une fois le blé moissonné, il est parfois nécessaire de le stocker en vue d'une vente ultérieure. Les agriculteurs dotés de l'équipement nécessaire peuvent stocker eux-mêmes leur récolte ou la vendent directement à des organismes stockeurs ou aux moulins. À réception du blé, les entreprises de stockage effectuent de nombreux contrôles et analyses et vérifient la traçabilité contractuelle. Chaque lot est vérifié selon différents critères: la variété, le taux de protéines et d'humidité, le poids spécifique (pour un volume de 100 l, on obtient généralement, en France, des blés dont le poids varie entre 73 et 84 kg), le temps de chute d'Hagberg (voir page 37), les mycotoxines…

Les blés sont ensuite stockés par variété et niveau qualitatif. Les cellules de stockage sont homogénéisées pour que les céréales extraites des silos présentent les mêmes caractéristiques tout au long de l'année. Il est toutefois possible de mélanger plusieurs variétés dans un silo, ce qui implique également une homogénéisation des cellules afin d'obtenir ensuite des farines régulières au cours d'une campagne.

Dans les silos, le blé est protégé de l'humidité et des nuisibles (insectes, rongeurs). Dès qu'il est stocké, le grain chaud doit être refroidi rapidement. Les grains étant des organismes vivants, plus ils sont humides, plus ils «respirent» (risque de germination), consomment leurs réserves et perdent du poids, et donc de la valeur commerciale. En outre, un taux d'humidité trop important favorise le développement de moisissures. Les cellules sont ventilées pour baisser la température du grain aux environs de 12 °C. Une maîtrise des températures et un bon nettoyage des cellules vides en amont permettent de s'affranchir de l'utilisation de traitements insecticides.

Le blé est ensuite vendu aux transformateurs, notamment agroalimentaires, tels que les meuniers.

Les artisans semenciers

La remise en cause du modèle productiviste et la volonté de se détacher des pratiques de la filière semencière ont entraîné la ré-émergence d'un nouveau métier, « artisan semencier ». Historiquement, la sélection et la production de semences étaient un savoir-faire paysan. Les semences paysannes sont des variétés-populations, issues d'une variété de pays traditionnelle ou d'un mélange de variétés traditionnelles. Des mouvements, à connotations souvent politiques et sociales, tels que Réseau Semences Paysannes, fondé en 2003, s'attachent à retisser un lien entre nature, agriculteurs et consommateurs. L'association Kokopelli, créée en 1999, se consacre à la protection de la biodiversité et à la production de semences et de plants issus de l'agroécologie (entre 1 400 et 2 000 variétés ou espèces proposées selon les saisons). Elle s'attache également à soutenir les communautés paysannes n'ayant plus accès aux semences fertiles. N'oublions pas qu'il existe également des banques de gènes, largement abondées par les sélectionneurs privés depuis longtemps, comme en France, celle de l'INRA, sans laquelle ce type d'actions ne serait pas possible.

Répartition de la production de blé tendre en France
Production blé tendre 2018/2019
Source: SSP

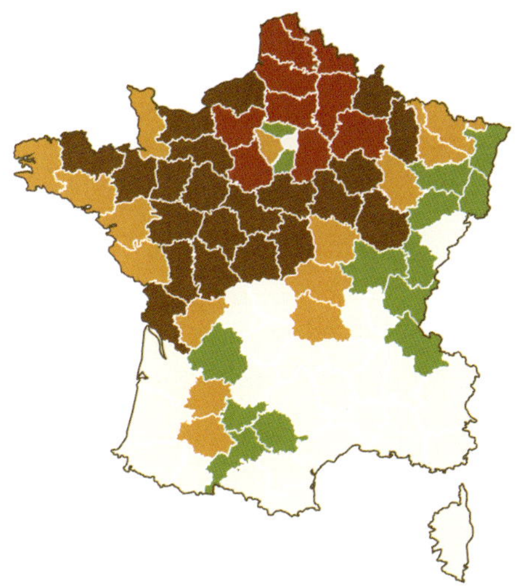

< 100 kt
de 100 kt à 250 kt
de 250 kt à 500 kt
de 500 kt à 1 Mt
> 1 Mt

LES MEUNIERS

Du choix des variétés de blé à l'acheminement de la farine jusqu'aux clients, les meuniers jouent un rôle essentiel dans la fabrication d'une farine de qualité constante. En lien avec les autres acteurs de la filière et en fonction des données propres à chaque récolte, les meuniers font le choix de moudre du blé en variété pure ou en mélange homogène.

À la réception du blé au moulin, les grains sont contrôlés et nettoyés afin d'éliminer toutes les impuretés (poussières, graines étrangères, insectes...) ainsi que les grains échaudés ou non conformes. Différentes machines (brosse à blé, tarare, grille, etc.) permettent de séparer les grains en fonction de la taille des particules et de leur densité.

Après nettoyage, le blé peut être stocké dans des cellules en attendant de passer dans le moulin. Dans le cas du blé, une étape de mouillage vient précéder l'étape de mouture : les grains sont soumis à une hydratation (16 à 17 %) et un repos de 16 à 48 heures afin de permettre à l'eau d'atteindre l'amande et ainsi d'assouplir les enveloppes du grain.

La dernière étape est la mouture qui consiste à transformer le grain en farine par des passages successifs du blé dans des appareils à cylindres suivis d'un tamisage. Ces étapes sont répétées plusieurs fois selon la taille et le débit du moulin. La séparation grossière de l'amande de son enveloppe est appelée « broyage ». Les particules grossières obtenues, appelées « semoules », sont ensuite écrasées par des cylindres cannelés et lisses : il s'agit du claquage, qui précède le convertissage, pendant lequel la taille des particules diminue encore et la séparation de l'amande farineuse et des particules d'enveloppe s'affine. Des machines (les plansichters) tamisent les produits obtenus après chaque passage entre les cylindres. En fonction de leur taille, les produits sont orientés vers des broyeurs (pour les plus gros issus de l'enveloppe du grain, son) ou des claqueurs et convertisseurs (pour les plus fins issus de l'amande, semoule). Après plusieurs passages, on obtient d'une part, une farine panifiable et, d'autre part, des issues.

Si, depuis l'industrialisation en France, les cylindres ont largement remplacé les meules de pierre, certains moulins continuent à écraser le grain par ce procédé. Le rendement des meules est certes inférieur à celui des cylindres, mais le grain est ainsi écrasé dans sa globalité. La farine obtenue a donc la particularité de contenir le germe, ce qui lui confère une couleur plus foncée. Elle est plus riche notamment en vitamines et en minéraux. Elle est utilisée dans cet ouvrage pour le pain au levain (voir page 92) et conseillée aussi pour rafraîchir le levain.

La farine est envoyée au fur et à mesure dans une chambre à farine où elle est mélangée et homogénéisée avant d'être emballée en sacs ou stockée avant d'être livrée en vrac. Jusqu'à son expédition, la farine fait l'objet de contrôles et d'analyses en laboratoire : détermination de sa force boulangère (résistance de la pâte à la déformation, élasticité, extensibilité, etc.), quantité d'eau que la farine peut absorber pour une consistance donnée, relevés microbiologiques, recherches de résidus de pesticides, etc.

La filière blé tendre en France

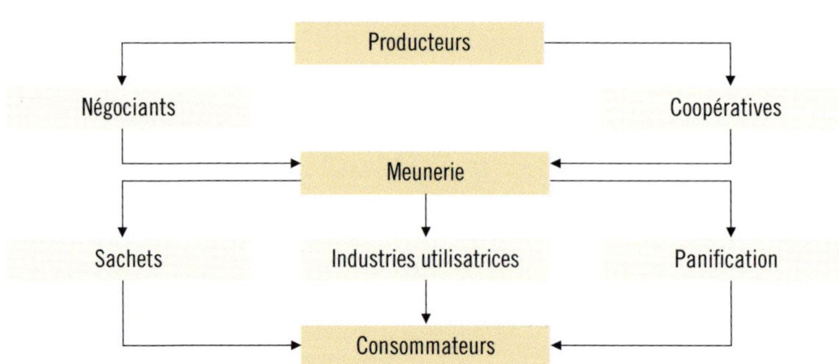

Les utilisations du blé tendre français

Source : FranceAgriMer, campagne 2019/2020

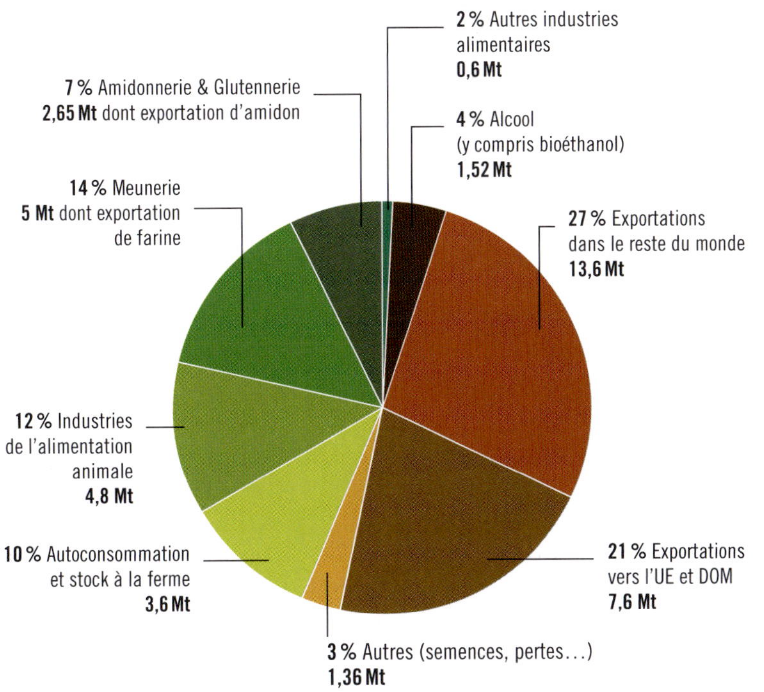

Utilisations totales : **40,73 Mt**

Les utilisations de la farine en France

Source : ANMF, 2019

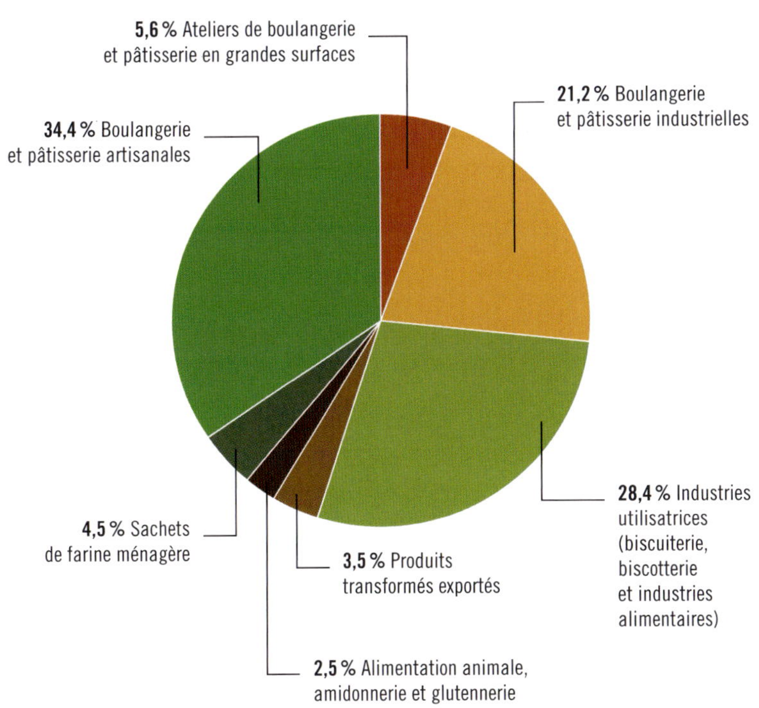

La meunerie française en quelques chiffres

384 moulins

5 millions de tonnes de blé utilisées, issues à **98 %** du territoire national

3,93 millions de tonnes de farine produites, dont **3,4 %** en farine biologique

97 % de la farine produite est destinée à l'alimentation humaine

61,1 % de la farine produite est destinée à la fabrication de pain, dont **34,3 %** pour la boulangerie artisanale (1re utilisation de la farine en France)

Source : ANMF 2019

Quand les métiers s'unissent pour obtenir une farine de grande qualité…

Du producteur au distributeur en passant par le transformateur et le transporteur, la chaîne d'acteurs qui œuvre à l'obtention d'un produit fini est désignée par le terme « filière ». Les liens et les flux entre les maillons de cette chaîne alimentaire sont régis *a minima* par des règles fondamentales de sécurité alimentaire. Qu'elles soient végétales ou animales, ces filières peuvent ainsi être étendues à différentes échelles : locales, régionales, nationales ou encore mondiales.

En France, la recherche de valeur ajoutée sur les matières premières agricoles et de transparence vis-à-vis du consommateur a notamment permis l'émergence des circuits courts et des filières locales, ancrées sur un territoire bien délimité et orientées vers un objectif de qualité. Les circuits courts sont des filières comprenant au plus un intermédiaire, entre le producteur et le consommateur. Ils ne prennent pas forcément en compte la notion de proximité géographique, qui est l'essence même des filières, dites locales.

Derrière chaque baguette tradition vendue quotidiennement se cachent ainsi une multitude de professionnels et d'acteurs de la filière boulangère, dont les trois principaux sont le boulanger, le meunier et l'agriculteur.

En 1997, la première filière « blé-farine-pain » locale à s'être constituée dans le but d'assurer la qualité finale du pain via la régularité de la farine et l'excellence des matières premières céréalières est la filière auvergnate « De la Graine Au Pain ». Créée sous l'impulsion des Moulins d'Antoine implantés dans le Cantal, elle a vu le jour grâce à l'association des agriculteurs du terroir de Limagne (Puy-de-Dôme) en recherche de valorisation de la qualité de leurs blés et de leur terroir.

Elle rassemble depuis lors des partenaires agriculteurs, meuniers et boulangers qui, chaque année, se retrouvent pour faire progresser leur process et leur savoir-faire. Leur volonté partagée de mettre en avant la qualité des produits en toute transparence s'est traduite, entre autres, par l'obtention d'une double certification « conformité produit » dès 1998 (une première en France !), puis par un Label rouge en 2006 sur la farine de tradition française.

LES MATIÈRES PREMIÈRES

Pour fabriquer du pain, le boulanger
n'a besoin que de quatre ingrédients :
la farine, la levure et/ou le levain, le sel et l'eau.
Et afin de sublimer son pain,
il doit sélectionner des matières premières
de qualité et maîtriser leurs composants
pour une panification réussie.

La dénomination « farine »

Selon le décret du 5 avril 1935 (article 4), peut être vendue sous la désignation « farine de froment » (ou farine de blé) « celle qui provient de la mouture exclusive de blé sain, loyal et marchand, c'est-à-dire de blé contenant moins de 16 % d'humidité, sans odeur désagréable, pesant au moins 69 kg à l'hectolitre, contenant moins de 5 % d'impuretés autres que le blé cassé et moins de 8 % de ce dernier. »

Composition chimique d'une farine

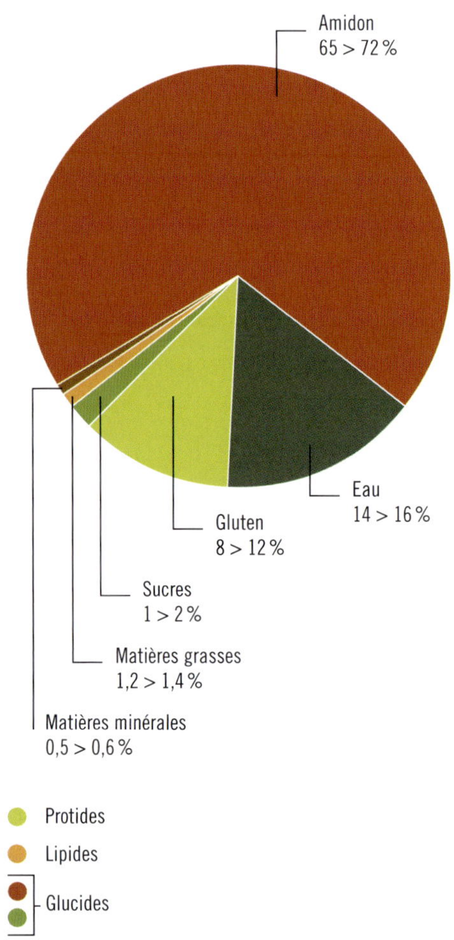

LES FARINES

La farine résulte principalement de la mouture de grains de céréales. En France, la farine de blé, appelée « farine de froment », est la plus utilisée pour la fabrication du pain. Toutefois, la farine peut être également le produit de la mouture d'autres céréales, telles que le seigle, le sarrasin, le maïs et le riz ainsi que d'autres végétaux (graines ou fruits) comme les lentilles, les pois chiches, les châtaignes. Chacune d'entre elles possède des caractéristiques organoleptiques et nutritionnelles qui lui sont propres et confèrent au pain une texture et un goût particuliers.

LA COMPOSITION CHIMIQUE D'UNE FARINE

Les glucides

Les glucides sont composés d'amidon, de sucres complexes et de sucres simples (voir aussi « La fermentation » page 45). Ils jouent un rôle important lors de la fermentation de la pâte, car ils sont le principal apport de sucres dans celle-ci. Ils fournissent indirectement les sucres nécessaires aux levures pour produire la fermentation panaire. Ils conditionnent également la texture du pain, car ils absorbent une partie de l'eau ajoutée au moment du pétrissage. Ils interviennent aussi dans la coloration, la saveur et l'odeur du pain.

Les protides (protéines, acides aminés et peptides)

Il existe deux catégories de protéines : solubles et insolubles. Les protéines insolubles constituent le gluten et apportent à la farine les composants permettant l'élaboration d'une « charpente » soutenant la pâte.

Le gluten se forme de manière molle et élastique lorsque les protéines de la farine entrent au contact de l'eau. Il est capable d'absorber trois fois son poids en eau. Il donne la force à la pâte en se formant en un réseau souple et élastique. Il permet la pousse de la pâte, en retenant le gaz carbonique, qui se forme au cours de la fermentation. Par la rétention gazeuse, il donne au pain sa légèreté.

Les lipides

Les lipides sont présents dans le germe et l'enveloppe du grain de blé (voir page 20). Lors de la mouture, les germes écrasés par les cylindres ou les meules laissent diffuser leur huile dans la farine. Ainsi, selon l'intensité de la mouture, la farine peut contenir plus ou moins de lipides. Ces substances lipidiques influencent la valeur boulangère de la farine. La farine renferme néanmoins peu de lipides. S'il y en avait plus, cela nuirait à la conservation de la farine (rancissement).

Les matières minérales

Les matières minérales (fer, magnésium, phosphore, calcium notamment) possèdent des fonctions nutritionnelles. Elles sont mineures en termes de poids et servent essentiellement à déterminer la pureté d'une farine ainsi que son type. Plus le meunier intègre d'enveloppes dans sa farine, plus elle contiendra de matières minérales disponibles dans le pain.

LES TYPES DE FARINE

La réglementation française détermine six types de farine de blé en fonction de leur teneur en cendres : T45, T55, T65, T80, T110 et T150.

• **Le taux de cendres** est la quantité de résidus minéraux encore mélangés à la farine après mouture. Pour vérifier ce taux, le meunier porte un échantillon de sa farine à 900 °C au four, pendant 2 heures. Les minéraux n'étant pas combustibles, ils sont récupérés et pesés. La teneur en cendres de la farine, c'est-à-dire le pourcentage de matières minérales restantes, peut ainsi être mesurée.

• **Le taux d'extraction** est également un critère d'appréciation de la farine. Il désigne la quantité de farine produite à partir de 100 kg de blé. Le meunier essaie en moyenne d'obtenir, après mouture, 75 kg minimum de farine, ce qui donne un taux d'extraction de 75 %. Les 25 % restants se répartissent en 2 % de déchets et 23 % d'issues. Les issues désignent les résidus, autres que les déchets, comprenant le son que le meunier peut choisir de passer au tamis de plus en plus fin pour réduire leur quantité finale. Le taux d'extraction de la farine est alors plus élevé de 80 à 93 %. Les farines qui en résultent sont utilisées pour la confection de pain bis ou complet. Plus les taux de cendres et d'extraction sont bas, plus la farine est blanche.

Types de farine et taux de cendres

• *Composition du grain*

POIDS DU GRAIN

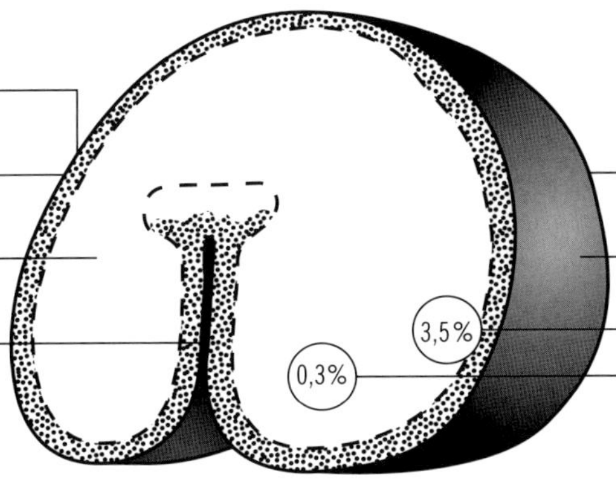

• *Taux de cendres / Poids de l'amande*

Type 45
< 0,50 %[2]
70/75 %

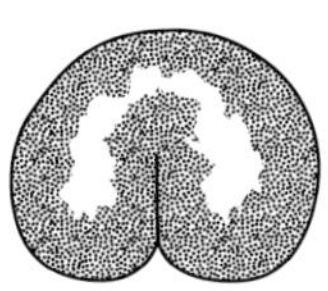

Type 55
0,50 -> 0,60 %
Farine de tradition
75/80 %

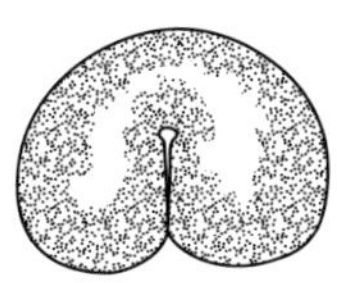

Type 65
0,62 -> 0,75 %
Farine de tradition
80/85 %

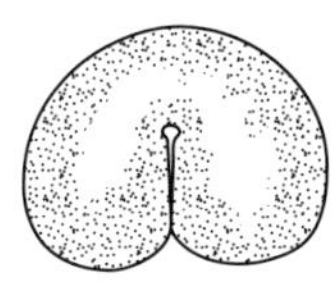

Type 80
0,75 -> 0,90 %
82/85 %

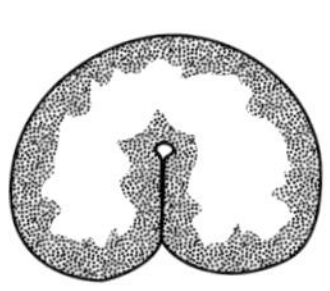

Type 110
1 -> 1,20 %
Farine intégrale
85/88 %

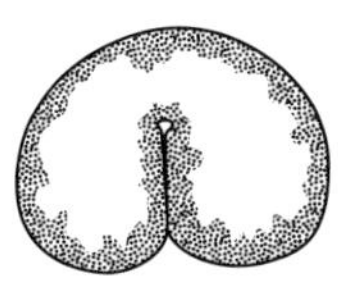

Type 150
> 1,40 %
Farine complète
90/98 %

1. Le germe ne figure pas sur ce dessin, mais intervient dans le pourcentage des cendres.
2. Pourcentage par rapport à la matière sèche.

LES DIFFÉRENTES PROPRIÉTÉS DE LA FARINE

Les qualités physiques ou plastiques de la farine

La pâte contient du gluten doté de propriétés que l'on trouve uniquement dans le blé. Les propriétés physiques ou plastiques de la farine sont :

- **son élasticité :** sa capacité à reprendre sa forme initiale après étirement ;
- **sa ténacité :** sa capacité à conserver une bonne tenue et à résister à la déformation ;
- **sa force :** c'est l'équilibre entre l'élasticité, la tenue et l'allongement d'une pâte.

Si une pâte est équilibrée, elle a une bonne extensibilité, est très maniable, ne colle ni ne casse, supporte un long apprêt...

Si une pâte est trop extensible ou manque de force, elle absorbe peu d'eau, colle, manque de tenue à l'apprêt, donne des pains plats...

Si une pâte est trop tenace ou a trop de force, elle absorbe beaucoup d'eau, s'allonge difficilement, se déchire au moment du façonnage et de l'apprêt, donne des pains qui se resserrent pendant la cuisson...

Exemple d'analyse pour une farine T65	**Qualités**	**Défauts**
Analyse visuelle	Couleur blanche, légèrement crème	Couleur bleutée : début d'altération Nombreuses piqûres : défaut de mouture (du son est passé)
Analyse olfactive et gustative	Légère et agréable : odeur de champ de blé, céréales fraîches	Goût amer, âcre, rance : mauvaise conservation
Analyse tactile	Granulation plus ou moins fine selon les moulins : ronde (farines « grossières »), plate (farines « fines »)	Farine trop ronde : fermentation lente Farine trop plate : couleur rouge à la cuisson

La rétention gazeuse (avec adjonction d'eau et de levure)

La rétention gazeuse varie selon différents critères :

- la quantité de protéines insolubles (gluténines et gliadines) ;
- les qualités plastiques du gluten (sa porosité) ;
- la formation du réseau glutineux (la qualité du pétrissage, voir page 54) en fonction de la souplesse de la pâte ;
- les manipulations (manuelles et mécaniques), plus ou moins délicates, de la pâte.

Les propriétés fermentescibles (avec adjonction d'eau et de levure)

La qualité fermentative d'une farine dépend de sa teneur en enzymes et en sucres. La présence, plus ou moins importante, de ces deux éléments a une influence sur la fermentation :

- **les enzymes :** ces substances naturelles, présentes dans tous les organismes vivants (animaux et végétaux) en plus ou moins grande quantité, dégradent des matières complexes en matières simples. C'est le cas des grains d'amidon endommagés ou blessés (en moyenne, 10 %) que les enzymes attaquent plus rapidement et qu'elles transforment en sucres ;
- **les sucres :** complexes (dextrine, maltose) et simples (glucose).

La quantité d'enzymes et de sucres peut différer selon les variétés de blé, la récolte et sa conservation, la granulométrie ainsi que le taux d'extraction de la farine.

« Tradition française »

La dénomination « pain de tradition française » est réglementée depuis le 13 septembre 1993 par l'article 2 du décret numéro 93-1074. Sur l'initiative de la profession boulangère, ce décret vise à sauvegarder les spécificités de la panification française, mise en péril par l'harmonisation des réglementations dans le cadre européen, induisant, entre autres, une augmentation de l'emploi des additifs. Ce pain doit donc se distinguer des produits industriels. Le décret stipule que seuls peuvent être vendus sous cette dénomination les pains n'ayant subi aucun traitement de surgélation au cours de leur élaboration. Ils doivent être le produit de la cuisson d'une pâte exclusivement composée d'un mélange de farines panifiables de blé, d'eau potable et de sel de cuisine. Cette pâte ne doit contenir aucun additif, être fermentée à l'aide de la levure de panification (*Saccharomyces cerevisiae*) et de levain ou de l'un de ses agents alcooliques panaires. Elle peut éventuellement contenir une proportion maximale de 2 % de farine de fèves, 0,5 % de farine de soja et de 0,3 % de farine de malt de blé, par rapport au poids total de farine mis en œuvre. Commercialisée depuis ce même décret, la « farine de tradition française » favorise des pointages plus longs qui permettent le développement d'arômes et une conservation plus accrue.

LES CATÉGORIES DE FARINE ET LEURS UTILISATIONS

Différentes sortes de farines panifiables sont utilisées en boulangerie quelle que soit leur nature. Les farines peuvent être écrasées sur cylindres ou sur meule de pierre (voir page 24), et provenir de différentes céréales ou végétaux et être vendues pures ou mélangées. Les plus courantes sont les farines de froment, de seigle, complète, de sarrasin ainsi que les farines de méteil ou de meule.

La farine de blé ou de froment

La farine de type 45 est employée très majoritairement en pâtisserie et biscuiterie ainsi que pour la confection de viennoiserie. Les farines de types 55 et 65 permettent la fabrication de toutes sortes de pains. Ce sont les plus utilisées pour la réalisation des pains courants et de tradition française. Les farines de blé ou froment sont dites « de tradition française » lorsqu'elles sont dépourvues d'additifs (acide ascorbique et lécithine) et contiennent un taux réglementé d'adjuvants (farine de fèves, farine de soja et malt). La T65 est la farine de tradition française par excellence.

La farine complète

Cette farine de blé contient tous les éléments du grain : amande, germe, et enveloppe. Elle permet la fabrication du pain complet. Elle peut être mélangée à de la farine de blé moins typée, comme de la farine type 55 pour la réalisation de pains spéciaux.

Les types 80, 110 et 150 sont utilisés pour la fabrication des pains bis et complets. Ils sont alors plus denses et le goût de l'enveloppe du grain est plus marqué.

La farine de seigle

Elle était à l'origine cultivée dans les régions impropres à la culture du blé. Résistante aux températures basses, on la trouve aujourd'hui principalement en Europe du Nord et de l'Est. En France, le seigle est encore un peu cultivé par tradition dans le sud-ouest du Massif central, par exemple en Margeride, ainsi qu'en Sologne. La farine de seigle, qui a une faible teneur en gluten et présente des qualités nutritionnelles, est souvent associée à la farine de blé car, contenant beaucoup de gomme, elle est panifiable, mais plus difficilement. Les pains fabriqués à base de seigle offrent cependant des arômes plus soutenus. Ils sont également moelleux, possèdent une mie humide et se conservent bien. Comme pour la farine de blé, il en existe différents types, en fonction du taux d'extraction.

En Europe, le seigle est aujourd'hui la deuxième céréale la plus utilisée en boulangerie, après le blé. Mélangée à la farine de blé, elle permet la réalisation de différents pains, comme le pain de campagne ou le pain d'autrefois (voir pages 130 et 162).

Types de farine	Taux de cendres
70 (« seigle blanc »)	0,60 à 1 %*
85	0,75 à 1,25 %
130	1,20 à 1,50 %
170 (« seigle noir »)	> 1,50 %

* % par rapport à la matière sèche

Frédéric Lalos utilise plus d'une dizaine de farines différentes dans son atelier.

La farine de méteil

Aujourd'hui réalisée par le boulanger, la farine de méteil est un mélange à parts égales de farine de blé de type 55 et de farine de seigle. On l'appelle aussi « mélange 50/50 ». À l'origine, le vrai mélange de méteil était réalisé en amont. Les deux céréales étaient semées ensemble, sur une même parcelle, dans des régions au climat difficile où la culture du blé n'était pas très appropriée. C'était une farine d'appoint réservée à la consommation de l'agriculteur. Voir recettes pages 140 et 166.

La farine de sarrasin

Cette farine, d'une espèce originaire de Chine et non panifiable lorsqu'elle est utilisée seule, est également appelée « farine de blé noir ». Elle est utilisée pour la fabrication de galettes traditionnelles (notamment les galettes bretonnes ou les bourriols du Cantal) et autres bouillies. Piquetée de particules brunes, elle est généralement amère. Elle peut être mélangée à de la farine de blé à hauteur de 10% environ pour la fabrication du pain. Voir recettes pages 122, 130 et 180.

La farine de petit épeautre ou engrain

Panifiée seule, la farine de petit épeautre (*Triticum monoccucum*) demande beaucoup de précautions. Le plus souvent, elle est mélangée à du froment (50/50) pour un bon rapport entre développement et qualités gustatives.

La farine de grand épeautre ou épeautre

Le grand épeautre (*Triticum spelta*) est issu de croisements effectués avec le blé. Cette céréale est facile à produire et dotée d'un goût assez neutre.

Les autres farines

Il existe également un très grand nombre de farines dont la plupart ne sont pas panifiables selon les codes de la tradition de la boulangerie française, mais on fabrique, ici et ailleurs, des pains à partir de céréales, de légumineuses ou d'autres végétaux, notamment depuis la recrudescence des régimes « sans gluten » et végétariens : maïs, soja, avoine, riz, fèves, manioc, pomme de terre, lentilles, pois chiches...

Les autres appellations de pain

« Pain au son »	Minimum 20 % de son (par rapport au poids de la farine).
« Pain de son »	Minimum 30 % de son. À défaut d'informations complémentaires, il s'agit de son de blé. Dans le cas contraire, il faudrait spécifier « son d'avoine » par exemple.
« Pain au seigle »	Minimum 10 % de farine de seigle.
« Pain de seigle »	Minimum 65 % de farine de seigle.
« Pain de campagne »	Pain issu de farine de blé mélangée ou non avec de la farine de seigle. Au cours de la fabrication, le boulanger doit éviter le blanchiment de la pâte, développer une saveur acidulée et prolonger la fraîcheur du pain.
« Pain de méteil »	Pain élaboré avec un mélange de 50 % de farine de seigle et de 50 % de farine de blé.
« Pain bis »	Pain issu d'une farine de blé de type 80 ou 110, dite « bise », ou d'un mélange de farines équivalant à l'un de ces types.
« Pain complet »	Pain issu d'une farine de blé dite « complète » ou « intégrale », obtenue soit par la mouture complète du grain de blé, soit après regroupement de l'intégralité des produits de la mouture. Cette dénomination peut être associée à celle de « pain de tradition française » si les conditions requises sont réunies.
« Pain maison »	Pain pétri, façonné et cuit sur le lieu de vente. Cette appellation est également autorisée lorsque le pain est vendu au consommateur final de façon itinérante par le professionnel (qui a assuré les opérations de pétrissage, de façonnage et de cuisson).
« Pain à l'ancienne »	Pain issu d'une farine sans additifs (comme pour le « pain de tradition française ») et de levain. La pâte doit avoir subi un pétrissage lent, ne pas avoir été congelée et avoir été cuite dans un four à bois.
« Pain cuit au feu de bois »	Pain cuit dans un four à chauffage direct au bois ou avec un gueulard.
« Pain bio »	Les mentions « bio » ou « issu de l'agriculture biologique » ne sont autorisées que pour les pains certifiés par un organisme certificateur, et donc répondant à un cahier des charges très précis. L'utilisation d'une farine « bio » ne permet pas d'afficher l'appellation « pain bio ».

L'ANALYSE D'UNE FARINE

Les professionnels bénéficient d'outils d'analyse qui facilitent le processus de fabrication sans pour autant se substituer à l'expérience et aux contrôles visuels tout aussi indispensables.

Ces analyses permettent de caractériser la qualité technique des farines : pour le meunier, les critères principaux sont l'humidité, les protéines et le poids spécifique. Sont étudiés également le temps de chute d'Hagberg ou encore la force boulangère (W) ainsi que l'équilibre entre la ténacité de la pâte et son extensibilité (P/L). Avec ces analyses, on apprécie aussi le type de la farine par son taux de cendres (voir page 31). Elles sont généralement complétées par une analyse de panification réalisée sur la base d'un protocole officiel validé par l'interprofession (la méthode BIPEA par exemple).

L'alvéographe de Chopin

Lors de la fermentation panaire, des petites bulles de gaz carbonique se forment au sein de la pâte et constituent des alvéoles plus ou moins importantes et nombreuses selon les qualités plastiques et élastiques du gluten qui les retient. L'alvéographe de Chopin permet d'analyser ce phénomène, en le reproduisant artificiellement, c'est-à-dire en soumettant une rondelle de pâte, dans des conditions définies (temps, température, hydratation) à la pression de l'air pour mesurer son extensibilité.

Cet appareil, en enregistrant un graphique, indique notamment la force boulangère d'une farine. Cette force, exprimée par le W, est le travail nécessaire pour déformer la bulle de pâte jusqu'à sa rupture. Le W d'une farine destinée à la boulangerie ne doit être ni trop faible, ni trop fort. La moyenne des W des farines, sans produits d'addition, pour la fabrication du pain courant se situe entre 180 et 220.

Une des autres mesures fournies par l'alvéographe est le rapport de la ténacité (P) et l'extensibilité (L) de la pâte. Le P/L est un équilibre permettant d'avoir une pâte ni trop longue, ni trop courte. Le boulanger choisit un rapport P/L en fonction des pains qu'il souhaite réaliser. Pour une farine de blé, ce rapport se situe entre 0,6 et 0,8.

Grâce à l'alvéographe, il est possible de classer les farines dans des conditions et des applications bien précises. Cependant, sa précision et les informations qu'il fournit restent insuffisantes. L'expérience et l'usage permettent, seuls, de juger de l'utilisation d'une farine et des conséquences d'une variation des caractéristiques dans le processus de fabrication.

Le temps de chute d'Hagberg

Le temps de chute de Hagberg (TCH), appelé aussi indice de chute de Hagberg, mesure l'activité d'enzymes (les amylases) qui se développent dans le grain dès le début du processus de germination. Une dégradation du TCH résulte ainsi d'un déclenchement de l'activité alpha-amylasique dans les grains. Elle est favorisée par les pluies qui surviennent à partir de la maturité physiologique des grains.

La valeur de ce temps de chute détermine donc les capacités fermentaires d'une farine. Il doit se situer aux alentours de 250.

- **Un indice inférieur à 100** entraîne une activité amylasique forte, une farine non panifiable et des pains très colorés lors de la cuisson. Cela donne une farine difficilement corrigeable par le meunier.
- **Un indice supérieur à 400** entraîne une très faible activité amylasique. La pâte a peu de vie, une mauvaise fermentation et devient compacte. Dans ce cas, le meunier rajoute des enzymes.

C'est une indication relative pour une farine de froment, mais primordiale pour une farine de seigle. L'expérience et l'usage sont aussi essentiels pour déterminer la valeur du temps de chute satisfaisante selon le type de fabrication et de produit.

Les autres méthodes

Il est également possible d'utiliser un lecteur proche infrarouge, qui requiert peu de manipulations. Il s'agit d'insérer une coupelle de farine dans un lecteur préalablement calibré et d'attendre l'affichage à l'écran des valeurs, en quelques minutes seulement.

Le test Pekár, qui est une approche rapide visuelle, est réalisé surtout par le meunier alors que l'extraction de la matière sèche est généralement effectuée par le laborantin.

LES PRODUITS D'ADDITION

Il est important qu'un boulanger sache lire la composition d'une farine. Le meunier peut en effet, pour combler le manque de certains blés, ajouter des « produits d'addition » à sa farine afin de corriger aussi bien sa force que ses qualités fermentatives. L'acide ascorbique et la lécithine de soja sont des additifs et les autres produits présentés ci-dessous des adjuvants (voir page 42).

L'acide ascorbique

La dose recommandée (« *Quantum satis* » dans le règlement) d'acide ascorbique (E300) est de 30 g au quintal maximum (0,3 g/kg, soit 3 %). L'acide ascorbique (vitamine C) a des propriétés antioxydantes. On l'utilise pour compléter des blés qui manquent de force. Il améliore la tenue de la pâte au moment de l'apprêt et de la mise au four. Une farine de tradition française n'a pas d'acide ascorbique (voir page 34). Cependant, lors de la réalisation de recettes en fermentation différée, la structure du pain est un peu endommagée. Aussi, l'acide ascorbique, contenu dans les améliorants, donne à la pâte la tenue nécessaire et permet son bon développement. Il est néanmoins toujours préférable d'ajouter des levains naturels et des pâtes fermentées qui ont plus ou moins le même rôle.

La lécithine de soja

Autorisée à hauteur de 0,3 %, la lécithine de soja donne à la pâte une bonne extensibilité et une bonne tenue. Les recettes de ce livre n'en contiennent pas.

Les amylases fongiques

Les amylases fongiques sont des enzymes, c'est-à-dire des auxiliaires technologiques dans la composition d'une farine. Ce sont des protéines biologiques. Elles sont utilisées dans le même but que la farine de malt de blé. Elles présentent une activité secondaire qui apporte, en plus de leur action sur la fermentation, une amélioration sensible des qualités de la pâte et du développement du pain. Une pâte fermente donc plus ou moins bien en fonction de la quantité d'enzymes contenues dans une farine. L'activité amylasique d'une farine est indiquée par le temps de chute d'Hagberg (voir page 37).

La farine de malt de blé

Le malt de blé est une céréale artificiellement germée et séchée, puis séparée de ses germes. Le meunier ajoute de la farine de malt de blé pour réguler l'activité amylasique de la farine. Il faut cependant s'en méfier car, ajoutée en trop grande quantité, elle entraîne une coloration trop importante et du collant aux pâtes.

La farine de fèves

Autorisée à hauteur de 2 %, la farine de fèves agit sur la tenue de la pâte et donc sur la rétention gazeuse. Elle permet d'avoir un bon volume de pain, mais entraîne malheureusement un blanchiment de la mie, du fait de la lipoxygénase (enzyme contenu dans cette farine). Les farines utilisées dans les recettes de cet ouvrage n'en contiennent pas.

Le gluten

Le gluten (voir aussi pages 40 et 41) est un constituant de la farine. Le meunier ou l'industriel peut ajouter du gluten libre à sa farine ou renforcer la teneur naturelle en protéines de la farine en incorporant des blés de force dans son assemblage initial de blé. Le gluten est incorporé à certaines recettes de l'ouvrage afin de travailler différemment les pâtes et de leur donner une meilleure force boulangère.

La farine de soja

Autorisée à hauteur de 0,5 %, la farine de soja possède plus ou moins les mêmes propriétés que la farine de fèves. Son action lipoxygénasique est plus forte. Elle est également proscrite dans les recettes de cet ouvrage.

LES AUTRES MATIÈRES PREMIÈRES

Les autres matières premières incorporées jouent un rôle dans la panification par leurs propriétés intrinsèques. L'ordre d'intégration et le mode d'incorporation de ces ingrédients peuvent également avoir un effet sur le produit final.

L'EAU

L'eau utilisée en boulangerie doit évidemment être potable, c'est-à-dire propre à la consommation humaine. Elle ne conditionne ni le goût, ni l'odeur du pain, mais permet une dispersion homogène du sel, de la levure, et fait passer la farine de sa forme pulvérulente (en poudre) à l'état pâteux (lors du frasage). L'eau est, après la farine, le deuxième constituant du pain. On compte 60 à 70 l d'eau pour 100 kg de farine (voir encadré page 43). Il peut être intéressant d'utiliser de l'eau filtrée pour le pétrissage des pâtes. L'eau en général permet le gonflement des grains d'amidon et l'assouplissement du gluten. Ainsi, elle participe aux qualités plastiques de la pâte (plus ou moins souple). Elle favorise la dissolution des ingrédients (sel, levure…) dans la pâte. Elle intervient pour créer un milieu humide nécessaire au bon déroulement de la fermentation. Elle permet l'ajustement de la température finale de la pâte (température de base). Elle dégage, par ailleurs, de la vapeur lors de la cuisson. Le pain perd environ 25 % de son poids à cette étape.

Le gluten, quel impact sur la digestibilité des pains ?

Le gluten est une substance collante qui se forme lorsque l'on mélange avec de l'eau les protéines insolubles contenues dans les farines de blé tendre (et de quelques autres céréales à paille) pour fabriquer de la pâte en vue d'une panification ou d'autres préparations culinaires. En Asie centrale et de l'Est, le gluten est préparé et consommé depuis des siècles dans les cuisines indiennes, chinoises et japonaises d'influence bouddhiste pour parties végétariennes, sous diverses appellations, dont celle de *seitan* est la plus connue (c'est une alternative traditionnelle à la viande). En Occident, le médecin et naturaliste italien Giacomo Bartolomeo Beccari (1682-1766), professeur à l'université de Bologne, a pour la première fois décrit le processus chimique de production du gluten en 1742.

La présence de gluten facilite la levée et le gonflement des pâtes ensemencées de levains ou de levures. Elle est plus importante dans les pâtes de blé tendre, d'amidonnier, de blé dur – voire de seigle – que dans les pâtes à base de céréales à paille, comme l'engrain, l'avoine ou l'orge qui produisent des glutens plus faibles. Le gluten forme un réseau protéinique naturel renfermant les grains d'amidon broyés lors de la mouture, des fibres ainsi que des molécules d'eau et de l'air qui, une fois cuit, aboutit à la fabrication de pains plus ou moins volumineux et plus ou moins denses (le phénomène de rassissement du pain correspond à l'échappement de ces dernières du réseau protéinique constitutif de la croûte et de la mie). Sans apport d'autres molécules, les protéines des farines de céréales, comme le riz, le maïs, le sorgho, le mil, le teff et les millets ne permettent pas de réaliser de tels types de pains.

Contrairement à ce qui se dit fréquemment ou est écrit par approximation, le gluten n'est donc pas présent en tant que tel dans le blé et quelques autres céréales, telles l'amidonnier, le blé dur, l'engrain, le grand épeautre, le seigle, l'avoine ou l'orge. On peut ainsi boire des jus de jeunes pousses de ces cultures comme cela est désormais banal en Amérique du Nord ou dans les pays anglo-saxons sans risque de consommer du gluten. Au contraire, au vu de leur richesse en acides aminés, en vitamines, en fibres, en enzymes et en antioxydants, de nombreux nutritionnistes prônent leur consommation aux populations urbaines, relativement sédentaires, comme boisson détox.

Depuis les années 2000, une mode alimentaire en provenance de milieux citadins aisés des États-Unis, en réaction à la *junk food* s'est attaquée au gluten arguant que cette molécule peut déclencher des réactions auto-immunes liées à la digestion, syndrome appelé « maladie cœliaque ».

Cette tendance au « sans gluten » s'est développée à travers le monde, s'appuyant sur des troubles nutritionnels plus ou moins bien compris scientifiquement, comme certaines allergies qui sont supposées être liées à la sensibilité non-cœliaque au gluten. Une partie de ces troubles pourrait provenir de l'évolution des pratiques de panification depuis les années 1950. C'est en effet après la Seconde Guerre mondiale, afin de rendre moins pénible la vie des boulangers et de raccourcir leur temps de travail nocturne que de nouvelles pratiques ont émergé en boulangerie : l'ajout de gluten libre dans les farines, le raccourcissement des temps de fermentation de la pâte et l'utilisation des levures industrielles au détriment du levain traditionnel. Poursuivant les mêmes objectifs, les obtenteurs de blé ont, quant à eux, sélectionné des variétés de blé plus riches en protéines de haut poids moléculaire permettant de réduire drastiquement, de plusieurs heures, le temps de pousse des pâtes, ce qui les rend peut-être plus difficiles à digérer. Bref, autant de choix sociétaux et technologiques qui ont probablement conduit à une moindre dégradabilité des réseaux de gluten et par conséquent à une plausible baisse de la digestibilité des pains. Des études sont en cours, notamment au pôle universitaire de Clermont-Ferrand en relation avec l'Institut national de recherche pour l'agriculture, l'alimentation et l'environnement (INRAE), pour clarifier les conséquences alimentaires et médicales de ces évolutions de produits.

Influence des additifs sur l'appréciation de la valeur boulangère

Types	Législation	Conséquences
Acide ascorbique	Meunerie : 3 % (*quantum satis* selon le règlement CE 1333/2008, dans sa dernière version de 2017)	↗ Élasticité des pâtes ↗ Volume des pains ↗ Tenue des pâtes ↗ Tolérance Bel aspect des pains ↘ Temps de pointage (économie de temps) Croûte de pain sèche Croûte de pain plus pâle
Lécithine de soja	0,3 % max	↗ Liaison entre les constituants de la pâte ↗ Extensibilité et souplesse ↗ Tenue de la pâte ↗ Mou au rassissement ↗ Volume des pâtes ↘ Porosité

Influence des adjuvants sur l'appréciation de la valeur boulangère

Types	Législation	Conséquences
Amylases fongiques	Aucune règle	↗ Activité de fermentation ↗ Volume des pains ↗ Légère coloration de la croûte Pâte collante Excès de coloration Risque de relâchement
Farine de malt de blé	0,3 % max	Mêmes avantages que les amylases fongiques mais : ↗ Coloration de la croûte Risque de relâchement Risque d'excès de coloration Pâte collante
Farine de fèves	2 % max	↗ Légère de la force des pâtes ↗ Volume des pains ↗ Coloration de la croûte ↗ Tenue de la pâte à l'apprêt Dégradation du goût En pétrissage intensifié : blanchiment de la pâte
Gluten	Aucune règle	↗ Hydratation des pâtes ↗ Élasticité des pâtes ↗ Volume des pains (en général) ↗ Tenue de la pâte à l'apprêt ↘ Porosité Risque de déchirement des pâtes
Farine de soja	0,5 % max	↗ Légère de la force des pâtes ↗ Volume des pains ↗ Tenue de la pâte à l'apprêt Dégradation du goût En pétrissage intensifié : blanchiment de la pâte

LE SEL

Si le sel n'est pas indispensable au processus de panification, il est cependant nécessaire à l'harmonie des saveurs des autres matières premières. Par ailleurs, il ralentit le processus de fermentation. En fin de pétrissage, à son ajout, il renforce la plasticité et la ténacité de la pâte lui assurant une meilleure cohésion. Il contribue aussi à la coloration de la croûte et à sa consistance.

Le moment d'incorporation du sel est important et doit être respecté selon les différentes recettes. Le sel ajouté en fin de pétrissage accentue la blancheur de la pâte, car c'est un antioxydant et, par conséquent, de la mie. Le sel est hygroscopique (il absorbe et retient l'eau), ce qui permet de raffermir la pâte. Il favorise également la conservation du pain, en retardant la déshydratation de la mie et de la croûte.

LE SUCRE

Le sucre de canne et le sucre de betterave peuvent indifféremment être employés en panification. L'utilisation du sucre est toujours liée au goût qu'il apporte. Cependant, sa présence agit à plusieurs stades: perte de consistance de la pâte et augmentation de son extensibilité au cours du pétrissage; brunissement de la croûte lors de la cuisson; meilleure conservation des produits grâce à une rétention d'eau accrue. Les sucres cristallisé et semoule sont les plus employés, car ils se dissolvent facilement.

LE BEURRE

L'emploi du beurre est intéressant pour le goût qu'il donne aux pâtes. Sa consistance et sa plasticité sont variables d'un produit à l'autre. Aussi est-il souvent travaillé avant emploi, de manière à lui donner la consistance d'une pommade. Il doit avoir plus ou moins la même consistance que celle de la pâte à laquelle on l'incorpore.

Le beurre ne doit être ajouté que lorsque les réseaux glutineux sont bien formés. Si les molécules de gras entourent l'amidon, la pâte se forme difficilement. Le beurre doit être mélangé à la pâte en première vitesse, afin de ne pas trop incorporer d'air, car le pétrissage en seconde vitesse altère les qualités gustatives du beurre.

Le beurre assouplit la pâte, mais l'alourdit également, ce qui demande l'ajout d'une quantité de levure plus importante.

LE LAIT

À l'instar de l'eau, le lait assure l'hydratation de la farine lorsqu'il est utilisé sous une forme liquide. Il peut être stérilisé, pasteurisé, en poudre ou cru. Dans ce dernier cas, il doit être bouilli avant utilisation. Le lait confère du moelleux et de la souplesse à la mie, permet une meilleure coloration de la croûte grâce au lactose qu'il contient et modifie le goût des produits.

S'il est employé en trop grande quantité, le lait nuit au volume des pains et à la tenue de la croûte. Il est principalement utilisé pour la fabrication des viennoiseries et des pains de mie.

Le taux d'hydratation de la farine

Le taux d'hydratation (TH) d'une farine est la quantité d'eau ajoutée à 100 kg de farine. Ce taux, d'environ 65 %, diffère selon les variétés de farine et les méthodes de travail. Il est important, car le choix de la quantité d'eau (matière première peu onéreuse) pour une même quantité de farine jouera sur la rentabilité du produit final. En outre, plus une pâte est molle, plus elle devra fermenter longtemps pour avoir de la tenue et du goût.

LA FERMENTATION

La fermentation est l'action d'un micro-organisme, le ferment, qui décompose un support organique quelconque en éléments simples. En panification, la fermentation est le résultat de la dégradation des sucres par les levures en gaz carbonique (CO_2) et en alcool. C'est une fermentation dite « alcoolique » comme dans l'élaboration du vin.

Les facteurs importants pour la fermentation panaire

Le boulanger doit prendre en compte les facteurs suivants pendant les phases de fermentation :
- la quantité de levures ;
- le taux d'hydratation de la farine ;
- l'activité enzymatique de la farine ;
- le type de farine ;
- la quantité de sel ;
- l'ajout d'un ferment ;
- la température de la pâte ;
- le temps de pointage et d'apprêt ;
- la température ambiante du fournil ;
- la température du four.

La levure en quelques dates

Dès l'Antiquité, les Égyptiens utilisaient des levures à l'état naturel pour la fabrication des pains. Si les Gaulois, dont les pains étaient réputés pour leur légèreté, ajoutaient déjà de la levure de bière au levain, il faut attendre la fin du XVIIe siècle pour retrouver cette pratique. Les premières analyses au microscope permettent d'étudier les levures. Au milieu du XIXe siècle, la levure seule est employée pour la panification à l'initiative d'un pâtissier viennois installé en France. À cette même époque, Pasteur étudie les différents types de fermentation et met en évidence la nature du processus de fermentation (réaction biochimique) ainsi que le lien entre les phénomènes de fermentation et l'activité de micro-organismes vivants dans un milieu privé d'oxygène. L'industrie de la levure se développe en Allemagne, en Autriche, puis en France. Aujourd'hui, les recherches visent à améliorer les techniques de fermentation et la sélection des souches microbiennes. L'exploration de nouvelles voies biochimiques continue.

LE PRINCIPE DE LA FERMENTATION

La fermentation apporte à la pâte sa levée, son acidification et ses arômes. Elle modifie également les qualités plastiques de la pâte. Retenu par le réseau du gluten, le gaz carbonique permet à la pâte de se développer.

La capacité à fermenter de la pâte dépend des sucres contenus dans la farine : le sucre simple (glucose + fructose), des sucres complexes ou composés (dextrine et maltose) et des sucres très complexes (amidon). Parmi ceux-ci, seul le glucose provoque la fermentation de la pâte. Le glucose est présent sous l'effet de l'activité enzymatique des amylases fongiques, les enzymes contenues dans la farine. Cette étape est appelée l'amylolyse : c'est la dégradation par l'amylase des sucres très complexes en sucres complexes. Puis, les sucres complexes sont eux-mêmes transformés en glucose par la maltase. Ce dernier, sous l'action de la zymase, se dégrade en CO_2 et en alcool.
Une farine contribue à une fermentation plus ou moins bonne en fonction de la quantité d'enzymes qu'elle contient. Le meunier peut ajouter des enzymes pour permettre aux sucres complexes d'être mieux dégradés. L'activité amylasique d'une farine est indiquée par le temps de chute d'Hagberg (voir page 37).

LA FERMENTATION PANAIRE

La fermentation panaire se déroule en trois étapes :
- **le pointage :** le gaz carbonique se crée à partir des sucres simples de la farine. Du maltose et du saccharose sont dégradés ;
- **l'apprêt :** c'est la poussée gazeuse du CO_2 dans le pâton préalablement façonné, essentiellement provoquée par la fermentation du maltose. Des alvéoles commencent à se former dans la pâte ;
- **la cuisson :** la fermentation s'active sous l'effet de la chaleur du four et s'achève aux environs de 50 °C, température à laquelle les levures sont détruites, en 8 minutes en moyenne.

LES FERMENTS

Pour qu'une pâte puisse fermenter activement et régulièrement, elle doit être ensemencée, soit par une culture « naturelle » de ferments sauvages (levain), soit par adjonction de levure biologique dite « de boulangerie ».

LA LEVURE DE BOULANGERIE

La levure est un ensemble d'êtres vivants unicellulaires, uniquement visibles au microscope, appartenant à la famille des champignons. Parmi les différentes espèces de levure, celle de boulangerie porte le nom de *Saccharomyces cerevisiae*.

La levure peut vivre en présence d'air (vie aérobie) ou en absence d'air (vie anaérobie). En présence d'air, la levure se multiplie. En absence d'air, elle provoque une fermentation.

Lors du processus de panification, la levure permet la fermentation de la pâte. Elle produit du gaz carbonique, nécessaire à la levée de la pâte. La fermentation participe aussi grandement à l'élaboration du goût du pain.

La levure est très sensible aux variations de températures, à l'humidité, et à l'acidité du milieu dans lequel elle se trouve. Elle est détruite lors de la cuisson aux environs de 50 °C.

La levure de boulangerie

Il existe différentes sortes de levures :

- **la levure fraîche,** pressée, se présente sous la forme d'un produit pâteux, couleur crème, ferme et homogène. Elle contient 32 % de matière sèche. Elle peut être conservée deux à trois semaines, à une température inférieure à 10 °C, mais il est préférable de l'utiliser sans trop tarder. C'est aujourd'hui la plus couramment employée en France ;
- **la levure sèche à réhydratation préalable** doit impérativement être diluée dans une eau sucrée à 35/37 °C, pendant 10 minutes. Elle contient environ 90 % de matière sèche. Elle est de moins en moins utilisée ;
- **la levure sèche sans réhydratation** peut être mélangée directement à la farine. Elle contient également environ 90 % de matière sèche.

Les levures sèches se conservent plusieurs mois dans leur emballage. Leur activité fermentaire diminue au fil du temps, d'autant plus que la température est élevée.

La poolish

LA POOLISH (voir page 128)

En règle générale, la poolish est une préparation composée de 50 % d'eau et 50 % de farine (1 l d'eau + 1 kg de farine). Sa consistance très molle ressemble à de la pâte à crêpe. La quantité de levure incorporée dépend de la durée de fermentation de la poolish.

La quantité de poolish dépend du litrage de la pétrisse finale. Elle pourra être du 1/3, de la 1/2 ou des 3/4 de ce litrage.

Le travail sur poolish se fait en deux temps : la fabrication de la poolish, puis son incorporation à la pâte.

La méthode de panification sur poolish nécessite un travail supplémentaire, mais elle donne des qualités à la pâte et au pain. Elle favorise l'extensibilité de la pâte, réduit son temps de pétrissage et améliore le lissage. Elle favorise aussi le bel alvéolage des pains.

Cette méthode donne un goût prononcé aux pains avec une mâche plus longue et plus lactique, une mie de couleur crème, un bel aspect rond avec des coups de lame bien ouverts. Les pains se conservent plus longtemps.

Le levain naturel

LE LEVAIN NATUREL

Pour obtenir le levain, il faut commencer par faire macérer des fruits dans de l'eau pendant une semaine dans un récipient hermétique. Le jus de fruits macéré est ensuite mélangé à de la farine et c'est ainsi que se forme une « mère ».

Après que la mère a été rafraîchie plusieurs fois, on obtient un « chef ». Ce dernier sera également rafraîchi avec de la farine et de l'eau pour donner le levain (voir recette page 96). Le levain apporte un goût acidulé et une très bonne conservation au pain.

LES MÉTHODES DE FERMENTATION EN DIRECT

Le boulanger peut choisir d'adopter la méthode sans préfermentation ou celle avec préfermentation.

LA MÉTHODE SANS PRÉFERMENTATION

La levure de boulangerie est ajoutée à la pétrissée sans qu'il y ait de préfermentation. La levure est diluée dans de l'eau de coulage au début du pétrissage. Elle représente environ 1 % du poids de la farine utilisée.
Elle donne généralement :
- des pains plus développés ;
- une croûte fine, friable et dorée ;
- une mie régulièrement alvéolée ;
- pas ou peu d'acidité ;
- une mie qui s'imbibe beaucoup ;
- une faible conservation des pains.

LA MÉTHODE AVEC PRÉFERMENTATION

Sur pâte fermentée

La pâte fermentée est un morceau de pâte à pain qui est prélevé du dernier pétrin et qui fermente à 4 °C jusqu'à son utilisation le lendemain. Le boulanger en incorpore dans sa pétrissée une certaine quantité, selon les recettes, généralement au cours du pétrissage.

Cette pâte apporte du goût (alcool) et de la force (acidité) à la pâte obtenue et favorise la conservation du pain. On intègre en moyenne 250 g de pâte fermentée par litre d'eau de coulage.

Sur poolish

Le boulanger ajoute à la poolish (voir page 48) une quantité de levure variable selon la durée de fermentation (de 2 à 12 heures). Les poolishs longues apportent un parfum très agréable au pain. Cette méthode favorise la souplesse de la pâte, le bon développement du pain et une meilleure conservation.

Généralement, la poolish représente un à deux tiers de la quantité de l'eau de coulage. Pour 30 l d'eau de coulage, la poolish est constituée de 10 à 15 l d'eau et de 10 à 15 kg de farine.

Durée de fermentation de la poolish à 23 °C	Quantité de levure par litre d'eau de coulage
3 heures	20 g
6 heures	10 g
8 heures	5 g
10 heures	2 g
12 heures	1 g

Au levain naturel

La fermentation au levain naturel repose sur l'association de germes (levures sauvages et bactéries) présents dans la farine et apportés par l'air ambiant et le milieu de travail.

Un levain conservé dans de bonnes conditions peut être utilisé pendant plusieurs années. Il faut veiller particulièrement à sa pousse et à son rafraîchi. Le levain ne contient ni sel, ni levure. Il est pétri avec une farine blanche. Si l'on souhaite obtenir une mie plus crémeuse et une fermentation plus active, il peut être rafraîchi avec une farine de type 65, écrasée à la meule de pierre. La pousse de la pâte au levain est moins importante que celle de la pâte à base de levure. Cette méthode de travail demande beaucoup d'attention et de rigueur. Cependant, conforme à la tradition boulangère, elle garantit un pain de très belle qualité : le levain améliore la tenue de la pâte et favorise son lissage. Il permet également une bonne tenue des pains au four. Il améliore le goût et la conservation de ceux-ci. Les pains au levain sont légèrement acides, présentent une bonne mâche avec une consistance à la fois élastique et agréable ; leur croûte est épaisse et craquante. Il est préférable de ne pétrir les pâtes au levain qu'en première vitesse pour ne pas avoir des pains trop développés.

L'appellation « pain au levain » autorise l'utilisation de 0,2 % de levure (par rapport au poids de la farine dans la recette), un pH de la mie inférieur à 4,3 et une teneur en acide acétique endogène de la mie d'au moins 900 ppm.

LES MÉTHODES DE FERMENTATION EN DIFFÉRÉ

Pour la fermentation en différé, il est tout à fait possible d'utiliser une préfermentation, tels la poolish, la pâte fermentée ou le levain naturel, comme pour la fermentation en direct.

LA POUSSE CONTRÔLÉE

Cette technique consiste à prolonger l'apprêt ou la fermentation finale d'une pâte au-delà de sa durée habituelle en plaçant les pâtons, après façonnage, en chambre de fermentation dans laquelle peuvent être contrôlées la température et l'hygrométrie.

- **Principal avantage :** le boulanger peut commencer sa production dès la veille.
- **Principal inconvénient :** une fois que la pâte a poussé, le boulanger a un délai moindre avant d'enfourner.

Les facteurs importants pour une pousse contrôlée

Le boulanger doit être attentif aux matières premières et aux étapes de fabrication en veillant à avoir ou obtenir :
- une farine d'une bonne force ;
- une levure fraîche d'excellente qualité ;
- un améliorant spécifique au travail en milieu froid ;
- une pâte plus ferme ;
- un pétrissage un peu plus long ;
- un temps de pointage en bac plus court ;
- une chambre de fermentation à température basse pour diminuer la température de la pâte ;
- de l'humidité pour éviter le croûtage de la pâte ;
- une réchauffe lente de la pâte (à 20 °C maximum) ;
- une température de cuisson plus basse (environ 10 °C au-dessous de la température normale) ;
- de la buée avant la mise au four, mais pas après.

LA POUSSE LENTE

Dans cette technique de fermentation elle aussi différée, il n'y a pas de blocage à 2 °C. Comme son nom l'indique, la pâte pousse lentement entre 8 et 12 °C selon la durée de fermentation et la quantité de levure incorporée.

- **Durée et température de fermentation moyenne :** 12 heures à 12 °C.
- **Principaux avantages :** il n'y a pas de chocs thermiques, une longue fermentation, un délai plus long (plusieurs heures) avant d'enfourner.
- **Principaux inconvénients :** le pain peut se développer un peu moins (ce qui n'est pas toujours un défaut) ; il faut néanmoins faire attention à un éventuel cloquage.

LES AUTRES MÉTHODES

Le travail en masse froid

Les bacs de pâtes sont placés à 4 °C la veille, puis pesés et façonnés le lendemain (voir recette « Baguette de tradition en pointage retardé » page 72).

Le « poussé bloqué »

Aux deux tiers de l'apprêt, la fermentation est ralentie en baissant la température de la chambre de fermentation à 5 °C. Cette technique permet d'avoir un laps de temps de 5 heures avant d'enfourner le pain sans que la qualité de ce dernier ne se dégrade.

Les deux méthodes de fermentation : en direct (en haut) et en différé (en bas).

LES TECHNIQUES DE TRAVAIL

Comme tout artisan, le boulanger
doit organiser sa production
et opérer certains choix parmi
les différentes techniques à sa disposition.
Phases actives et phases passives
de travail se succèdent au cours
de la fabrication du pain.

LA PESÉE DES MATIÈRES PREMIÈRES

Cette étape consiste à préparer, conditionner et peser les matières premières (farine, eau, sel, levure, etc.). Comme la pâtisserie, la boulangerie demande beaucoup de précision et de rigueur ainsi qu'une grande régularité dans le travail. Les ingrédients nécessaires à une recette sont souvent peu nombreux, mais chaque pesée doit être très précise, et la mise en place bien établie.

LE PÉTRISSAGE

Le pétrissage est à la fois la première et l'une des étapes les plus importantes de fabrication du pain. Il a pour fonction de mélanger les matières premières sélectionnées pour former une pâte. Il donne également de l'énergie à celle-ci afin qu'elle acquière une texture homogène et lisse, se détachant bien des parois du pétrin, et une consistance élastique et souple permettant de la travailler. La bonne conduite du pétrissage conditionne en grande partie la qualité des produits finis. Pour cela, il convient de bien connaître les matières premières (voir page 28).

Pendant le pétrissage, la qualité de la farine joue un rôle dans l'obtention d'une pâte lisse. Certaines farines demandent plus de pétrissage que d'autres, selon leur force et leur ténacité. Chaque farine a des caractéristiques spécifiques intrinsèques. Bien qu'il ait à sa disposition des références analytiques (quantité de protéines notamment) pour chacune d'elles, ce n'est qu'en la travaillant que le boulanger pourra évaluer la qualité (des protéines) de la farine. C'est pour cette même raison qu'en amont le meunier réalise un essai de pétrissage. Il doit savoir « lire » sa pâte. Cette compréhension de cette matière vivante est le signe d'un bon boulanger.

Le pétrissage a une action physico-chimique. L'eau, dont la quantité est évaluée en fonction des qualités de la farine, lie les grains d'amidon et les particules de gluten. Ainsi, ces derniers tissent un réseau qui forme la pâte.

Pour chacune des recettes, les temps ne sont donnés qu'à titre indicatif. Le boulanger évalue visuellement le moment d'arrêt du pétrin par sa seule expérience. Un pétrissage trop long peut dégrader la pâte. Elle blanchit, devient collante, se déstructure. La pâte peut également s'oxyder sous l'accroissement de la vitesse et la durée du pétrissage, ce qui entraîne une augmentation de sa force et réduit sa durée de maturation.

Le pétrissage est donc à la fois complexe et primordial. Il est important de l'adapter au matériel utilisé et, surtout, de bien estimer sa durée. Globalement, il faut que la pâte n'attache plus aux parois, qu'elle soit extensible, élastique et sèche, d'aspect lisse et brillant.

Les deux types de pétrin les plus utilisés en boulangerie sont celui à spirale et celui à axe oblique :

- **le pétrin à spirale :** il permet de réaliser des petites quantités avec toutefois le défaut de fouetter la pâte ;
- **le pétrin à axe oblique :** plus couramment utilisé, il permet un bon travail et un bon lissage de la pâte. il est doté de deux ou trois branches.

Le pétrin à spirale

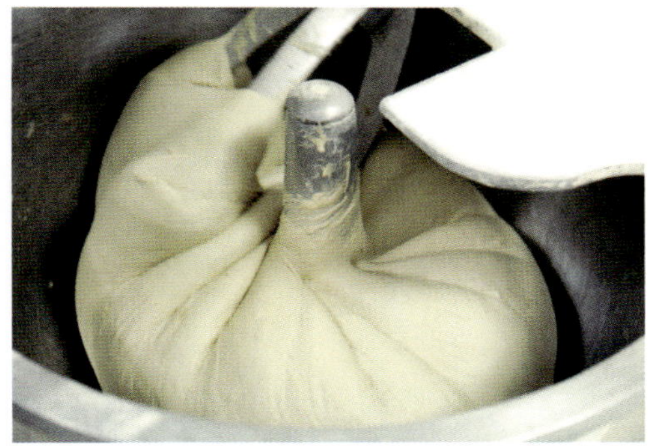

Le pétrin à axe oblique

LE FRASAGE

Le réseau glutineux se forme au cours de cette étape. Le mélange des ingrédients, qui s'effectue en première vitesse (environ 40 tours/minute), permet au gluten d'absorber l'eau. Cette phase dure environ 5 minutes. Il ne doit rester aucune trace d'eau ou de farine lors du passage en seconde vitesse.

Au cours du frasage, si la pâte est trop douce, il est possible d'ajouter de la farine (contre-frasage). Si elle est trop ferme, il est possible d'ajouter de l'eau pendant ou à la fin du pétrissage (bassinage).

Le frasage

L'AUTOLYSE

Lorsque la farine a un excès de force, il est recommandé, entre le frasage et le pétrissage en seconde vitesse, de recourir à l'autolyse. Dans ce cas, on ne doit pas ajouter de levure au début du frasage. Cette étape, qui peut durer de 30 à 60 minutes, voire plus, consiste à laisser la pâte reposer dans le pétrin. Le gluten absorbe alors un peu plus d'eau, devient plus souple et sera plus facile à pétrir.

L'autolyse

LE MALAXAGE-ÉTIRAGE-SOUFFLAGE

Ces trois opérations s'effectuent simultanément en seconde vitesse (80 tours/minute environ). L'hydratation de la pâte et la liaison entre les différents composants se poursuivent. La pâte est malaxée ; le gluten est étiré et s'assouplit. La pâte acquiert la texture (élasticité et souplesse) nécessaire à un travail postérieur. À ce stade, l'air entre dans la pâte sous l'effet du pétrissage.

LE PÉTRISSAGE À VITESSE LENTE

Les farines utilisées ne doivent pas être trop fortes et le pétrissage doit être réalisé en première vitesse. Ce type de pétrissage donne des pains peu volumineux, dont le goût et la conservation sont de qualité (par exemple, le pain au levain naturel). Il faut utiliser peu de levure et laisser pointer la pâte.

LE PÉTRISSAGE INTENSIFIÉ

Il se caractérise en partie par une augmentation de la vitesse et de la durée du pétrissage (80 tours/minute pendant 20 à 25 minutes). La pâte blanchit grâce à l'incorporation massive d'oxygène. Cette méthode entraîne une perte de goût, due à une modification des arômes que provoque la fixation de l'oxygène sur certains constituants de la farine. Cette méthode de pétrissage n'est pas recommandée dans cet ouvrage.

LE PÉTRISSAGE AMÉLIORÉ

C'est un compromis entre les deux précédents pétrissages (10 à 12 minutes en seconde vitesse). Il en résulte des pains avec un bon développement, sans excès, une texture de mie couleur crème clair à alvéoles ouvertes et au goût agréable.

LE CONTRÔLE DES TEMPÉRATURES

Le pétrissage terminé, la température de la pâte est très importante. Pour maîtriser cette température, il faut prendre en compte ce que l'on appelle la « température de base ». Cette dernière est la somme de trois températures facilement contrôlables : les températures du fournil, de la farine et de l'eau. Si les températures du fournil et de la farine sont difficilement modifiables, celle de l'eau l'est aisément. En résumé, pour obtenir une température de base de 64 °C, si le fournil est à 25 °C et la farine à 24 °C, l'eau doit être à 15 °C. En période de fortes chaleurs, afin de respecter la température de base pour certaines recettes, il est conseillé de placer quelques heures la farine dans un réfrigérateur (4 °C).

LE POINTAGE

Le pointage est la période de fermentation située entre la fin du pétrissage et le façonnage. La pâte subit alors des transformations physico-chimiques. Les acides produits pendant la fermentation se fixent sur le gluten, ce qui renforce la pâte. Le pointage permet également la production de gaz carbonique et d'alcool éthylique ainsi qu'un développement des arômes de la pâte (voir « La fermentation » page 44).

Aussi, plus on laisse pointer une pâte, plus elle aura de goût. Mais le temps de pointage n'est pas extensible à l'infini. Au-delà d'une certaine durée, il devient même néfaste, car il modifie trop les qualités mécaniques et physico-chimiques de la pâte avant l'enfournement. Si le pointage est important pour la qualité finale des produits, sa durée dépend des qualités propres de la pâte (température, force, consistance) et de la quantité de levure utilisée. Plus celle-ci est présente dans la pâte, moins le pointage sera long. Quand les pâtes manquent de force, il convient d'augmenter la durée du pointage. Le boulanger peut également donner un rabat (voir ci-contre) afin de réoxygéner la pâte. Cette opération lui donne un peu plus de force. En revanche, si les pâtes sont trop chaudes, trop fermes, il est préférable de réduire le temps de pointage.

AVERTISSEMENT POUR TOUTES LES RECETTES

Durant le pointage, la pâte doit toujours être recouverte d'un plastique plutôt que d'une toile, cette dernière faisant sécher la pâte. Ce conseil vaut pour toutes les recettes et ne sera donc plus repris par la suite.

Le pointage peut être réalisé de deux façons:
1. **le pointage en masse ou piquage en cuve;**
2. **le pointage en bac(s) avant division** (dans ce livre, les quantités de pâte étant petites, le pointage est en bac);

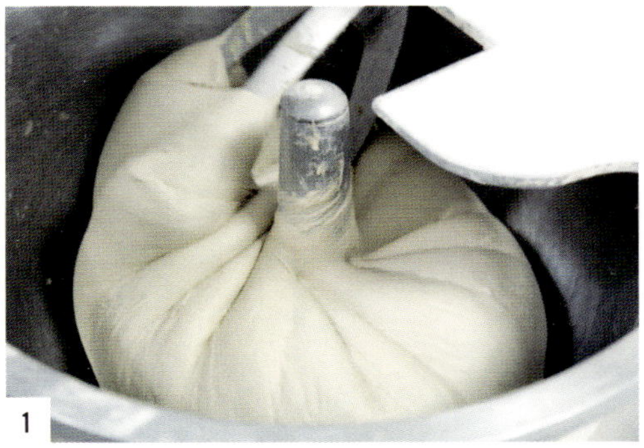
1

2

LE RABAT

Le rabat consiste à replier la pâte, qui a été jusqu'alors peu ou pas pétrie, afin de chasser le gaz carbonique. Cela redonne de la force à la pâte et permet de continuer à tisser le réseau glutineux.

Le boulanger peut replier plus ou moins la pâte en effectuant un rabat simple ou un bon rabat selon la force qu'elle a originellement.

1

2

3

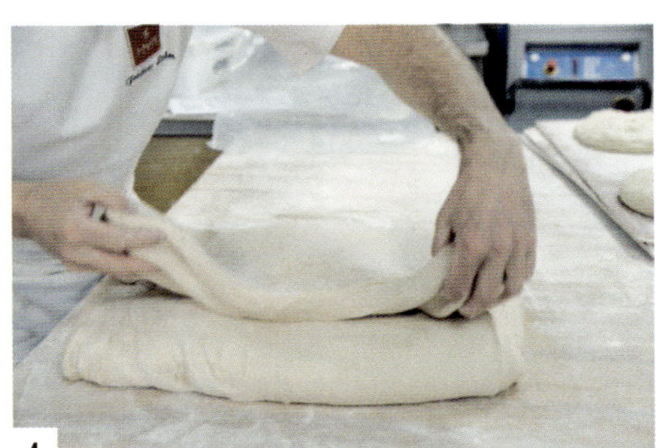
4

LA PESÉE ET LA DIVISION

LA PESÉE MANUELLE

Après le pétrissage et le pointage, la masse de pâte doit être pesée en pâtons de tailles variables, selon la recette souhaitée. C'est ce que l'on appelle la « pesée manuelle ». La difficulté de cette étape est d'obtenir, par la coupe, la masse la plus juste possible du premier coup, afin de ne pas endommager la structure du pain par l'ajout de morceaux de pâte. Cette opération doit être effectuée sans excès de farine en surface, car cette farine se trouverait emprisonnée dans le pain. Le boulanger doit travailler rapidement et veiller à ne pas déchirer la pâte et conserver sa face lisse.

LA DIVISION

La division peut s'effectuer mécaniquement. Cette méthode, couramment utilisée, consiste à diviser, à l'aide d'une diviseuse, vingt pâtons égaux.

1

2

LA MISE EN FORME, PUIS LA DÉTENTE

Cette étape est également importante dans l'élaboration du pain. Il ne faut en aucun cas façonner une pâte qui vient d'être divisée. Ceci est d'autant plus vrai si la division a été faite à la machine, car la pâte est « nerveuse ». Ce temps de repos permet à la pâte de se détendre afin d'être travaillée correctement par la suite. Cependant, le temps de détente ne doit pas être trop long, sans quoi, la fermentation se poursuivant, la pâte prendrait un excès de force et ne se développerait pas au four.

AVERTISSEMENT POUR TOUTES LES RECETTES

Durant la détente, la pâte doit être recouverte d'un plastique plutôt que d'une toile. Comme ce conseil vaut pour toutes les recettes, il ne sera plus repris par la suite.

LE FAÇONNAGE

Le façonnage donne sa forme définitive à la pâte, avant la mise au four. Il peut être réalisé manuellement ou mécaniquement. Dans tous les cas, selon les pâtes que l'on travaille, il faudra plus ou moins serrer les pâtons. Ceux-ci seront ensuite placés soit sur toile, préalablement farinée (fleurage) ou non, soit en bannetons.
La mise en forme de la pâte est réalisée en quatre étapes :

- **le dégazage** qui a pour but de chasser le CO_2 ;
- **la mise en forme** pour donner une première forme au pâton en le pliant ou en l'enroulant ;
- **la soudure** qui est la « couture » du pain : elle est soit à clair (dessous) ou à gris (dessus) ;
- **l'allongement** pour donner au pâton sa longueur définitive.

LE FAÇONNAGE MANUEL

Avec cette méthode, l'apprêt sera diminué, car la pâte est moins serrée. L'alvéolage de la mie est ainsi plus irrégulier. Le façonnage manuel, plus long qu'en machine, demande au boulanger une bonne maîtrise du geste.

- **En boule**

1

2

3

4

5

• **En baguette**

1

2

3

4

5

6

7

LA SOUDURE À CLAIR ET LA SOUDURE À GRIS

1

2

LE FLEURAGE

LE FAÇONNAGE MÉCANIQUE

Le façonnage mécanique, méthode largement utilisée en boulangerie, est réalisé dans une façonneuse. L'alvéolage de la mie est ainsi plus régulier et plus serré.

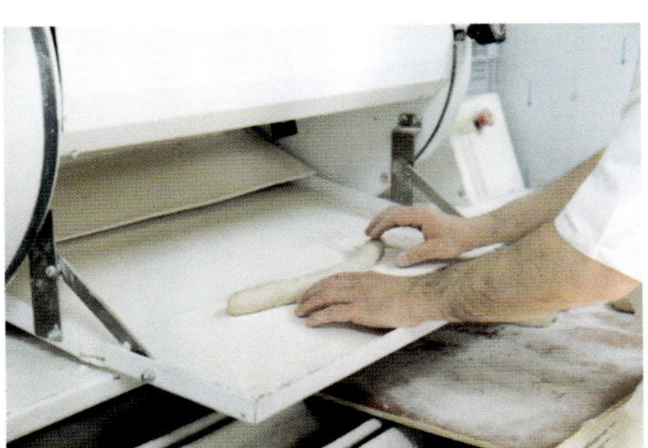

L'APPRÊT

L'apprêt est la dernière fermentation de la pâte. Au cours de cette étape, la pâte double de volume. Il peut être réalisé de deux manières différentes :

- **en direct;** la pâte « va en chaud » juste après le façonnage, c'est-à-dire qu'elle est placée en chambre de fermentation ou en parisien (petit meuble en bois, à température ambiante) à environ 25 °C;
- **en différé;** la fermentation est ralentie et réalisée en pousse contrôlée ou en pousse lente, la température est bien plus basse.

LA POUSSE CONTRÔLÉE

Les pâtons sont placés dans une chambre de pousse dont la température descend jusqu'à 5 °C afin d'arrêter leur fermentation et de différer ainsi la cuisson au lendemain. Avant la mise au four, la fermentation s'opère lors du réchauffement de la pâte de 5 °C à 16 °C ou plus, sans dépasser toutefois les 25 °C environ. Cette méthode permet de ne pas travailler la nuit. Il est préférable de réaliser des pâtes un peu plus fermes pour éviter le cloquage à la cuisson.

LA POUSSE LENTE

La pousse lente consiste à effectuer un apprêt très long, ce qui confère au pain une plus grande qualité gustative. Après avoir été façonnée, la pâte est placée sur des chariots dans une chambre de pousse, à une température constante de 10-12 °C, pendant 18 heures maximum. Elle ne subit pas de variations de température. Cette méthode offre au boulanger une liberté d'enfournement d'environ 5 heures. Il peut ainsi proposer du pain chaud tout au long de la journée. Cette méthode limite les risques d'invendus.

LE LAMAGE

Juste avant l'enfournement, le pâton est lamé. Si la pâte est peu poussée, le lamage peut être plus profond, et inversement. Réalisé juste avant l'enfournement, le lamage, appelé aussi « signature du boulanger », permet de libérer du gaz carbonique pendant la cuisson, favorisant ainsi le développement du pain. Il existe plusieurs types de lamage : traditionnel, polka, en saucisson, en feuilles, en vagues, en stries, en croix (voir ci-contre). Certains pains ne sont pas lamés. D'autres sont lamés juste après le façonnage, comme le pain de seigle.

LES DIFFÉRENTS LAMAGES

Traditionnel : ici, cinq coups de lame

En feuilles

En saucisson

En polka

En losange

L'ENFOURNEMENT

Chaque boulanger doit apprendre à évaluer lui-même le moment de la mise au four, en touchant les pains. Ceux-ci doivent avoir une tenue et une certaine consistance. L'expérience de l'artisan est primordiale.

Au moment d'enfourner, on met systématiquement de la buée, ce qui permet au pain de bien développer, d'avoir une jolie couleur et une croûte pas trop épaisse. La buée enveloppe le pain d'une fine couche d'eau qui assouplit le contour de la pâte, favorise le dégagement d'oxyde de carbone et donc le développement du pain. S'il y a trop de buée, le lamage (qui forme des grignes) peut disparaître. L'enfournement est différent selon le type de fours (à sole, à bois, à étages, à chariot, etc.).

AVERTISSEMENT POUR TOUTES LES RECETTES

Que l'apprêt soit soudure à gris ou à clair, la majorité des pains sont enfournés soudure sur le tapis. Comme ce conseil vaut pour presque toutes les recettes, il ne sera plus repris par la suite, sauf lorsque nous souhaitons que la soudure éclate. Dans ce cas, la soudure sera sur le dessus et le pain ne sera pas lamé.

LA CUISSON

La température du four doit être très précise au moment de l'enfournement, entre 240 °C et 260 °C. Le boulanger injecte de la vapeur pendant les premières minutes (voir ci-dessus). Du fait des différences de températures entre la pâte juste enfournée et le four, l'eau, qui condense à la surface du pain, favorise son expansion. Le pâton perd environ 25 % de son poids pendant la cuisson.

AVERTISSEMENT POUR TOUTES LES RECETTES

Dans les recettes, les températures et temps de cuisson sont donnés à titre indicatif et peuvent varier de quelques minutes suivant les fours et les quantités de pains enfournés.

1

2

DE LA PÂTE AU PAIN

Au cours de la cuisson, s'opère la réaction de Maillard : les sucres à la surface du pain se caramélisent, ce qui donne à la croûte sa couleur plus ou moins brune et ses arômes. La température à l'intérieur du pain est de 100 °C maximum quand celle de la croûte est de 200 °C minimum. Le pain doit commencer à cuire à four chaud pour être saisi. Si possible, la température de cuisson peut être diminuée progressivement ou la porte du four peut être entrouverte pour que la croûte se dessèche légèrement.

L'ordre de la mise au four des pains dans un four à deux voies est important. Ils doivent être enfournés de haut en bas. La vapeur d'eau dégagée par le premier tapis profite aux pains placés 5 à 10 minutes plus tard à leurs côtés.

Certains pains à mie plus humide ou collante (pain de seigle, miche d'antan, pavé d'autrefois…) sont cuits à chaleur tombante : la température du four est diminuée en fin de cuisson pour que les pains dessèchent un peu, ne se colorent pas trop et ne ramollissent pas après la cuisson. Cela dépend aussi du poids du pain et de la recette (par exemple, lorsque l'on ajoute des produits sucrés, le pain peut colorer très rapidement).

LE RESSUAGE

Le ressuage consiste en l'évaporation naturelle du gaz carbonique et de la vapeur d'eau présents dans la mie à travers la croûte.

Le ressuage est réalisé dans de bonnes conditions pour que la croûte ne se fragilise pas, que le pain ne ramollisse pas et se conserve mieux. Le local doit être aéré, ni trop humide, ni trop sec, sans choc thermique. Le pain perd 1 à 2% de son poids dans l'heure qui suit la sortie du four.

LE RASSISSEMENT

Le rassissement du pain est plus ou moins rapide en fonction des conditions de conservation et de fabrication du produit. Un pain pétri trop ferme, une pâte trop chaude et une quantité excessive de levure entraînent un rassissement plus rapide. Un pétrissage rapide a le même effet. En revanche, en confectionnant des pâtes plus douces ou des pains avec une farine dont le taux d'extraction est élevé, en travaillant sur poolish ou sur levain, on s'assure une plus longue fraîcheur du pain.

Il est aussi conseillé de conserver le pain dans une huche en bois. Le bois est un très bon régulateur de l'humidité de l'air par temps de pluie ou par temps sec. Il absorbe l'humidité ou la rediffuse, permettant ainsi au pain de rassir moins rapidement.

LE MATÉRIEL

Voici deux listes non exhaustives du matériel (petit et gros) du boulanger.

PETIT MATÉRIEL

- Bac à pâte
- Balance
- Bicyclette
- Brosse à farine
- Ciseaux
- Corne
- Coupe-pâte carré
- Coupe-pâte rond
- Couteau d'office
- Couteau de tour
- Couteau-scie
- Emporte-pièce
- Lame
- Moule
- Palette
- Pellon
- Pinceau
- Plastique pour couvrir
- Pochoir
- Pulvérisateur d'eau
- Rouleau de plus petite taille
- Rouleau standard
- Tamis
- Thermomètre
- Toile

GROS MATÉRIEL

- Balancelle
- Batteur
- Chambre de fermentation
- Chariot
- Diviseuse
- Façonneuse
- Fours (four à sole et four ventilé)
- Laminoir
- Parisien
- Pétrin à spirale
- Pétrin à axe oblique
- Réfrigérateur
- Repose-pâtons
- Table de façonnage
- Tour réfrigéré

LES
RECETTES

LES BAGUETTES

BAGUETTE DE TRADITION EN DIRECT

POUR 9 BAGUETTES DE 320 g

◇

INGRÉDIENTS

1 450 g de farine de tradition T65
200 g de levain naturel
(voir recette page 96)
200 g de pâte fermentée
35 g de sel
18 g de levure
1 l d'eau de coulage

ÉTAPES DE FABRICATION

Température de base : **62 °C**
Pétrissage (pétrin à axe oblique) : **5 min en 1re vitesse, puis 7 + 5 min avec le sel en 2de vitesse**
Température de la pâte : **24,5 °C**
Pointage : **1 h en bac à température ambiante**
Poids des baguettes : **320 g**
Détente : **environ 30 min**
Façonnage : **à la main, ou à la machine rouleau desserré, baguette de 50 cm, soudure à gris sur une toile non farinée**
Apprêt : **1 h 15-1 h 30 à 25 °C**
Lamage : **5 coups de lame**
Cuisson : **21 min à 250 °C**

1 Préparez le levain naturel *(voir recette page 96)*.

2 Dans la cuve du pétrin à axe oblique, disposez l'eau, la levure, le levain naturel et la pâte fermentée. Ajoutez ensuite la farine de tradition T65.

3 Pétrissez 5 minutes en 1re vitesse, puis 7 minutes en 2de vitesse jusqu'à obtention d'une pâte bien tissée. Incorporez le sel en 1re vitesse, puis pétrissez de nouveau 5 minutes en 2de vitesse jusqu'à obtention d'une pâte lisse. À la fin du pétrissage, la température doit être de 24,5 °C.

4 Sortez la pâte du pétrin. Laissez-la pointer en bac à température ambiante pendant 1 heure.

5 Pesez des pâtons de 320 g, donnez-leur une forme allongée et laissez-les se détendre pendant environ 30 minutes.

6 Façonnez à la main ou à la machine des baguettes de 50 cm de longueur.
CONSEIL : idéalement, le façonnage doit être fait manuellement. Cette étape doit être réalisée délicatement afin de ne pas trop dégazer la pâte.

7 Disposez les baguettes sur une toile non farinée, soudure à gris.

8 L'apprêt est de 1 heure 15 à 1 heure 30 à 25 °C avec un taux d'hygrométrie de 85 %.
CONSEIL : vous pouvez passer les baguettes 10 minutes à 4 °C pour un meilleur craché au four.

9 Lamez les baguettes de 5 coups de lame.

10 Dans un four à sole à 250 °C, avec de la buée à l'enfournement, faites cuire les baguettes pendant 21 minutes, oura fermé.
CONSEIL : les baguettes ne doivent pas être trop poussées au moment de l'enfournement.

À SAVOIR

Les arômes de la pâte fermentée et ceux du levain s'harmonisent bien et donnent à la baguette un goût particulier. Toutefois, vous pouvez travailler avec uniquement de la pâte fermentée.
La baguette de tradition ne nécessite pas beaucoup de vapeur d'eau lors de l'enfournement.

BAGUETTE DE TRADITION EN POINTAGE RETARDÉ

POUR ENVIRON 16 BAGUETTES DE 320 g

◇

INGRÉDIENTS

2150 g de farine de tradition T65
2001 g de poolish *(voir ci-dessous)*
60 g de sel
10 g de levure
1 l d'eau de coulage
150 g d'eau de bassinage

Pour la poolish

1000 g de farine de tradition T65
1 g de levure
1 l d'eau

ÉTAPES DE FABRICATION

Température de base : **52 °C**
Pétrissage (pétrin à spirale) : **5 min en 1re vitesse, puis 2 + 1 min avec le sel et l'eau de bassinage en 2de vitesse**
Température de la pâte : **23,5 °C**
Pointage : **1 h en bac à température ambiante, puis 1 rabat, puis 12 h à 4 °C**
Poids des baguettes : **320 g**
Détente : **environ 20 min**
Façonnage : **à la main, ou à la machine rouleau desserré, baguette de 45 cm, soudure à gris sur une toile non farinée**
Apprêt : **1 h 15-1 h 30 à 25 °C**
Lamage : **6 coups de lame**
Cuisson : **21 min à 250 °C**

1 Préparez la poolish *(voir recette page 128)* et laissez-la fermenter pendant 12 heures à 23 °C.

2 Mettez la moitié de la quantité d'eau de coulage sur le pourtour de la poolish. Dans la cuve du pétrin à spirale, disposez l'autre moitié de l'eau, la levure et la poolish. Ajoutez ensuite la farine de tradition T65.

3 Pétrissez 5 minutes en 1re vitesse, puis 2 minutes en 2de vitesse jusqu'à obtention d'une pâte bien tissée. Incorporez le sel et l'eau de bassinage en 1re vitesse, puis pétrissez de nouveau 1 minute en 2de vitesse jusqu'à obtention d'une pâte lisse. À la fin du pétrissage, la température doit être de 23,5 °C.

4 Sortez la pâte du pétrin. Pesez-la dans des bacs de 6,4 kg. Laissez-la pointer à température ambiante pendant 1 heure. Donnez-lui un rabat, puis entreposez-la environ 12 heures à 4 °C.

5 Divisez les bacs et donnez aux pâtons une forme allongée. Laissez-les se détendre pendant environ 20 minutes.

6 Façonnez à la main ou à la machine, rouleau desserré, des baguettes de 45 cm de longueur.
CONSEIL : cette étape doit être réalisée délicatement afin de ne pas trop dégazer la pâte.

7 Disposez les baguettes sur une toile non farinée, soudure à gris.

8 L'apprêt est de 1 heure 15 à 1 heure 30 à 25 °C avec un taux d'hygrométrie de 85 %.
CONSEIL : vous pouvez passer les baguettes 10 minutes à 4 °C pour un meilleur craché au four.

9 Lamez les baguettes de 6 coups de lame.

10 Dans un four à sole à 250 °C, avec de la buée à l'enfournement, faites cuire les baguettes pendant 21 minutes, oura fermé.

À SAVOIR

La pâte doit doubler de volume. Elle ne doit pas trop fermenter en bac lors du pointage, sinon la seconde fermentation pendant l'apprêt ne sera pas bonne.
L'été, lorsque la poolish est chaude, mettez la farine au réfrigérateur. La température idéale de la pâte est de 24 °C maximum.

BAGUETTE EN POUSSE LENTE AU LEVAIN NATUREL

POUR ENVIRON 9 BAGUETTES DE 320 g

◇

INGRÉDIENTS

1 500 g de farine de tradition T65
500 g de levain naturel
(voir recette page 96)
50 g de sel
3 g de levure
3 g d'améliorant
1 l d'eau de coulage

ÉTAPES DE FABRICATION

Température de base : **54 °C**
Pétrissage (pétrin à spirale) : **6 min en 1re vitesse, puis 2 + 1 min avec le sel en 2de vitesse**
Température de la pâte : **24 °C**
Pointage : **15 min en bac à température ambiante**
Poids des baguettes : **320 g**
Détente : **environ 20 min**
Façonnage : **à la machine rouleau serré, baguette de 50 cm, soudure à gris sur une toile farinée**
Apprêt : **16 h à 11 °C**
Lamage : **5 coups de lame**
Cuisson : **21 min à 250 °C**

1 Préparez le levain naturel *(voir recette page 96)*.

2 Dans la cuve du pétrin à spirale, disposez l'eau, la levure et le levain naturel. Ajoutez ensuite l'améliorant et la farine de tradition.

3 Pétrissez 6 minutes en 1re vitesse, puis 2 minutes en 2de vitesse jusqu'à obtention d'une pâte bien tissée. Incorporez le sel en 1re vitesse, puis pétrissez de nouveau 1 minute en 2de vitesse jusqu'à obtention d'une pâte lisse. À la fin du pétrissage, la température doit être de 24 °C.
CONSEIL : la pâte obtenue doit être assez souple.

4 Laissez pointer la pâte en masse pendant 15 minutes.

5 Pesez des bacs de 6,4 kg. Divisez les pâtons et donnez-leur une forme allongée. Laissez-les se détendre pendant environ 20 minutes.

6 Façonnez à la machine des baguettes de 50 cm de longueur.

7 Disposez-les sur une toile farinée, soudure à gris.

8 L'apprêt est de 16 heures à 11 °C avec un taux d'hygrométrie de 85 %.

9 Lamez les baguettes de 5 coups de lame.

10 Dans un four à sole à 250 °C, avec de la buée à l'enfournement, faites cuire les baguettes pendant 21 minutes, oura fermé.

À SAVOIR

Cette baguette est pétrie en 2de vitesse afin d'avoir un bon développement malgré la quantité de levain. La baguette double de volume pendant la cuisson, mais elle conserve un goût très prononcé. Cette recette permet également de faire des bâtards, des gros pains, etc.

BAGUETTE EN POUSSE LENTE SUR PÂTE FERMENTÉE

POUR ENVIRON
8 BAGUETTES DE 320 g

◇

INGRÉDIENTS

1 500 g de farine de tradition T65
250 g de pâte fermentée
30 g de sel
5 g de levure
3 g d'améliorant
25 g de remoulage blanc
1 l d'eau de coulage

ÉTAPES DE FABRICATION

Température de base : **58 °C**
Pétrissage (pétrin à spirale) :
6 min en 1re vitesse, puis 3 + 2 min avec le sel en 2de vitesse
Température de la pâte : **26 °C**
Pointage : **20 min en cuve**
Poids des baguettes : **320 g**
Détente : **environ 30 min**
Façonnage : **à la machine rouleau peu serré, baguette de 50 cm, soudure à gris sur une toile légèrement farinée**
Apprêt : **14 h à 11 °C**
Lamage : **5 coups de lame**
Cuisson : **21 min à 250 °C**

1 Dans la cuve du pétrin à spirale, disposez l'eau, la levure et la pâte fermentée. Ajoutez ensuite la farine de tradition T65, l'améliorant et le remoulage blanc.

2 Pétrissez 6 minutes en 1re vitesse, puis 3 min en 2de vitesse jusqu'à obtention d'une pâte bien tissée. Incorporez le sel en 1re vitesse, puis pétrissez de nouveau 2 minutes en 2de vitesse jusqu'à obtention d'une pâte lisse.
À la fin du pétrissage, la température doit être de 26 °C.
CONSEIL : la pâte obtenue doit être assez souple.

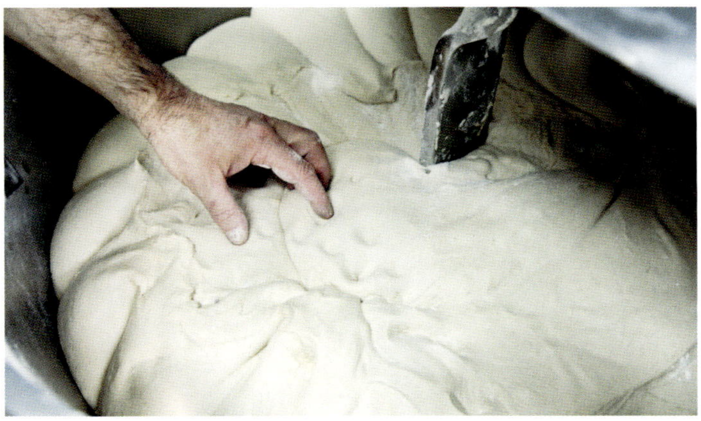

3 Après un pointage de 20 minutes en cuve, sortez la pâte du pétrin. Pesez des bacs de 6400 g.

4 Divisez les bacs. Donnez aux pâtons une forme allongée. Laissez-les se détendre pendant environ 30 minutes.
CONSEIL : il est important d'attendre environ 1 heure, mais pas plus, après l'arrêt du pétrin pour commencer à façonner la pâte, sans quoi la baguette manquera de force.

5 Façonnez à la machine, rouleau peu serré, des baguettes de 50 cm de longueur.
CONSEIL : cette étape doit être réalisée délicatement, car la pâte est relativement souple.

6 Disposez-les sur une toile légèrement farinée, soudure à gris.

7 L'apprêt est de 14 heures à 11 °C avec un taux d'hygrométrie de 85 %.

8 Lamez les baguettes de 5 coups de lame.

9 Dans un four à sole à 250 °C, avec de la buée à l'enfournement, faites cuire les baguettes pendant 21 minutes, oura fermé.

À SAVOIR

**Veillez à ce que la pâte fermentée ne soit pas trop acide, car elle déstructurerait la pâte finale en texture et en goût. Les « mauvaises bactéries » casseraient le réseau glutineux. Il est important que la température de la pâte soit de 26 °C, sans quoi elle manquera de force, sera cloquée au four et ne se développera pas suffisamment.
Cette recette est pratique, car vous pouvez attendre 6 heures entre le premier et le dernier enfournement.
Cette recette peut être utilisée pour les « jolis pains » (voir page 321).**

BAGUETTE DE TRADITION SUR LEVAIN LIQUIDE

POUR 9 BAGUETTES DE 320 g

◇

INGRÉDIENTS

1 700 g de farine de tradition T65
200 g de levain liquide
(voir recette page 98)
35 g de sel
6 g de levure
1 l d'eau de coulage
100 g d'eau de bassinage

ÉTAPES DE FABRICATION

Température de base : **56 °C**
Pétrissage (pétrin à spirale) : **6 min en 1re vitesse, puis 2 + 1 min avec le sel et l'eau de bassinage en 2de vitesse**
Température de la pâte : **24 °C**
Pointage : **20 min en bac à température ambiante, puis 1 rabat, puis environ 14 h à 4 °C**
Poids des baguettes : **320 g**
Détente : **environ 30 min**
Façonnage : **à la main, baguette de 45 cm, soudure à gris sur une toile non farinée**
Apprêt : **1 h à 24 °C**
Lamage : **5 coups de lame**
Cuisson : **21 min à 250 °C**

1 Préparez le levain liquide *(voir recette page 98)*.

2 Dans la cuve du pétrin à spirale, disposez l'eau de coulage, la levure et le levain liquide. Ajoutez ensuite la farine de tradition T65.

3 Pétrissez 6 minutes en 1re vitesse, puis 2 minutes en 2de vitesse jusqu'à obtention d'une pâte bien tissée. Incorporez le sel et l'eau de bassinage en 1re vitesse, puis pétrissez de nouveau 1 minute en 2de vitesse jusqu'à obtention d'une pâte lisse. À la fin du pétrissage, la température doit être de 24 °C.

4 Sortez la pâte du pétrin. Laissez-la pointer en bac à température ambiante pendant 20 minutes.

5 Donnez-lui un rabat, puis placez-la pendant environ 14 heures à 4 °C.

6 Pesez des pâtons de 320 g. Donnez-leur une forme allongée et laissez-les se détendre pendant environ 30 minutes.

7 Façonnez à la main des baguettes de 45 cm de longueur.
CONSEIL : cette étape doit être réalisée délicatement afin de ne pas trop dégazer la pâte.

8 Disposez-les sur une toile non farinée, soudure à gris.

9 L'apprêt est de 1 heure à 24 °C avec un taux d'hygrométrie de 85 %.
CONSEIL : placez les baguettes pendant 10 minutes à 4 °C pour favoriser un meilleur craché au four.

10 Lamez les baguettes de 5 coups de lame.

11 Dans un four à sole à 250 °C, avec de la buée à l'enfournement, faites cuire les baguettes pendant 21 minutes, oura fermé.

À SAVOIR

Au même titre que pour le levain naturel dur, la gestion du levain liquide est très importante. Il faut veiller à ce que levain liquide ne s'acidifie pas au risque d'avoir ensuite des pâtes trop tenaces (voir page 32) ou ayant des difficultés à se lier.

BAGUETTE EN POUSSE CONTRÔLÉE

POUR 9 BAGUETTES DE 320 g

INGRÉDIENTS

1 650 g de farine de tradition T65
250 g de pâte fermentée
35 g de sel
10 g de levure
15 g d'améliorant
1 l d'eau de coulage

ÉTAPES DE FABRICATION

Température de base : **50 °C**
Pétrissage (pétrin à axe oblique) : **5 min en 1re vitesse, puis 10 + 4 min avec le sel en 2de vitesse**
Température de la pâte : **24 °C**
Pointage : **10 min en cuve**
Poids des baguettes : **320 g**
Détente : **environ 15 min**
Façonnage : **à la machine rouleau serré, baguette de 58 cm, soudure à clair sur une toile non farinée**
Apprêt : **blocage à 4 °C, puis 5 h à 18 °C**
Lamage : **6 coups de lame**
Cuisson : **21 min à 250 °C**

1 Dans la cuve du pétrin à axe oblique, disposez l'eau, la levure et la pâte fermentée. Ajoutez ensuite la farine de tradition et l'améliorant.

2 Pétrissez 5 minutes en 1re vitesse, puis 10 minutes en 2de vitesse jusqu'à obtention d'une pâte bien tissée. Incorporez le sel en 1re vitesse, puis pétrissez de nouveau 4 minutes en 2de vitesse jusqu'à obtention d'une pâte lisse. À la fin du pétrissage, la température doit être de 24 °C.

3 Après un pointage de 10 minutes en cuve, sortez la pâte du pétrin. Pesez-la en bacs de 6,4 kg.

4 Divisez les bacs. Donnez aux pâtons une forme allongée. Laissez-les se détendre pendant environ 15 minutes.

5 Façonnez à la machine, rouleau serré, des baguettes de 58 cm de longueur.

6 Disposez-les sur une toile non farinée, soudure à clair.

7 Après un blocage à 4 °C, l'apprêt est de 5 heures à 18 °C avec un taux d'hygrométrie de 85 %.

8 Lamez les baguettes de 6 coups de lame.

9 Dans un four à sole à 250 °C, avec de la buée à l'enfournement, faites cuire les baguettes pendant 21 minutes, oura fermé.

À SAVOIR

Il est possible d'utiliser un pétrin à spirale : 5 minutes en 1re vitesse, puis 4 + 3 min en 2de vitesse. D'autres températures et temps de fermentation sont envisageables : 6 heures à 18 °C, 12 heures à 10 °C, puis 3 heures à 18 °C, 18 heures à 10 °C.

GUILLAUME GOMEZ

Un des Meilleurs Ouvriers de France Cuisine
Ambassadeur de la gastronomie, de l'alimentation et des arts culinaires
Représentant personnel du président de la République

Nos boulangers font partie de l'équipe de France de la gastronomie !

«Je fais partie de cette génération qui n'a pas été élevée au fast-food. Le sandwich, pour moi, c'est avant tout une bonne baguette ou une grosse tartine tranchée dans un pain de campagne, que l'on pouvait garder une semaine. D'aussi loin que je me souvienne, nous avions du pain à tous les repas, de l'entrée au dessert ! Et c'était du bon pain, croustillant, bien fermenté, avec des matières premières sans transformations excessives. Pendant près de vingt-cinq ans, j'ai été au service des présidents de la République en tissant un lien avec ces femmes et ces hommes qui subliment nos terroirs. Aujourd'hui, je suis au service de tous ceux qui font la gastronomie pour contribuer à leur rayonnement ici et ailleurs. Par exemple, c'est plus qu'une baguette qu'on espère classer au patrimoine de l'Unesco. C'est avant tout un savoir-faire français, unique, qui est la fierté de nos territoires. Nos boulangers font partie de l'équipe de France de la gastronomie ! Sans élitisme, au sens le plus populaire. Quand vous discutez avec des expatriés, le pain est l'un des aliments qui leur manque le plus. Dans des pays tels que la Corée, quand vous êtes invité, vous apportez une baguette de pain, comme vous offririez une boîte de chocolats, une bouteille de vin ou un mets d'exception. De la farine, du sel, de l'eau et de la levure, vous pourrez en trouver presque partout dans le monde, mais ce savoir-faire artisanal, cette maîtrise de la fermentation, le choix de farine de qualité, etc., constituent notre identité culturelle. Des céréales issues de champs cultivés à quelques dizaines de kilomètres de distance, la qualité de l'eau, plus ou moins dure, le travail du meunier influent sur la qualité d'un pain, tout autant que le toucher et la sensibilité du boulanger. L'approche du métier de boulanger, à la fois dans la simplicité des ingrédients et dans la quête de perfection, m'a aidé à mieux comprendre la cuisine. J'aime ce rapport à la pâte, cette matière vivante que l'on façonne, ou non, entre ses mains. J'ai appris à faire du pain avec l'un des maîtres à penser de Frédéric Lalos, Jean-Louis Clément, un des Meilleurs Ouvriers de France. C'est lui qui nous a mis en relation. Il y a une vingtaine d'années, j'étais déjà client de l'une des boulangeries de Frédéric. Comme Jean-Louis Clément, Frédéric est un grand formateur, qui donne beaucoup de son temps dans les salons et les concours notamment. Dans les "métiers de la main", et particulièrement peut-être chez les MOF, nous avons à cœur de transmettre, et Frédéric est le parfait ambassadeur de cette mission. »

BAGUETTE PESTO-EMMENTAL

POUR 8 BAGUETTES DE 250 g

INGRÉDIENTS

1 750 g de pâte tradition
(voir recette page 72)
100 g de pesto
150 g d'emmental râpé

ÉTAPES DE FABRICATION

Mélange (pétrin à spirale) des ingrédients en 1re vitesse
Pointage : **30 min en bac à température ambiante, puis 12 h à 10 °C**
Poids des baguettes : **250 g**
Détente : **environ 15 min**
Façonnage : **à la main, baguette de 40 cm, soudure à gris sur une toile légèrement farinée**
Apprêt : **1 h 30 à 25 °C**
Lamage : **1 coup de lame en vagues**
Cuisson : **20 min à 250 °C**

1 Préparez la pâte tradition *(voir recette page 72)*.

2 Dans la cuve du pétrin à spirale, disposez la pâte tradition, le pesto et l'emmental râpé.

3 Mélangez quelques minutes en 1re vitesse jusqu'à obtention d'un mélange homogène.

4 Sortez la pâte du pétrin. Laissez-la pointer en bac à température ambiante pendant 30 minutes, puis placez-la pendant 12 heures à 10 °C.

5 Pesez 8 pâtons de 250 g, puis donnez-leur une forme allongée. Laissez-les se détendre environ 15 minutes.

6 Façonnez à la main des baguettes de 40 cm de longueur.

7 Disposez-les sur une toile légèrement farinée, soudure à gris.

8 L'apprêt est de 1 heure 30 à 25 °C avec un taux d'hygrométrie de 85 %.

9 Lamez les baguettes avec un coup de lame en vagues.

10 Dans un four à sole à 250 °C, avec de la buée à l'enfournement, faites cuire les baguettes pendant 20 minutes, oura fermé.

À SAVOIR

Le pesto et l'emmental doivent être à température ambiante afin qu'ils ne refroidissent pas la pâte lors du mélange. Ne les mélangez pas trop longtemps afin de ne pas déstructurer la pâte.

BAGUETTE CHÈVRE-CIBOULETTE

POUR 3 BAGUETTES DE 320g

◇

INGRÉDIENTS

3 pâtons de 320g de pâte tradition
(voir recette page 70)
1 bûchette de chèvre
Ciboulette fraîche

ÉTAPES DE FABRICATION

Pointage : **environ 30min à température ambiante**
Poids des baguettes : **320g**
Façonnage : **à la main, baguette de 40cm, soudure à clair sur une toile farinée**
Apprêt : **1h30 à 24°C**
Lamage : **aucun**
Cuisson : **20min à 250°C**

1 Préparez la pâte tradition *(voir recette page 70)*.

2 Formez 3 pâtons. Laissez-les pointer pendant environ 30 minutes, à température ambiante, sans mise en forme.

3 Dégazez les pâtons et répartissez sur chaque pâton un tiers de la bûchette de chèvre.
CONSEIL : vous pouvez remplacer la bûchette par un chèvre cendré.

4 Ciselez la ciboulette et répartissez-la sur les pâtons.

5 Roulez les pâtons pour obtenir des baguettes de 40cm de longueur. Ne soudez pas trop la clé.

6 Disposez-les sur une toile farinée, soudure à clair.

7 L'apprêt est de 1 heure 30 à 24°C avec un taux d'hygrométrie de 85%.

8 Placez les baguettes sur le tapis du four, soudure sur le dessus. Ne les lamez pas.

9 Dans un four à sole à 250°C, avec de la buée à l'enfournement, faites cuire les baguettes pendant 20 minutes, oura fermé.

À SAVOIR
Le lamage n'est pas nécessaire, car la soudure s'ouvrira naturellement.

BAGUETTE MOUTARDE-LARDONS

POUR 1 BAGUETTE DE 290 g

◇

INGRÉDIENTS

225 g de pâte de campagne
(voir *recette* page 162)
25 g de moutarde à l'ancienne
30 g de lardons crus
10 g d'emmental râpé

ÉTAPES DE FABRICATION

Pointage : **1 h**
Poids de la baguette : **290 g**
Façonnage : **à la main, baguette de 30 cm, soudure à clair sur une toile saupoudrée de semoule de blé vêtue**
Apprêt : **1 h 30 à 25 °C**
Lamage : **aucun**
Cuisson : **20 min à 250 °C**

1 Préparez la pâte de campagne *(voir recette page 162)*.

2 Posez le pâton sur le tour et laissez-le pointer pendant 1 heure. Étalez-le en un rectangle de 10 cm sur 20 cm.

3 À l'aide d'une palette, étalez la moutarde à l'ancienne sur toute la surface du pâton.

4 Répartissez les lardons crus, puis l'emmental râpé sur le pâton.

5 Roulez le pâton pour obtenir une baguette de 30 cm de longueur. Ne soudez pas la clé.

6 Disposez la baguette à clair sur une toile saupoudrée de semoule de blé vêtue.

7 L'apprêt est de 1 heure 30 à 25 °C avec un taux d'hygrométrie de 85 %.

8 Placez la baguette sur le tapis du four, soudure dessus.

9 Ne lamez pas la baguette.

10 Dans un four à sole à 250 °C, avec de la buée à l'enfournement, faites cuire la baguette pendant 20 minutes oura fermé.

BAGUETTINE CÉRÉALES-CHOCOLAT-ORANGE

POUR 11 BAGUETTINES DE 120 g

◇

INGRÉDIENTS

1 000 g de pâte tradition
(voir recette page 70)
100 g de mélange de céréales (sésame, lin brun, lin jaune, flocons de blé, tournesol)
140 g de pépites de chocolat noir
80 g de cubes d'oranges confites
30 g d'eau

ÉTAPES DE FABRICATION

Pétrissage (pétrin à spirale) : **quelques minutes en 1re vitesse**
Pointage : **1 h en bac à température ambiante**
Poids des baguettines : **120 g**
Détente : **environ 20 min**
Façonnage : **à la main, baguettine de 18 cm, sur des plaques noires couvertes d'une feuille de cuisson**
Apprêt : **1 h 30 à 25 °C**
Lamage : **4 coups de lame**
Cuisson : **16 min à 240 °C**

1 Préparez la pâte tradition *(voir recette page 70)*.

2 Dans la cuve du pétrin à spirale, disposez la pâte tradition, l'eau, les céréales, les pépites de chocolat noir et les cubes d'oranges confites.

3 Mélangez quelques minutes en 1re vitesse jusqu'à obtention d'un mélange homogène.

4 Sortez la pâte du pétrin. Laissez-la pointer en bac, à température ambiante, pendant 1 heure.

5 Pesez des pâtons de 120 g. Donnez-leur une forme ronde et laissez-les se détendre pendant environ 20 minutes.

6 Façonnez à la main des baguettines de 18 cm de longueur.

7 Disposez-les sur des plaques noires recouvertes d'une feuille de cuisson.

8 L'apprêt est de 1 heure 30 à 25 °C avec un taux d'hygrométrie de 85 %.

9 Lamez les baguettines de 4 coups de lame.

10 Dans un four à sole à 240 °C, avec de la buée à l'enfournement, faites cuire les baguettines pendant 16 minutes, oura fermé.

À SAVOIR

Les ingrédients doivent être à température ambiante pour ne pas refroidir la pâte. Ne les mélangez pas trop longtemps afin de ne pas déstructurer la pâte.
Il est impératif de mettre les baguettines sur des plaques noires recouvertes d'une feuille de cuisson pour qu'elles ne collent pas sur la sole.

LES PAINS AU LEVAIN NATUREL

MON PREMIER LEVAIN

RECETTE DE BASE

POUR 2 000 g DE LEVAIN

◇

INGRÉDIENTS

La mère
750 g de farine de tradition T65
0,5 l de jus de fruits macérés

Le chef
1 250 g de mère
750 g de farine de tradition T65
0,5 l d'eau

Le levain
500 g de chef
1 000 g de farine de tradition T65
0,5 l d'eau

1 *Choisissez des fruits* : des raisins secs non lavés ou des cubes de pommes non épluchées. Mettez-les dans un bocal hermétiquement fermé, immergés dans une eau à 20 °C. Placez le récipient dans une pièce chaude à 25 °C.

2 Une semaine après environ, à l'apparition de petites bulles de part et d'autre, récupérez le jus de macération des fruits.

3 *Préparez la mère* : dans un pétrin à spirale, mélangez en 1re vitesse le jus des fruits macérés et la farine. Formez une boule avec la pâte obtenue.

4 Placez-la dans un banneton et laissez-la fermenter.

5 *Préparez le chef* : environ 6 heures plus tard, lorsque la mère a doublé de volume, rafraîchissez-la de nouveau avec l'eau et la farine.

6 Pétrissez pendant 5 minutes en 1re vitesse. La température de base doit être de 64 °C.

7 Laissez pousser le chef à température ambiante. Lorsqu'il a de nouveau doublé de volume au bout de 5 heures, rafraîchissez-le pendant 2 ou 3 jours avant de vous en servir.

8 *Préparez le levain* : rafraîchissez le chef avec la farine et l'eau pour donner le levain.

À SAVOIR

Attention à la gestion quotidienne de votre chef. Pensez chaque jour à mettre de côté une partie du chef pour la production du lendemain. Pour obtenir 4 000 g de levain, il faut un chef de 1 000 g.
Pour obtenir une mie plus crémeuse et une fermentation plus active, le levain peut être rafraîchi avec une farine T65 écrasée à la meule de pierre.

RAFRAÎCHI DU LEVAIN DUR

RECETTE DE BASE

POUR 4 000g DE LEVAIN

◇

1 600g de farine de tradition T65
400g de farine de meule T85
1 000g de chef
(voir recette page 94)
1 l d'eau de coulage

ÉTAPES DE FABRICATION

Température de base : **64 °C**
Pétrissage (pétrin à axe oblique) :
15 min en 1re vitesse
Température du levain : **24,5 °C**
Pointage : **10 min sur un tour en bois**
Pesée : **selon le poids nécessaire pour le lendemain**
Détente : **environ 10 min**
Façonnage : **boule bien serrée, en banneton fariné**
Apprêt : **16 h à 12 °C**

1 Préparez le chef (*voir recette page 94*).

2 À l'aide d'une éponge, nettoyez bien la cuve du pétrin à l'eau. Versez-y l'eau et incorporez-y délicatement le chef, puis la farine de tradition T65 et la farine de meule T85. La température de base doit être de 64 °C.

3 Dans un pétrin à axe oblique, pétrissez 15 minutes en 1re vitesse. La pâte doit être lisse et bien homogène.
CONSEIL : n'hésitez pas à bien corner la cuve.

4 Laissez la pâte pointer pendant 10 minutes sur un tour en bois bien propre. Couvrez le levain obtenu pour qu'il ne croûte pas. Sa température doit être de 24,5 °C.

5 Divisez le levain en plusieurs portions et pesez les levains et le chef pour la fabrication du lendemain. Laissez-les se détendre pendant 10 minutes.

6 Mettez-les en boules, bien serrées, dans des bannetons farinés. Laissez-les fermenter pendant 16 heures à 12 °C.

À SAVOIR

Pour obtenir une mie plus crémeuse et une fermentation plus active, le levain peut être rafraîchi avec une proportion plus importante de farine écrasée à la meule de pierre.
Veillez à ce que les levains ne soient jamais en contact avec la levure.
Le levain ne doit être ni trop poussé, ni trop jeune, pour la tenue de la pâte et sa bonne fermentation.
Pour garder un levain 24 heures supplémentaires, conservez-le à 4 °C.
Si vous voulez faire voyager le levain, déshydratez-le en ne le mélangeant qu'avec de la farine. Vous obtiendrez ainsi un sablage auquel vous ajouterez de l'eau afin de le réhydrater.
En période de congés, le levain peut être congelé.

RAFRAÎCHI DU LEVAIN LIQUIDE

RECETTE DE BASE

POUR 5 000 g DE LEVAIN LIQUIDE

◇

INGRÉDIENTS

2 000 g de farine de tradition T65
1 000 g de levain liquide
2 l d'eau de coulage

ÉTAPES DE FABRICATION

Température de base : **eau à 35 °C et farine à température ambiante**
Mélange : **5 min en 1re vitesse au batteur**
Température du levain : **25 °C**
Maturation : **16 h à 27 °C ou 12 h à 30 °C ou 8 h à 33 °C, puis blocage à 8 °C**

1 Préparez le levain liquide : procédez comme pour le rafraîchi du levain dur *(voir recette page 96)* en doublant la quantité d'eau.

2 Dans la cuve du batteur, disposez l'eau et le levain liquide. Ajoutez ensuite la farine de tradition T65.

3 Mélangez 5 minutes en 1re vitesse au batteur.

4 Laissez maturer le levain soit 16 heures à 27 °C, soit 12 heures à 30 °C, soit 8 heures à 33 °C.

5 Bloquez-le à 8 °C.

6 Vous pouvez l'utiliser à compter de sa maturation et pendant les trois jours suivants.
CONSEIL : pensez à toujours garder une souche pour pouvoir réaliser le rafraîchi.

À SAVOIR
Si vous utilisez le levain liquide après maturation, vous devrez modifier votre température de base, c'est-à-dire 6 °C de moins.
Ce levain apporte de la souplesse et de l'extensibilité aux pâtes. Il développe une acidité lactique importante. Il donne aux pains une croûte fine et croustillante et apporte aux viennoiseries beaucoup de fondant.

PAIN AU LEVAIN EN DIRECT

POUR 6 BÂTARDS DE 550 g OU 3 BÂTARDS DE 1 000 g

◇

INGRÉDIENTS

1 450 g de farine de tradition T65
800 g de levain naturel
(voir recette page 96)
55 g de sel
1,5 g de levure
1 l d'eau de coulage

ÉTAPES DE FABRICATION

Température de base : **66 °C**
Pétrissage (pétrin à axe oblique) : **10 min en 1re vitesse, puis 5 min avec le sel en 2de vitesse**
Température de la pâte : **25 °C**
Pointage : **1 h en bac à température ambiante**
Poids des bâtards : **550 g ou 1 000 g**
Détente : **environ 30 min**
Façonnage : **à la main, selon la forme souhaitée, soudure à gris sur une toile farinée**
Apprêt : **4 h à 25 °C**
Lamage : **en polka**
Cuisson : **35 min pour les petits et 45 min pour les gros à 250 °C**

1 Préparez le levain naturel *(voir recette page 96)*.

2 Dans la cuve du pétrin à axe oblique, disposez l'eau, la levure et le levain naturel. Ajoutez ensuite la farine de tradition T65.

3 Pétrissez 10 minutes en 1re vitesse, ajoutez le sel, puis pétrissez de nouveau 5 minutes en 2de vitesse jusqu'à obtention d'une pâte lisse. À la fin du pétrissage, la température doit être à 25 °C.

4 Sortez la pâte du pétrin. Laissez-la pointer en bac à température ambiante pendant 1 heure.

5 Pesez à la main des pâtons de 550 g ou de 1 000 g. Donnez-leur une forme allongée et laissez-les se détendre pendant environ 30 minutes.

6 Façonnez à la main les bâtards.
CONSEIL : cette étape doit être réalisée délicatement afin de ne pas déchirer la pâte.

7 Disposez-les sur une toile farinée, soudure à gris.

8 L'apprêt est de 4 heures à 25 °C avec un taux d'hygrométrie de 85 %.
CONSEIL : vous pouvez passer les bâtards 10 minutes à 10 °C pour un meilleur craché au four.

9 Lamez les bâtards en polka.

10 Dans un four à sole à 250 °C, avec de la buée à l'enfournement, faites cuire les bâtards entre 35 et 45 minutes, selon leur taille, oura fermé.

À SAVOIR
Il est également possible d'utiliser un pétrin à spirale, puis 10 minutes en 1re vitesse, puis 2 minutes en 2de vitesse.
Le pointage et l'apprêt étant assez courts, incorporez une importante quantité de levain dans la recette permet de lui donner de la saveur.
Veillez à la qualité du levain, car la fermentation de ce pain est délicate.

PAIN AU LEVAIN EN POUSSE LENTE

POUR 7 BOULES DE 400 g OU 3 COURONNES DE 900 g

◇

INGRÉDIENTS

350 g de farine de tradition T65
1 000 g de farine de meule T85
400 g de levain naturel
(voir recette page 96)
50 g de sel
1 l d'eau de coulage

ÉTAPES DE FABRICATION

Température de base : **64 °C**
Pétrissage (pétrin à axe oblique) : **15 min en 1re vitesse**
Température de la pâte : **24,5 °C**
Pointage : **2 h en bac à température ambiante avec 1 rabat au bout de 1 h**
Poids des boules : **400 g**
Poids des couronnes : **900 g**
Détente : **environ 15 min**
Façonnage : **à la main, selon la forme souhaitée, soudure à gris sur une toile farinée**
Apprêt : **18 h à 11 °C**
Lamage : **en losange pour les boules, 4 coups de lame pour les couronnes**
Cuisson : **35 min pour les boules et 40 min pour les couronnes à 250 °C**

1 Préparez le levain naturel (*voir recette page 96*).

2 Dans la cuve du pétrin à axe oblique, disposez l'eau, le levain naturel et le sel. Ajoutez ensuite la farine de tradition T65 et la farine de meule T85.

3 Pétrissez 15 minutes en 1re vitesse jusqu'à obtention d'une pâte tissée. À la fin du pétrissage, la température doit être de 24,5 °C.

4 Sortez la pâte du pétrin. Laissez-la pointer en bac à température ambiante pendant 1 heure. Donnez-lui un rabat, puis prolongez le pointage de 1 heure.

5 Pesez à la main 7 pâtons de 400 g ou 3 de 900 g, puis donnez-leur une forme ronde. Laissez-les se détendre pendant environ 15 minutes.

6 Façonnez à la main des boules ou des couronnes.
CONSEIL : cette étape doit être réalisée délicatement afin de ne pas déchirer la pâte. Les couronnes pourront être mises en banneton.

7 Disposez les boules et les couronnes sur une toile farinée, soudure à gris.

8 L'apprêt est de 18 heures à 11 °C avec un taux d'hygrométrie de 85 %.
CONSEIL : sortez les pains 10 minutes à température ambiante pour un meilleur développé au four.

9 Lamez les boules en losange et les couronnes de 4 coups de lame.

10 Dans un four à sole à 250 °C, avec de la buée à l'enfournement, faites cuire les boules pendant 35 minutes et les couronnes pendant 40 minutes, oura fermé.

À SAVOIR

**Veillez à ce que le levain ne soit pas trop poussé, car cela détériorerait la qualité de la pâte et donnerait trop d'acidité au pain.
Faites très attention à la qualité du levain, car la fermentation de ce pain sans levure est délicate.
Selon la force de la pâte, vous pouvez rallonger ou raccourcir le temps de pointage et donner un tour plus ou moins serré.**

PAIN AU LEVAIN LIQUIDE EN DIRECT

POUR 7 BOULES DE 600 g

INGRÉDIENTS

2 000 g de farine de tradition T65
1 200 g de levain liquide
(voir recette page 98)
55 g de sel
2 g de levure
1 l d'eau de coulage

ÉTAPES DE FABRICATION

Température de base :
56 °C pour un levain sortant de maturation et 62 °C pour un levain en conservation
Pétrissage (pétrin à axe oblique) :
8 min en 1re vitesse, puis 3 min en 2de vitesse
Température de la pâte : **24 °C**
Pointage : **2 h en bac à température ambiante avec 1 rabat au bout de 1 h**
Poids des boules : **600 g**
Détente : **environ 30 min**
Façonnage : **à la main, boule, soudure à gris sur une toile farinée**
Apprêt : **4 h 30 à 24 °C**
Lamage : **2 coups de lame en losange**
Cuisson : **40 min à 250 °C**

1 Préparez le levain liquide *(voir recette page 98)*.

2 Dans la cuve du pétrin à axe oblique, disposez l'eau, le levain liquide, la levure et le sel. Ajoutez ensuite la farine de tradition T65.

3 Pétrissez 8 minutes en 1re vitesse, puis 3 minutes en 2de vitesse jusqu'à obtention d'une pâte lisse. À la fin du pétrissage, la température doit être de 24 °C.

4 Sortez la pâte du pétrin. Laissez-la pointer en bac à température ambiante pendant 1 heure. Donnez-lui un rabat, puis de nouveau prolongez le pointage de 1 heure.

5 Pesez à la main des pâtons de 600 g, puis donnez-leur une forme ronde. Laissez-les se détendre pendant environ 30 minutes.

6 Façonnez à la main les boules.
CONSEIL : cette étape doit être réalisée délicatement afin de ne pas déchirer la pâte.

7 Disposez les boules sur une toile farinée, soudure à gris.

8 L'apprêt est de 4 heures 30 à 24 °C avec un taux d'hygrométrie de 85 %.

9 Lamez les boules en losange.

10 Dans un four à sole à 250 °C, avec de la buée à l'enfournement, faites cuire les boules pendant 40 minutes, oura fermé.

À SAVOIR
Veillez à ce que le levain ne soit pas trop poussé pour ne pas détériorer la qualité de la pâte et donner trop d'acidité au pain.
Selon la force de la pâte, vous pouvez rallonger ou raccourcir le temps de pointage et donner un tour plus ou moins serré.
Ce pain peut également être réalisé en pousse lente.

PAIN PAYSAN

POUR ENVIRON 3 BÂTARDS DE 800 g

INGRÉDIENTS

1 100 g de farine de tradition T65
350 g de farine complète
500 g de levain naturel
(voir recette page 96)
50 g de sel
3 g de levure
3 g d'améliorant
10 g de germe de blé
1 l d'eau de coulage

ÉTAPES DE FABRICATION

Température de base : **54 °C**
Pétrissage (pétrin à spirale) : **6 min en 1re vitesse, puis 3 + 1 min avec le sel en 2de vitesse**
Température de la pâte : **24 °C**
Pointage : **30 min en masse**
Poids des bâtards : **800 g**
Détente : **environ 20 min**
Façonnage : **à la main, bâtard de 50 cm, soudure à gris sur une toile farinée**
Apprêt : **20 h à 12 °C**
Lamage : **3 coups de lame**
Cuisson : **45 min à 250 °C**

1 Préparez le levain naturel *(voir recette page 96)*.

2 Dans la cuve du pétrin à spirale, disposez l'eau, la levure et le levain naturel. Ajoutez ensuite l'améliorant, le germe de blé, la farine de tradition T65 et la farine complète.

3 Pétrissez 6 minutes en 1re vitesse, puis 3 minutes en 2de vitesse jusqu'à obtention d'une pâte bien tissée. Incorporez le sel en 1re vitesse, puis pétrissez de nouveau 1 minute en 2de vitesse jusqu'à obtention d'une pâte lisse. À la fin du pétrissage, la température doit être de 24 °C.

4 Laissez pointer la pâte en masse pendant 30 minutes.

5 Pesez à la main des pâtons de 800 g. Laissez-les se détendre pendant environ 20 minutes.

6 Façonnez à la main des bâtards de 50 cm de longueur.

7 Disposez-les sur une toile farinée, soudure à gris.

8 L'apprêt est de 20 heures à 12 °C avec un taux d'hygrométrie de 85 %.

9 Lamez les bâtards de 3 coups de lame.

10 Dans un four à sole à 250 °C, avec de la buée à l'enfournement, faites cuire les bâtards pendant 45 minutes, oura fermé.

À SAVOIR

Ce pain est pétri en 2de vitesse afin d'avoir un bon développement malgré la quantité de levain. Bien que ce pain double de volume pendant la cuisson, il conserve un goût très prononcé.

PAIN RUSTIQUE AU LEVAIN

POUR 6 PAVÉS DE 550 g

INGRÉDIENTS

1 500 g de farine de tradition T65
800 g de levain naturel
(voir recette page 96)
45 g de sel
1 l d'eau de coulage
120 g d'eau de bassinage

ÉTAPES DE FABRICATION

Température de base : **72 °C**
Pétrissage (pétrin à spirale) :
6 min en 1re vitesse,
puis 3 + 1 min en 2de vitesse
avec l'eau de bassinage
Température de la pâte : **25 °C**
Pointage : **4 h en bac**
à température ambiante,
1 rabat au bout de 2 h
Poids des pavés : **550 g**
Détente : **aucune**
Façonnage : **non façonné,**
en rectangle sur une toile farinée,
coupé au couteau à l'enfournement
Apprêt : **1 h à 25 °C**
Lamage : **aucun**
Cuisson : **40 min à 250 °C**

1 Préparez le levain naturel *(voir recette page 96)*.

2 Dans la cuve du pétrin à spirale, disposez l'eau de coulage, le levain naturel et le sel. Ajoutez ensuite la farine de tradition T65.

3 Pétrissez 6 minutes en 1re vitesse, puis 3 minutes en 2de vitesse jusqu'à obtention d'une pâte lisse. Incorporez l'eau de bassinage en 1re vitesse, puis 1 minute en 2de vitesse avec l'eau de bassinage. À la fin du pétrissage, la température doit être de 25 °C.

4 Sortez la pâte du pétrin. Laissez-la pointer en bac à température ambiante pendant 2 heures. Donnez-lui un rabat, puis laissez de nouveau pointer pendant 2 heures.

5 Rabattez de nouveau en un pli la pâte et étalez-la en rectangle sur une toile farinée.

6 L'apprêt est de 1 heure à 25 °C avec un taux d'hygrométrie de 85 %.
CONSEIL : vous pouvez passer les pavés 10 minutes à 4 °C pour un meilleur craché au four.

7 Coupez à l'aide d'un couteau-scie 6 pâtons de forme rectangulaire et posez-les sur le tapis, le côté fariné sur le dessus.

8 Ne lamez pas les pavés.

9 Dans un four à sole à 250 °C, avec de la buée à l'enfournement, faites cuire les pavés pendant environ 40 minutes, oura fermé.

À SAVOIR

Ne pas lamer les pavés leur permet de bien s'ouvrir sur le côté.
Cette pâte étant très souple, il faut qu'elle soit à 25 °C pour qu'elle prenne de la force.

JEAN-FRANÇOIS PIÈGE

Le Grand Restaurant**,
Clover Green, Clover Grill, Clover Gordes
La Poule au Pot, À l'Épi d'Or (Paris)

Le pain est avant tout un compagnon !

«Je suis un amoureux du bon pain, mais sans aucun lien nostalgique, ni affectif. Pour moi, le pain s'inscrit dans ce qu'est la gastronomie française. On ne peut concevoir un "grand repas" sans grande cuisine, sans grand vin, sans grand pain. Il n'y a pas de "bon pain" dans l'absolu, ni aucune vérité du pain. Cela dépend de ce que j'ai envie d'exprimer dans un repas, dans sa globalité. Ce qui fait la richesse de la France en termes de pain notamment, c'est la diversité. Selon les régions, les climats, les territoires, nous avons des pétrissages, des façonnages, des taux d'humidité différents et, bien sûr, des céréales qui varient. Quand on parle de pain tabatière ou de pain au blé noir, on touche vraiment à la culture d'un pays. En partant d'une pâte de base, la manière dont on la pense, dont on la façonne, dont on la cuit va donner un pain singulier. Une même pâte, si elle est boulée ou juste poussée et coupée, n'offrira pas le même résultat. Le choix du pain s'adapte aussi au mets avec lequel on va le déguster : par exemple, une croûte, bien présente, toastée, se mariera avec un plat qui a beaucoup de caractère et un pain doté d'une croûte plus fine, avec une farine plus douce, formera une belle association avec un plat plus délicat. Le pain est avant tout un compagnon ! J'ai rencontré Frédéric Lalos dans mon ancienne maison dans le VIIe arrondissement, à Paris. Ma première idée pour cette brasserie traditionnelle était de proposer une baguette. Or, cette baguette ne m'apportait aucune singularité. Elle était sèche à la coupe et avait peu d'intérêt. J'ai donc commencé à travailler avec Frédéric et j'ai pu définir avec lui que je voulais profondément : un bout de pâte carrée qui s'exprime vraiment, en toute liberté. Après plusieurs échanges, il m'a demandé si j'étais prêt à accepter des pains qui ne soient pas d'une régularité parfaite. C'était exactement cela que je souhaitais ! C'est ainsi qu'est né notre pavé, à partir de l'idée d'un pain très vivant, qui pousse sur une plaque, sans façonnage, avec le moins d'interventions de l'homme possible. Aujourd'hui encore, il en est de même pour tous les pains de chacune de mes maisons : j'apporte un regard, et lui, son savoir-faire. On s'est tout de suite compris. Nous partageons cette même exigence de singularité, cette même volonté d'aller chercher le pain juste pour le bon endroit. »

GRATINÉE À L'OIGNON AU PAIN AU LEVAIN TOASTÉ

POUR 10 PERSONNES

5 oignons
1 branche de thym
1 feuille de laurier
2 gousses d'ail
25 cl de vin blanc
1,5 l de consommé de bœuf
3 cl de madère
30 g de parmesan
100 g de comté
20 tranches de pain au levain
Beurre
Sel

1. Préchauffez le four à 220 °C.
2. Épluchez, lavez et émincez les oignons. Dans une casserole, faites fondre une noix de beurre et ajoutez les oignons. Salez et ajoutez la branche de thym, la feuille de laurier et une gousse d'ail écrasée. Faites cuire à feu doux et à couvert pendant 1 heure en remuant de temps en temps.
3. Déglacez avec le vin blanc, puis mouillez avec le consommé de bœuf. Ajoutez le madère et laissez mijoter pendant 10 minutes.
4. Râpez le parmesan et le comté. Toastez les tranches de pain au levain, puis frottez-les avec la gousse d'ail restante.
5. Dressez la soupe aux trois quarts dans des bols à tête de lion. Parsemez de parmesan et de comté râpés, puis faites gratiner au four pendant 10 minutes.
6. Servez la soupe brûlante et gratinée, accompagnée des tranches de pain toastées.

Cette recette est issue du *Grand Livre de la cuisine française – Recettes bourgeoises et populaires*, de Jean-François Piège, Hachette.

PAIN DE BEAUCAIRE

POUR 8 PAVÉS DE 550 g

INGRÉDIENTS

1850 g de farine de tradition T65
1500 g de levain liquide
(voir recette page 98)
35 g de sel
4 g de levure
1 l d'eau de coulage
Huile

ÉTAPES DE FABRICATION

Température de base : **60 °C**
Pétrissage (pétrin à spirale) :
25 min en 1re vitesse
Température de la pâte : **25 °C**
Pointage : **1 h en bac à température ambiante**
Poids des pavés : **environ 550 g**
Détente : **aucune**
Façonnage : **non façonné, coupé au coupe-pâte à l'enfournement**
Apprêt : **1 h 30 à 25 °C**
Lamage : **aucun**
Cuisson : **40 min à 250 °C sans buée**

1 Préparez le levain liquide *(voir recette page 98)*.

2 Dans la cuve du pétrin à spirale, disposez l'eau, le levain liquide et la levure. Ajoutez ensuite la farine de tradition T65 et le sel.

3 Pétrissez 25 minutes en 1re vitesse jusqu'à obtention d'une pâte lisse. À la fin du pétrissage, la température doit être de 25 °C.
CONSEIL : la température de 25 °C permet de donner de la force à cette pâte très souple.

4 Sortez la pâte du pétrin. Laissez-la pointer en bac à température ambiante pendant 1 heure.

5 Rabattez en un pli la pâte et étalez-la en rectangle sur une toile farinée. Huilez et repliez une nouvelle fois. Une fois replié, le pâton doit faire 18 cm de largeur.

6 L'apprêt est de 1 heure 30 à 25 °C avec un taux d'hygrométrie de 85 %.
CONSEIL : vous pouvez passer les pavés 10 minutes à 4 °C pour un meilleur craché au four.

7 Coupez le pâton en tranches de 6 cm d'épaisseur.

8 Ne lamez pas les pavés.

9 Dans un four à sole à 250 °C, sans buée à l'enfournement, faites cuire les pavés pendant 40 minutes, oura fermé.

À SAVOIR
Ne pas lamer les pavés leur permet de bien s'ouvrir.
Cette pâte étant très souple, il faut qu'elle soit à 25 °C pour qu'elle prenne de la force.

AUTHENTIQUE AU LEVAIN

POUR 6 PAVÉS D'ENVIRON 450 g

◇

INGRÉDIENTS

1 300 g de farine de tradition T65
125 g de farine complète
350 g de levain naturel
(voir recette page 96)
45 g de sel
20 g de levure
1 l d'eau de coulage

—◆—

ÉTAPES DE FABRICATION

Température de base : **60 °C**
Pétrissage (pétrin à spirale) :
6 min en 1re vitesse,
puis 1 + 1 min avec le sel en 2de vitesse
Température de la pâte : **24 °C**
Pointage : **1 h en bac**
à température ambiante
Poids des pavés : **environ 450 g**
Détente : **aucune**
Façonnage : **non façonné,**
étalé en rectangle sur une plaque noire
couverte d'une toile farinée,
coupé en bandes de 35 cm
au couteau-scie à l'enfournement
Apprêt : **15 h à 4 °C**
Lamage : **aucun**
Cuisson : **35 min à 250 °C**

1 Préparez le levain naturel (*voir recette page 96*).

2 Dans la cuve du pétrin à spirale, disposez l'eau, le levain naturel et la levure. Ajoutez ensuite la farine de tradition T65 et la farine complète.

3 Pétrissez 6 minutes en 1re vitesse, puis 1 minute en 2de vitesse jusqu'à obtention d'une pâte tissée. Incorporez le sel en 1re vitesse, puis pétrissez de nouveau 1 minute en 2de vitesse. À la fin du pétrissage, la température doit être de 24 °C.

4 Sortez la pâte du pétrin. Donnez-lui une forme de rectangle. Laissez-la pointer en bac à température ambiante pendant 1 heure.

5 Étalez la pâte sur une plaque noire de 40 cm sur 60 cm couverte d'une toile farinée de façon régulière.
CONSEIL : attention de ne pas trop dégazer la pâte.

6 L'apprêt est de 15 heures à 4 °C avec un taux d'hygrométrie de 85 %.
CONSEIL : il est important d'enfourner la pâte dès que vous la sortez (à 4 °C) pour qu'elle ne colle pas lors de sa découpe.

7 Découpez au couteau-scie 6 bandes assez larges de 35 cm de long.

8 Ne lamez pas les pavés.

9 Dans un four à sole à 250 °C, avec de la buée à l'enfournement, faites cuire les pavés pendant environ 35 minutes, oura fermé.

À SAVOIR
Le fait de ne pas lamer les pains leur permet de bien s'ouvrir sur le côté.

PÉRIGORD

POUR ENVIRON 9 BÂTARDS DE 350 g

INGRÉDIENTS

1 450 g de farine de tradition T65
450 g de levain naturel
(voir recette page 96)
40 g de sel
15 g de levure
380 g de cerneaux de noix du Périgord
1 l d'eau de coulage

ÉTAPES DE FABRICATION

Température de base : **66 °C**
Pétrissage (pétrin à axe oblique) : **10 min en 1re vitesse, puis 5 min en 2de vitesse, puis en 1re vitesse avec les noix**
Température de la pâte : **25 °C**
Pointage : **1 h en bac à température ambiante**
Poids des bâtards : **350 g**
Détente : **environ 30 min**
Façonnage : **à la main, bâtard de 30 cm, soudure à clair sur une toile farinée**
Apprêt : **1 h à 25 °C**
Lamage : **aucun**
Cuisson : **25 min à 250 °C**

1. Préparez le levain naturel *(voir recette page 96)*.

2. La veille, mettez à tremper les noix dans l'eau de coulage.

3. Le jour même, égouttez les noix. Conservez l'eau.

4. Dans la cuve du pétrin à axe oblique, disposez l'eau des noix, la levure et le levain naturel. Ajoutez ensuite la farine de tradition T65 et le sel.

5. Pétrissez 10 minutes en 1re vitesse, puis 5 minutes en 2de vitesse jusqu'à obtention d'une pâte lisse. Mélangez en 1re vitesse avec les noix jusqu'à obtention d'une pâte homogène. À la fin du pétrissage, la température doit être de 25 °C.

6. Sortez la pâte du pétrin. Laissez-la pointer en bac à température ambiante pendant 1 heure.

7. Pesez à la main des pâtons de 350 g, puis donnez-leur une forme ronde. Laissez-les se détendre pendant environ 30 minutes.

8. Façonnez à la main des bâtards de 30 cm sans trop appuyer sur la soudure et posez la soudure à clair sur la toile farinée.
   CONSEIL : cette étape doit être réalisée délicatement afin de ne pas déchirer la pâte.

9. L'apprêt est de 1 heure à 25 °C avec un taux d'hygrométrie de 85 %.

10. Retournez les bâtards à la mise au four. Ne les lamez pas, car la soudure fera office de coup de lame.

11. Dans un four à sole à 250 °C, avec de la buée à l'enfournement, faites cuire les bâtards pendant 25 minutes, oura fermé.

À SAVOIR

Pour ne pas obtenir des pains trop colorés et pas assez cuits, baissez la température du four ou laissez les portes légèrement ouvertes en fin de cuisson.
Vous pouvez remplacer les noix par des noisettes légèrement grillées.

GALETTE BRETONNE

POUR 4 GALETTES D'ENVIRON 700 g

◇

INGRÉDIENTS

1270 g de farine de tradition T65
230 g de farine de sarrasin
300 g de levain naturel
(voir recette page 96)
35 g de sel
2 g de levure
1 l d'eau de coulage

ÉTAPES DE FABRICATION

Température de base : **60 °C**
Pétrissage (pétrin à spirale) : **6 min en 1re vitesse, puis 2 min en 2de vitesse**
Température de la pâte : **24,5 °C**
Pointage : **2 h en bac à température ambiante avec 1 rabat au bout de 1 h**
Poids des galettes : **environ 700 g**
Détente : **environ 15 min**
Façonnage : **boule, puis au rouleau en galette, soudure à gris sur une toile farinée**
Apprêt : **12 h à 11 °C**
Lamage : **4 coups de lame sur 4 coups de lame en polka**
Cuisson : **35 min à 250 °C**

1 Préparez le levain naturel *(voir recette page 96)*.

2 Dans la cuve du pétrin à spirale, disposez l'eau, le levain naturel, la levure et le sel. Ajoutez ensuite la farine de tradition T65 et la farine de sarrasin.

3 Pétrissez 6 minutes en 1re vitesse, puis 2 minutes en 2de vitesse. À la fin du pétrissage, la température doit être de 24,5 °C.

4 Sortez la pâte du pétrin. Laissez-la pointer en bac à température ambiante pendant 1 heure. Donnez-lui un rabat, puis prolongez le pointage de 1 heure.

5 Pesez à la main des pâtons de 700 g, puis donnez-leur une forme de boule. Laissez-les se détendre pendant environ 15 minutes.

6 À l'aide d'un rouleau, étalez les boules pour obtenir des galettes de 24 cm de diamètre.

7 Disposez-les sur une toile farinée, soudure à gris.

8 L'apprêt est de 12 heures à 11 °C avec un taux d'hygrométrie de 85 %.
CONSEIL : vous pouvez sortir les galettes 10 minutes à température ambiante pour un meilleur développé au four.

9 À l'enfournement, retournez les galettes sur le tapis, lamez-les en polka de 4 coups de lame sur 4 coups de lame.

10 Dans un four à sole à 250 °C, avec de la buée à l'enfournement, faites cuire les galettes pendant 35 minutes, oura fermé.

À SAVOIR
Le sarrasin a tendance à affaiblir un peu la pâte. Veillez à ne pas dépasser le dosage indiqué.

PAIN DU CHASSEUR

POUR 9 BÂTARDS DE 300 g

◇

INGRÉDIENTS

2300 g de pâte au levain
(voir recette page 102)
460 g de gésiers
Huile d'olive
Sel, poivre

ÉTAPES DE FABRICATION

Pétrissage (pétrin à spirale) : **simple mélange en 1re vitesse**
Température de la pâte : **24,5 °C**
Pointage : **2 h en bac avec 1 rabat au bout de 1 h**
Poids des bâtards : **300 g**
Détente : **environ 15 min**
Façonnage : **à la main, bâtard de 20 cm, soudure à gris sur une toile farinée**
Apprêt : **18 h à 11 °C**
Lamage : **2 coups de lame**
Cuisson : **30 min à 250 °C**

1 Préparez la pâte au levain *(voir recette page 102)*.

2 La veille du pétrissage, faites revenir les gésiers avec de l'huile d'olive. Assaisonnez avec du sel et du poivre pour en relever le goût. Égouttez-les et réservez-les à 4 °C.

3 Le jour même, mettez les gésiers à température ambiante environ 1 heure avant le pétrissage afin de ne pas refroidir la pâte lors de leur mélange.

4 Dans la cuve du pétrin à spirale, mélangez les gésiers à la pâte au levain en 1re vitesse. La température doit être de 24,5 °C.

5 Sortez la pâte du pétrin. Laissez-la pointer en bac à température ambiante pendant 1 heure. Donnez-lui un rabat, puis prolongez le pointage de 1 heure.

6 Pesez à la main des pâtons de 300 g, puis donnez-leur une forme ronde. Laissez-les se détendre pendant environ 15 minutes.

7 Façonnez à la main des bâtards courts de 20 cm.

8 Disposez-les sur une toile farinée, soudure à gris.

9 L'apprêt est de 18 heures à 11 °C avec un taux d'hygrométrie de 85 %.
CONSEIL : vous pouvez sortir les bâtards 10 minutes à température ambiante pour un meilleur développé au four.

10 Lamez les bâtards de 2 coups de lame.

11 Dans un four à sole à 250 °C, avec de la buée à l'enfournement, faites cuire les bâtards pendant 30 minutes, oura fermé.

À SAVOIR
N'incorporez pas les gésiers froids, car cela casserait la force de la pâte.

LES PAINS SUR POOLISH

POOLISH

RECETTE DE BASE

POUR 2 001g DE POOLISH

◇

INGRÉDIENTS
1 000 g de farine de tradition T65
1 g de levure
1 l d'eau

ÉTAPES DE FABRICATION
Température de base : **60 °C**
Mélange au fouet
Fermentation : **12 h à 23 °C**

1 Mettez l'eau dans un récipient et ajoutez-y la levure.

2 Fouettez le mélange.

3 Ajoutez la moitié de la farine et fouettez énergiquement.

4 Incorporez l'autre moitié de la farine et continuez à fouetter énergiquement jusqu'à ce que le mélange soit bien lié.

5 Cornez le récipient et laissez fermenter la poolish 12 heures à 23 °C.

CONSEIL : couvrez la bassine d'un film alimentaire.

À SAVOIR

Utilisez rapidement la poolish dès qu'elle se creuse légèrement en son centre.
Ne laissez jamais une poolish longtemps dans le pétrin pour éviter qu'elle ne dégaze. Le pétrin doit être mis en marche tout de suite.

PAVÉ D'AUTREFOIS

POUR 14 PAVÉS D'ENVIRON 350 g

◇

INGRÉDIENTS

1 000 g de farine de tradition T65
300 g de farine complète
200 g de farine de seigle T85
200 g de farine de sarrasin
2 001 g de poolish *(voir ci-dessous)*
90 g de sel
25 g de levure
100 g de gluten
1 l d'eau de coulage

Pour la poolish

1 000 g de farine de tradition T65
1 g de levure
1 l d'eau

ÉTAPES DE FABRICATION

Température de base : **54 °C**
Pétrissage (pétrin à spirale) : **5 min en 1re vitesse, puis 7 min en 2de vitesse**
Température de la pâte : **26,5 °C**
Pointage : **2 h en bac à température ambiante, 1 bon rabat au bout de 1 h**
Poids des pavés : **environ 350 g**
Façonnage : **étalée avec les doigts sur une planche recouverte d'une toile farinée, coupée en pavé avec un couteau de tour à l'enfournement**
Apprêt : **1 h 15 à 25 °C**
Lamage : **aucun**
Cuisson : **30 min à 250 °C**

1 Préparez la poolish *(voir recette page 128)* et laissez-la fermenter pendant 12 heures à 23 °C.

2 Mettez la moitié de la quantité d'eau sur le pourtour de la poolish. Dans la cuve du pétrin à spirale, disposez l'autre moitié de l'eau, la levure et la poolish. Ajoutez ensuite la farine de tradition T65, la farine complète, la farine de seigle T85, la farine de sarrasin, le gluten ainsi que le sel.
CONSEIL : la pâte étant molle, mieux vaut la pétrir dans un pétrin à spirale.

3 Pétrissez 5 minutes en 1re vitesse, puis 7 minutes en 2de vitesse jusqu'à obtention d'une pâte lisse. À la fin du pétrissage, la température doit être de 26,5 °C.
CONSEIL : la pâte doit être assez chaude à la sortie du pétrin (26,5 °C) afin qu'elle fermente correctement et prenne une bonne force.

4 Sortez la pâte du pétrin. Laissez-la pointer en bac à température ambiante pendant 1 heure.

5 Donnez-lui un bon rabat et laissez-la de nouveau pointer 1 heure.

6 Disposez la pâte sur une planche recouverte d'une toile farinée et avec vos doigts. Étalez-la de façon régulière et sans trop la dégazer.

7 L'apprêt est de 1 heure 15 à 25 °C avec un taux d'hygrométrie de 85 %.

8 À l'aide d'un couteau de tour, découpez la pâte en pains de forme rectangulaire et de la taille souhaitée.

9 Ne lamez pas les pavés.

10 Dans un four à sole à 250 °C, avec de la buée à l'enfournement, faites cuire les pavés pendant 30 minutes, oura fermé.

À SAVOIR

La poolish ne doit pas être trop poussée : avec 1 gramme de levure au litre, comptez 12 heures de pousse à 23 °C.
Les temps de pétrissage peuvent varier de quelques minutes. Arrêtez le pétrin lorsque la pâte se décolle de la cuve.
Cette pâte est réalisée avec des farines fragiles (sarrasin et seigle). Ainsi le rabat donné à la pâte est important, car il lui apporte du corps et de la force.

RUSTICOU

POUR 9 PAVÉS D'ENVIRON 400 g

◇

INGRÉDIENTS

1 500 g de farine de tradition T65
150 g de farine de seigle T85
80 g de farine de meule T85
(torréfiée 7 min à 250 °C)
800 g de poolish *(voir ci-dessous)*
45 g de sel
10 g de levure
850 g d'eau de coulage
250 g d'eau de bassinage

Pour la poolish

400 g de farine de tradition T65
0,5 g de levure
400 g d'eau

ÉTAPES DE FABRICATION

Température de base : **54 °C**
Pétrissage (pétrin à spirale) :
5 min en 1re vitesse,
2 min en 2de vitesse, ajout de l'eau de bassinage, puis 1 min en 2de vitesse
Température de la pâte : **25 °C**
Pointage : **1 h en bac à température ambiante,**
1 bon rabat au bout de 1 h
Poids des pavés : **environ 400 g**
Façonnage : **soudure à clair sur une planche recouverte d'une toile farinée,**
coupé au coupe-pâte à l'enfournement
Apprêt : **2 h à 25 °C**
Lamage : **aucun**
Cuisson : **35 min à 250 °C**

1 Préparez la poolish *(voir recette page 128)* et laissez-la fermenter pendant 12 heures à 23 °C.

2 Mettez la moitié de la quantité d'eau de coulage sur le pourtour de la poolish. Dans la cuve du pétrin à spirale, disposez l'autre moitié de l'eau, la levure et la poolish. Ajoutez ensuite la farine de tradition T65, la farine de seigle T85, la farine de meule T85 torréfiée ainsi que le sel.

3 Pétrissez 5 minutes en 1re vitesse, puis 2 minutes en 2de vitesse jusqu'à obtention d'une pâte lisse. Ajoutez progressivement l'eau de bassinage en 1re vitesse, puis pétrissez de nouveau 1 minute en 2de vitesse. À la fin du pétrissage, la température doit être de 25 °C.

4 Sortez la pâte du pétrin. Laissez-la pointer en bac à température ambiante pendant 1 heure.

5 Donnez-lui un bon rabat et disposez-la sur une planche recouverte d'une toile farinée, soudure à clair.

6 L'apprêt est de 2 heures à 25 °C avec un taux d'hygrométrie de 85 %.

7 À l'aide d'un coupe-pâte carré, découpez la pâte en pains de formes irrégulières et de la grosseur souhaitée.

8 Ne lamez pas les pavés.

9 Dans un four à sole à 250 °C, avec de la buée à l'enfournement, faites cuire les pavés pendant 35 minutes, oura fermé.

À SAVOIR

Si la pâte manque de force, laissez-la pointer 2 heures. Donnez un premier rabat au bout de 1 heure, puis un second à la fin de la seconde heure.
Ce pain non façonné sera vendu au poids.

1 Préparez la poolish *(voir recette page 128)* et laissez-la fermenter pendant 12 heures à 23 °C.

2 Mettez la moitié de la quantité d'eau sur le pourtour de la poolish. Dans la cuve du pétrin à spirale, disposez l'autre moitié de l'eau, la levure et la poolish. Ajoutez ensuite la farine de tradition T65 et le sel.

3 Pétrissez 10 minutes en 1re vitesse, puis 1 minute en 2de vitesse jusqu'à obtention d'une pâte lisse. À la fin du pétrissage, la température doit être de 25 °C.

4 Sortez la pâte du pétrin. Laissez-la pointer en bac à température ambiante pendant 2 heures avec un rabat au bout de 1 heure.

5 Pesez des pâtons de 400 g. Donnez-leur une forme ronde et laissez-les se détendre pendant environ 20 minutes.

6 Façonnez à la main des bâtards, soudure à gris sur toile farinée.

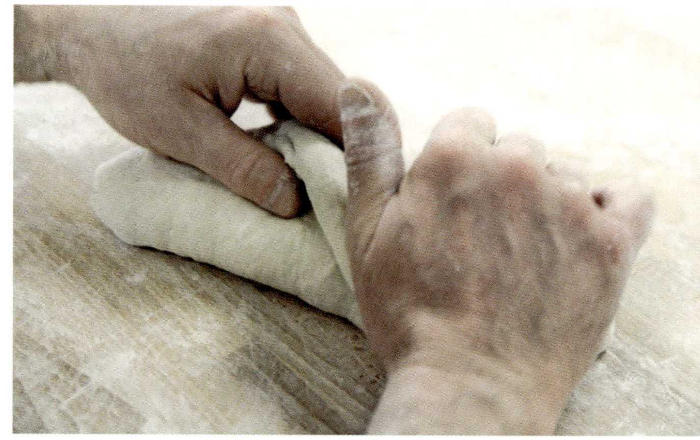

CONSEIL : cette étape doit être réalisée délicatement afin de ne pas trop dégazer la pâte.

7 L'apprêt est de 2 heures à 25 °C avec un taux d'hygrométrie de 85 %.
CONSEIL : vous pouvez passer les bâtards 10 minutes à 4 °C pour un meilleur craché au four.

8 Lamez les bâtards en polka.

9 Dans un four à sole à 250 °C, avec de la buée à l'enfournement, faites cuire les bâtards pendant 40 minutes, oura fermé.

À SAVOIR

Selon la force de la pâte, le rabat pourra être plus ou moins serré. Ce pain de campagne est réalisé avec une poolish de trois quarts (d'eau de coulage). Soyez d'autant plus vigilant, car la poolish aura un résultat encore plus marqué sur le pain obtenu.

PAIN DE SEIGLE

POUR 10 BÂTARDS DE 400 g

◇

INGRÉDIENTS

740 g de farine de tradition T65
1 050 g de farine de seigle T170
1 651 g de poolish *(voir ci-dessous)*
45 g de sel
10 g de levure
760 g d'eau de coulage

Pour la poolish

650 g de farine de seigle T85
1,5 g de levure
1 l d'eau

ÉTAPES DE FABRICATION

Température de base : **65 °C**
Pétrissage (pétrin à spirale) : **5 min en 1re vitesse, puis 4 minutes en 2de vitesse**
Température de la pâte : **25 °C**
Pointage : **50 min en bac à température ambiante**
Poids des bâtards : **400 g**
Détente : **environ 10 min**
Façonnage : **à la main, bâtard, soudure à clair légèrement farinée au tamis**
Lamage : **en feuilles après le façonnage**
Apprêt : **50 min à 24 °C**
Cuisson : **40 min à 250 °C**

1 Préparez la poolish (*voir recette page 128*) et laissez-la fermenter pendant 12 heures à 23 °C.

2 Mettez la moitié de la quantité d'eau sur le pourtour de la poolish. Dans la cuve du pétrin à spirale, disposez l'autre moitié de l'eau, la levure et la poolish. Ajoutez ensuite la farine de tradition T65, la farine de seigle T170 ainsi que le sel.

3 Pétrissez 5 minutes en 1re vitesse, puis 4 minutes en 2de vitesse jusqu'à obtention d'une pâte lisse. À la fin du pétrissage, la température doit être de 25 °C.

4 Sortez la pâte du pétrin. Laissez-la pointer en bac à température ambiante pendant 50 minutes.

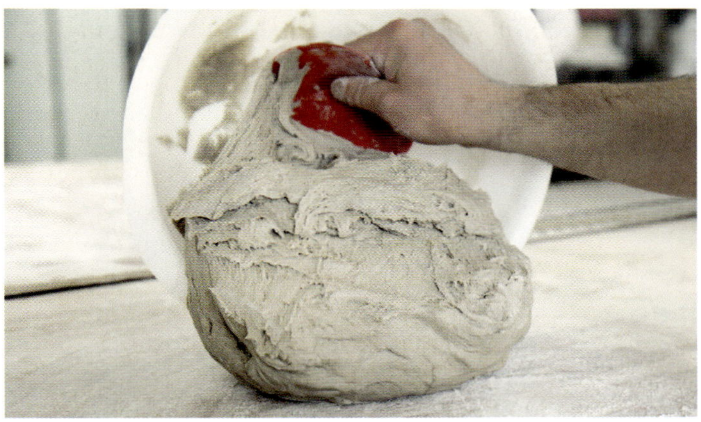

5 Pesez des pâtons de 400 g, puis donnez-leur une forme ronde. Laissez-les se détendre pendant environ 10 minutes.

6 Façonnez à la main des bâtards.
CONSEIL : cette étape doit être réalisée délicatement, faites attention à ne pas trop serrer la pâte, car elle peut se déchirer facilement.

7 Tout de suite après le façonnage, lamez les bâtards en feuilles, soudure à clair, légèrement farinée au tamis.

8 L'apprêt est de 50 minutes à 24 °C avec un taux d'hygrométrie de 85 %.

9 Dans un four à sole à 250 °C, avec de la buée à l'enfournement, faites cuire les bâtards pendant 40 minutes, oura fermé.

À SAVOIR

La farine de seigle contient des gommes qui ne réagissent que lorsque la pâte est chaude, c'est pourquoi la température ne doit pas être inférieure à 25 °C.
Le pain de seigle doit être pesé précisément 50 minutes après l'arrêt du pétrin afin que la pâte ne soit pas poreuse.
En fin de cuisson, baissez la température à 230 °C ou laissez les portes du four entrouvertes pour éviter que le pain ne sèche ou ne colore trop.

PAIN DE MÉTEIL

POUR 11 PAINS DE 450 g

◇

INGRÉDIENTS

1 500 g de farine de tradition T65
750 g de farine de seigle T85
1 701 g de poolish *(voir ci-dessous)*
65 g de sel
20 g de levure
1 l d'eau de coulage

Pour la poolish

700 g de farine de seigle T65
1,5 g de levure
1 l d'eau

ÉTAPES DE FABRICATION

Température de base : **64 °C**
Pétrissage (pétrin à spirale) :
6 min en 1re vitesse,
puis 2 minutes en 2de vitesse
Température de la pâte : **24,5 °C**
Pointage : **1 h en bac**
à température ambiante
Poids des pains : **3 boules de 150 g**
Détente : **environ 10 min**
Façonnage : **à la main, 3 boules accolées,**
soudure à gris sur une toile farinée
Apprêt : **1 h à 25 °C**
Lamage : **1 coup de lame**
sur chaque boule
Cuisson : **30 min à 250 °C**

1 Préparez la poolish *(voir recette page 128)* et laissez-la fermenter pendant 12 heures à 23 °C.

2 Mettez la moitié de la quantité d'eau sur le pourtour de la poolish. Dans la cuve du pétrin à spirale, disposez l'autre moitié de l'eau, la levure et la poolish. Ajoutez ensuite la farine de tradition T65, la farine de seigle T85 ainsi que le sel.

3 Pétrissez 6 minutes en 1re vitesse, puis 2 minutes en 2de vitesse jusqu'à obtention d'une pâte lisse. À la fin du pétrissage, la température doit être de 24,5 °C.

4 Sortez la pâte du pétrin. Laissez-la pointer en bac à température ambiante pendant 1 heure.

5 Pesez des pâtons de 150 g. Laissez-les se détendre pendant environ 10 minutes.

6 Façonnez à la main des boules. Accolez-les les unes aux autres par groupe de trois. Posez-les, soudures à gris, sur une toile farinée.

7 L'apprêt est de 1 heure à 25 °C avec un taux d'hygrométrie de 85 %. Lamez les trios d'un petit coup de lame.
CONSEIL : le méteil étant fragile, il faut le lamer délicatement au moment de la mise au four.

8 Dans un four à sole à 250 °C, avec de la buée à l'enfournement, faites cuire les pains pendant 30 minutes, oura fermé.

À SAVOIR

Le méteil doit être pesé avant qu'il ne fermente trop. Si la pâte pointe trop, elle se transforme en mousse et développe mal au four.
Idéalement les boules de pâte doivent être collées les unes aux autres et disposées dans un banneton en osier dur.
Comme pour tous les pains à base de seigle, entrouvrez les portes du four afin que le pain sèche légèrement et ne colore pas trop.

FRÉDÉRIC SIMONIN

Un des Meilleurs Ouvriers de France Cuisine
Restaurant Frédéric Simonin* (Paris)

Le pain, c'est vraiment l'aliment réconfortant par excellence, celui qui vient réveiller nos souvenirs.

LE PAIN DE L'ENFANCE

Ma grand-mère maternelle habitait à Pannecé, un petit village retiré en Loire-Atlantique, tout à côté d'une boulangerie. Enfant, c'était surtout les confiseries qu'on y vendait qui m'attirait. On achetait des gros pains de campagne et des ficelles très fines et très longues qu'on pouvait tailler en deux d'un coup de couteau et beurrer avant de tremper la tranche dans un chocolat ou un café au lait. Un soir de retour d'une fête au village, je me suis étonné de voir la boulangerie encore éclairée. J'ai frappé à la porte et, amusé par ma curiosité, le boulanger m'a proposé de le regarder travailler. Il m'a dit: «Si tu veux voir comment on fait le pain, il va falloir veiller cette nuit, mon petit!» J'avais à peine sept ou huit ans, mais je me souviens encore de l'odeur du fournil et de cet homme au labeur toute la nuit pour nous régaler au petit matin. Et par le plus grand des hasards, j'ai appris bien plus tard que ce boulanger était l'oncle de Philippe Legendre, le chef étoilé avec qui j'ai travaillé au Taillevent et au George V. C'est amusant qu'aujourd'hui on cherche à recréer dans nos boulangeries l'atmosphère des échoppes d'avant aussi bien visuellement, par la décoration, qu'avec des pains dits «anciens». Et dans la période de crise que l'on traverse, on se remet à faire son levain, à s'intéresser à la fermentation, à fabriquer son pain à la maison. Le pain, c'est vraiment l'aliment réconfortant par excellence, celui qui vient réveiller nos souvenirs.

UN «BON» PAIN?

Le meilleur des pains est celui que l'on a envie de finir dès la première bouchée. J'aime tout, de la croûte à la mie, et particulièrement le pain encore chaud, tout juste sorti du four. Il faut le laisser à peine tiédir avant de le savourer. Et mon petit plaisir, c'est de sentir les parfums du pain frais, puis de le laisser respirer une journée dans la cuisine et, enfin, le lendemain matin, de le griller pour retrouver ses notes torréfiées. Un bon pain, n'est-ce pas tout simplement un pain bien fait, quelles que soient sa forme et sa composition? Nous pouvons être fiers de nos traditions artisanales, qui mettent en valeur des terroirs, des matières premières issues de notre sol et un savoir-faire unique.

EN CUISINE ET À TABLE!

Au restaurant, je suis revenu aux classiques avec un bon pain au sarrasin de Frédéric Lalos. Jusqu'à présent, nous mettions sur table des petits pains individuels, mais j'ai envie désormais d'un format un peu plus grand, à partager, pour plus de convivialité. Mon bonheur en cuisine, c'est de saisir, par exemple, une côte de veau avec de l'ail, de la sauge, du thym, du romarin et quelques grains de poivre noir et de passer un morceau de pain au fond de la cocotte pour récupérer tous les sucs de cuisson. La gourmandise à l'état pur! Dans le même esprit de petit plaisir très simple, quelle joie de plonger un croûton dans une fondue savoyarde! On en revient toujours à cette idée de partage fondamentalement liée au pain.

«PARCE QUE C'ÉTAIT LUI, PARCE QUE C'ÉTAIT MOI»

J'ai plusieurs projets d'ouvertures d'hôtels, mais aussi celui de créer une épicerie avec des produits gastronomiques d'excellence. Bien sûr, je voudrais faire la part belle aux pains de Frédéric, à la pièce ou en sandwichs. J'imagine une offre évolutive, avec des grands classiques et des créations innovantes, qui montre toute la gamme de son talent. J'aime la capacité de Frédéric à traduire une envie. Il peut venir déjeuner, goûter, ressentir l'esprit d'une cuisine et, à partir de cela, faire des propositions. Son avis m'est précieux, car j'ai confiance en lui. De même que je n'apprendrai pas à un peintre à composer son tableau, je me fie à son expertise de boulanger avec l'écoute, l'humilité et la bienveillance dont il fait preuve. Je suis très admiratif du geste du boulanger. C'est tellement beau de le voir fleurer son plan de travail, de l'écouter expliquer les nuances des différentes farines, évoquer les taux d'humidité, les fermentations... Il en parle comme d'un enfant avec une relation très intime à ses pains. Au-delà même de notre collaboration professionnelle, notre rencontre est avant tout humaine. Et j'ai encore beaucoup d'idées pour prolonger notre collaboration dans les années à venir!

GRAIN DE CAFÉ

POUR 18 PAINS DE 300 g

◇

INGRÉDIENTS

2 150 g de farine de tradition T65
2 001 g de poolish *(voir ci-dessous)*
60 g de sel
12 g de levure
1 l de café
200 g de café pour le bassinage

Pour la poolish

1 000 g de farine de tradition T65
1 g de levure
1 l de café

—◆—

ÉTAPES DE FABRICATION

Température de base : **55 °C**
Pétrissage (pétrin à spirale) :
6 min en 1re vitesse,
puis 2 min + 30 sec en 2de vitesse
Température de la pâte : **25 °C**
Pointage : **20 min en masse,**
puis 12 h en bac à 4 °C
Poids des grains de café : **300 g**
Détente : **environ 10 min**
Façonnage : **à la main,**
en forme de grain de café,
sur une toile farinée
Apprêt : **1 h 30 à 25 °C**
Lamage : **aucun**
Cuisson : **20 min à 250 °C**

1 Préparez la poolish *(voir recette page 128)* et laissez-la fermenter pendant 12 heures à 23 °C.

2 Mettez la moitié du café sur le pourtour de la poolish. Dans la cuve du pétrin à spirale, disposez l'autre moitié du café, la levure et la poolish. Ajoutez ensuite la farine de tradition T65.

3 Pétrissez 6 minutes en 1re vitesse, puis 2 minutes en 2de vitesse jusqu'à obtention d'une pâte tissée. Incorporez le sel et le café de bassinage en 1re vitesse, puis pétrissez 30 secondes en 2de vitesse jusqu'à obtention d'une pâte lisse. À la fin du pétrissage, la température doit être de 25 °C.

4 Laissez pointer la pâte en masse à température ambiante pendant 20 minutes. Sortez-la du pétrin en bac et entreposez-la pendant 12 heures à 4 °C.

5 Pesez des pâtons de 300 g. Laissez-les se détendre pendant environ 10 minutes.

6 Façonnez à la main des boules. À l'aide d'un petit rouleau, aplatissez le milieu de chaque boule afin d'obtenir des formes de grain de café. Retournez les pains pour poser le pli formé sur la toile farinée.

7 L'apprêt est de 1 heure 30 à 25 °C avec un taux d'hygrométrie de 85 %.

8 Retournez les pains à l'enfournement. Ne les lamez pas.

9 Dans un four à sole à 250 °C, avec de la buée à l'enfournement, faites cuire les pains pendant 20 minutes, oura fermé.

À SAVOIR

Il est préférable de faire couler préalablement le café et de le réserver à 4 °C pour le remonter facilement à température si besoin.

BAGUETTE À LA FARINE DE LIN

POUR 15 BAGUETTES DE 350 g

◇

INGRÉDIENTS

1 650 g de farine de tradition T65
450 g de farine de lin jaune
2 001 g de poolish *(voir ci-dessous)*
60 g de sel
15 g de levure
1 l d'eau de coulage
300 g d'eau de bassinage

Pour la poolish

1 000 g de farine de tradition T65
1 g de levure
1 l d'eau

Pour l'appareil à pain tigré

100 g de farine de seigle T85
170 g d'eau à 30 °C
10 g de sucre semoule
5 g de levure • 1 g de sel

ÉTAPES DE FABRICATION

Température de base : **58 °C**
Pétrissage (pétrin à spirale) : **6 min en 1re vitesse, puis 2 + 1 min 30 en 2de vitesse avec le sel et l'eau de bassinage**
Température de la pâte : **24 °C**
Pointage : **30 min en bac à température ambiante, 1 rabat, puis 12 h à 4 °C**
Poids des pains : **350 g**
Détente : **environ 30 min**
Façonnage : **à la main, ou à la machine rouleau desserré, baguette de 50 cm, soudure à clair sur toile non farinée**
Apprêt : **1 h 15 à 25 °C**
Lamage : **aucun**
Cuisson : **20 min à 250 °C**

1 Préparez la poolish *(voir recette page 128)* et laissez-la fermenter pendant 12 heures à 23 °C.

2 Mettez la moitié de la quantité d'eau de coulage sur le pourtour de la poolish. Dans la cuve du pétrin à spirale, disposez l'autre moitié de l'eau, la levure et la poolish. Ajoutez ensuite la farine de tradition T65 ainsi que la farine de lin jaune.

3 Pétrissez 6 minutes en 1re vitesse, puis 2 minutes en 2de vitesse jusqu'à obtention d'une pâte tissée. Incorporez le sel et l'eau de bassinage en 1re vitesse, puis pétrissez de nouveau 1 minute 30 en 2de vitesse jusqu'à obtention d'une pâte lisse. À la fin du pétrissage, la température doit être de 24 °C.

4 Laissez pointer la pâte en bac à température ambiante pendant 30 minutes. Donnez-lui un rabat et entreposez-la 12 heures à 4 °C.

5 *Juste avant la pèse, préparez l'appareil à pain tigré :* mélangez tous les ingrédients à l'aide d'un fouet. Filmez et réservez à température ambiante.

6 Pesez des pâtons de 350 g, donnez-leur une forme allongée et laissez-les se détendre pendant environ 30 minutes.

7 Façonnez à la main ou en machine, rouleau desserré, des baguettes de 50 cm de longueur, soudure à clair.
CONSEIL : cette étape doit être réalisée délicatement afin de ne pas trop dégazer la pâte.

8 L'apprêt est de 1 heure 15 à 25 °C avec un taux d'hygrométrie de 85 %.

9 Sur le tapis d'enfournement, badigeonnez à l'aide d'un pinceau l'appareil à pain tigré, puis farinez les baguettes au tamis.

10 Ne lamez pas les baguettes.

11 Dans un four à sole à 250 °C, avec de la buée à l'enfournement, faites cuire les baguettes pendant 20 minutes, oura fermé.

À SAVOIR

Le fait d'incorporer de la farine de lin apporte beaucoup de rondeur à cette baguette.

BAGUETTE CRESSON-GRAINES DE LIN

POUR ENVIRON 11 BAGUETTES DE 285 g

◇

INGRÉDIENTS

1 600 g de farine de tradition T65
600 g de poolish *(voir ci-dessous)*
35 g de sel
6 g de levure
1 l d'eau de coulage
75 g de graines de lin jaune
75 g de graines de lin brun

Pour la poolish

300 g de farine de tradition T65
0,5 g de levure
300 g de jus de cresson

—◆—

ÉTAPES DE FABRICATION

Température de base : **58 °C**
Pétrissage (pétrin à spirale) : **6 min en 1re vitesse, puis 2 + 1 min 30 en 2de vitesse avec le sel, puis les graines de lin en 1re vitesse**
Température de la pâte : **24 °C**
Pointage : **1 h en bac à température ambiante**
Poids des baguettes : **285 g**
Détente : **environ 15 min**
Façonnage : **à la main, ou en machine rouleau desserré, baguette pointue de 50 cm, soudure à gris sur une toile farinée**
Apprêt : **1 h 30 à 25 °C**
Lamage : **en vagues**
Cuisson : **20 minutes à 250 °C**

1 Préparez la poolish *(voir recette page 128)* et laissez-la fermenter pendant 12 heures à 23 °C.

2 Mettez la moitié de la quantité d'eau sur le pourtour de la poolish. Dans la cuve du pétrin à spirale, disposez l'autre moitié de l'eau, la levure et la poolish. Ajoutez ensuite la farine de tradition T65.

3 Pétrissez 6 minutes en 1re vitesse, puis 2 minutes en 2de vitesse jusqu'à obtention d'une pâte tissée. Incorporez le sel en 1re vitesse, puis pétrissez de nouveau 1 minute 30 en 2de vitesse jusqu'à obtention d'une pâte lisse. Incorporez les graines de lin en 1re vitesse. À la fin du pétrissage, la température doit être de 24 °C.

4 Laissez pointer la pâte en bac à température ambiante pendant 1 heure.

5 Pesez des pâtons de 285 g, puis donnez-leur une forme allongée. Laissez-les se détendre pendant environ 15 minutes.

6 Façonnez à la main ou en machine rouleau desserré des baguettes de 50 cm de longueur, soudure à gris sur une toile farinée. Finissez vos baguettes avec des bouts pointus.

7 L'apprêt est de 1 heure 30 à 25 °C avec un taux d'hygrométrie de 85 %.

8 Lamez les baguettes en vagues.

9 Dans un four à sole à 250 °C, avec de la buée à l'enfournement, faites cuire les baguettes pendant 20 minutes, oura fermé.

À SAVOIR

Vous pouvez couper au couteau les graines de lin afin qu'elles libèrent toutes leurs valeurs nutritionnelles.

PAIN À LA FARINE DE BLÉ DUR

POUR 13 PAVÉS DE 400 g

INGRÉDIENTS

1 200 g de farine de tradition T65
1 000 g de farine de blé dur
2 001 g de poolish *(voir ci-dessous)*
60 g de sel
8 g de levure
1 l d'eau de coulage
250 g d'eau de bassinage

Pour la poolish

1 000 g de farine de tradition T65
1 g de levure
1 l d'eau

ÉTAPES DE FABRICATION

Température de base : **54 °C**
Pétrissage (pétrin à spirale) :
6 min en 1re vitesse,
puis 2 + 1 min 30 en 2de vitesse
avec le sel et l'eau de bassinage
Température de la pâte : **24 °C**
Pointage : **1 h en bac**
à température ambiante,
1 rabat, puis 12 h à 4 °C
Poids des pavés : **400 g**
Détente : **environ 15 min**
Façonnage : **à la main, pavé,**
soudure à clair sur une toile couverte
de semoule moyenne
Apprêt : **1 h à 25 °C**
Lamage : **aucun**
Cuisson : **30 min à 250 °C**

1 Préparez la poolish *(voir recette page 128)* et laissez-la fermenter pendant 12 heures à 23 °C.

2 Mettez la moitié de la quantité d'eau de coulage sur le pourtour de la poolish. Dans la cuve du pétrin à spirale, disposez l'autre moitié de l'eau, la levure et la poolish. Ajoutez ensuite la farine de tradition et la farine de blé dur.

3 Pétrissez 6 minutes en 1re vitesse puis 2 minutes en 2de vitesse jusqu'à obtention d'une pâte tissée. Incorporez le sel en 1re vitesse et l'eau de bassinage, puis pétrissez de nouveau 1 minute 30 en 2de vitesse jusqu'à obtention d'une pâte lisse. À la fin du pétrissage, la température doit être de 24 °C.

4 Laissez pointer la pâte en bac à température ambiante pendant 1 heure, donnez-lui un rabat, puis disposez-la en bac à 4 °C pendant 12 heures.

5 Pesez des pâtons de 400 g, puis donnez-leur une forme rectangulaire. Laissez-les se détendre pendant environ 15 minutes.

6 Façonnez la pâte à la main en la repliant sur elle-même en deux. Mettez de la semoule moyenne sur la toile et posez le pavé, soudure à clair sur cette toile.

7 L'apprêt est de 1 heure à 25 °C avec un taux d'hygrométrie de 85 %.

8 À l'enfournement, retournez les pavés. Ne les lamez pas, la soudure s'ouvrira naturellement.

9 Dans un four à sole à 250 °C, avec de la buée à l'enfournement, faites cuire les pavés pendant 30 minutes, oura fermé.

À SAVOIR

Vous pouvez façonner ce pain, au goût beurré, en petites ficelles fines qui accompagneront à merveille le petit déjeuner.

ÉPICÉ

POUR 16 BAGUETTES DE 350 g

◇

INGRÉDIENTS

1 500 g de farine de tradition T65
500 g de farine d'épeautre
2 057 g de poolish *(voir ci-dessous)*
60 g de sel
18 g de levure
500 g de graines de courge
1 l d'eau de coulage
150 g d'eau de bassinage

Pour la poolish

950 g de farine de tradition T65
2 g de levure
40 g de curcuma
15 g de poivre moulu
1 l d'eau

ÉTAPES DE FABRICATION

Température de base : **54 °C**
Pétrissage (pétrin à spirale) :
6 minutes en 1re vitesse,
puis 2 + 1 min 30 en 2de vitesse
avec le sel, l'eau de bassinage
et les graines de courge
Température de la pâte : **24 °C**
Pointage : **10 min à température ambiante, puis en bac 12 h à 4 °C**
Poids des baguettes : **350 g**
Détente : **environ 20 min**
Façonnage : **à la main, baguette pointue, soudure à gris sur une toile farinée**
Apprêt : **1 h à 25 °C**
Lamage : **3 coups de lame**
Cuisson : **22 min à 250 °C**

1 Préparez la poolish *(voir recette page 128)* et laissez-la fermenter pendant 12 heures à 23 °C. Mettez la moitié de la quantité d'eau de coulage sur le pourtour de la poolish. Dans la cuve du pétrin à spirale, disposez l'autre moitié de l'eau, la levure et la poolish. Ajoutez ensuite la farine de tradition T65 et la farine d'épeautre.

2 Pétrissez 6 minutes en 1re vitesse, puis 2 minutes en 2de vitesse jusqu'à obtention d'une pâte tissée. Incorporez le sel en 1re vitesse, l'eau de bassinage et les graines de courge, puis pétrissez de nouveau 1 minute 30 en 2de vitesse jusqu'à obtention d'une pâte lisse. À la fin du pétrissage, la température doit être de 24 °C.

3 Laissez pointer la pâte à température ambiante 10 minutes, donnez-lui une mise en forme, puis disposez-la à 4 °C pendant 12 heures.

4 Pesez des pâtons de 350 g, puis donnez-leur une forme allongée. Laissez-les se détendre pendant environ 20 minutes.

5 Façonnez des baguettes avec un bout légèrement pointu. Disposez-les sur une toile farinée, soudure à gris.

6 L'apprêt est de 1 heure à 25 °C avec un taux d'hygrométrie de 85 %.

7 Lamez les baguettes de 3 coups de lame.

8 Dans un four à sole à 250 °C, avec de la buée à l'enfournement, faites cuire les baguettes pendant 22 minutes, oura fermé.

À SAVOIR

Pour amplifier le goût de ces baguettes, vous pouvez torréfier les graines de courge et les mettre dans l'eau de bassinage.

PAIN CHOCOLAT

POUR 35 FICELLES DE 180 g

◇

INGRÉDIENTS

2 150 g de farine de tradition T65
2 001 g de poolish *(voir ci-dessous)*
60 g de sel
30 g de levure
1 l d'eau de coulage
420 g de cacao en poudre
250 g de pépites de chocolat blanc
150 g de pépites de chocolat noir
400 g d'eau

Pour la poolish

1 000 g de farine de tradition T65
1 g de levure
1 l d'eau

ÉTAPES DE FABRICATION

Température de base : **54 °C**
Pétrissage (pétrin à spirale) :
5 min en 1re vitesse,
puis 2 + 1 min avec le sel en 2de vitesse,
puis le cacao en poudre,
les pépites de chocolat et l'eau
Température de la pâte : **23,5 °C**
Pointage : **1 h en bac**
à température ambiante
Poids des ficelles : **180 g**
Détente : **environ 20 min**
Façonnage : **à la main, ficelle de 22 cm,**
soudure à clair sur des plaques noires
couvertes de papier cuisson
Lamage : **en saucisson**
Apprêt : **1 h 15-1 h 30 à 25 °C**
Cuisson : **18 min à 230 °C**

1 Préparez la poolish (*voir recette page* 128) et laissez-la fermenter pendant 12 heures à 23 °C.

2 Mettez la moitié de la quantité d'eau de coulage sur le pourtour de la poolish. Dans la cuve du pétrin à spirale, disposez l'autre moitié de l'eau, la levure et la poolish. Ajoutez ensuite la farine de tradition T65.

3 Pétrissez 5 minutes en 1re vitesse, puis 2 minutes en 2de vitesse jusqu'à obtention d'une pâte bien tissée. Incorporez le sel en 1re vitesse, puis pétrissez de nouveau 1 minute en 2de vitesse jusqu'à obtention d'une pâte lisse.

4 Incorporez le cacao en poudre, les pépites de chocolat blanc, les pépites de chocolat noir et l'eau. À la fin du pétrissage, la température doit être de 23,5 °C.

5 Sortez la pâte du pétrin, laissez-la pointer en bac à température ambiante pendant 1 heure.

6 Pesez des ficelles de 180 g, puis donnez-leur une forme allongée. Laissez-les se détendre pendant environ 20 minutes.

7 Façonnez à la main des ficelles de 22 cm de longueur.
CONSEIL : cette étape doit être réalisée délicatement afin de ne pas abîmer la pâte.

8 Disposez-les sur des plaques noires recouvertes de papier cuisson, soudure à clair.

9 Lamez les ficelles en saucisson.

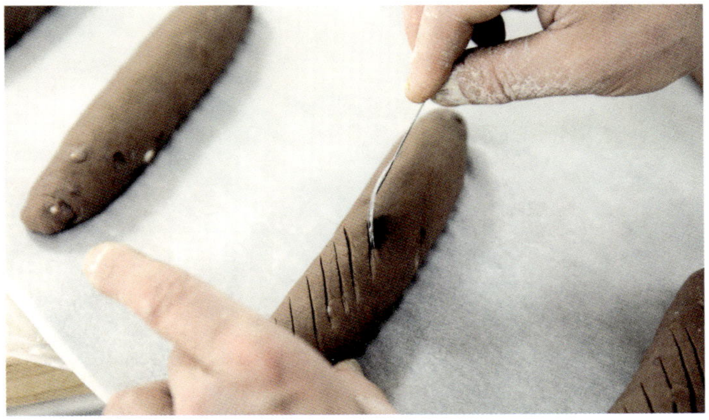

10 L'apprêt est de 1 heure 15 à 1 heure 30 à 25 °C avec un taux d'hygrométrie de 85 %.

11 Dans un four à sole à 230 °C, avec de la buée à l'enfournement, faites cuire les ficelles pendant 18 minutes, oura fermé.

À SAVOIR

Vous pouvez aussi enfourner vos ficelles placées sur la sole recouverte de papier cuisson (sans plaques).

LES PAINS SPÉCIAUX ET BLÉS ANCIENS

PAIN DE CAMPAGNE

POUR ENVIRON 5 BÂTARDS DE 500 g

◇

INGRÉDIENTS

1 300 g de farine de tradition T65
200 g de farine de seigle T85
350 g de pâte fermentée
30 g de sel
10 g de levure
1 l d'eau de coulage

ÉTAPES DE FABRICATION

Température de base : **58 °C**
Pétrissage (pétrin à axe oblique) : **12 min en 1re vitesse, puis 1 min en 2de vitesse**
Température de la pâte : **25 °C**
Pointage : **1 h 30 en bac à température ambiante**
Poids des bâtards : **500 g**
Détente : **environ 15 min**
Façonnage : **à la main, bâtard, soudure à gris sur une toile farinée**
Apprêt : **1 h 30 à 25 °C**
Lamage : **1 coup de lame**
Cuisson : **35 min à 250 °C**

1 Dans la cuve du pétrin à axe oblique, disposez l'eau, la levure et la pâte fermentée. Ajoutez ensuite la farine de tradition T65, la farine de seigle T85 et le sel.

2 Pétrissez 12 minutes en 1re vitesse, puis 1 minute en 2de vitesse jusqu'à obtention d'une pâte bien lisse. À la fin du pétrissage, la température doit être de 25 °C.

3 Sortez la pâte du pétrin. Laissez-la pointer en bac à température ambiante pendant 1 heure 30.

4 Pesez des pâtons de 500 g, puis donnez-leur une forme ronde. Laissez-les se détendre pendant environ 15 minutes.

5 Façonnez à la main des bâtards.
CONSEIL : cette étape doit être réalisée délicatement, car cette pâte est relativement fragile.

6 Disposez-les sur une toile farinée, soudure à gris.

7 L'apprêt est de 1 heure 30 à 25 °C avec un taux d'hygrométrie de 85 %.

8 Lamez les bâtards d'un coup de lame.

9 Dans un four à sole à 250 °C, avec de la buée à l'enfournement, faites cuire les bâtards pendant 35 minutes, oura fermé.

À SAVOIR
Si vous souhaitez préparer votre pain de campagne la veille, vous pouvez mettre votre pâte en pousse 14 heures à 10 °C avec la moitié de levure (5 g).

PAIN DE SEIGLE

POUR 8 BÂTARDS DE 400 g

◇

INGRÉDIENTS

120 g de farine de tradition T65
1 250 g de farine de seigle T85
750 g de pâte fermentée
35 g de sel
25 g de levure
1 l d'eau de coulage

—◆—

ÉTAPES DE FABRICATION

Température de base : **64 °C**
Pétrissage (pétrin à spirale) :
6 min en 1re vitesse,
puis 1 min en 2de vitesse
Température de la pâte : **25 °C**
Pointage : **1 h en bac**
à température ambiante
Poids des bâtards : **400 g**
Détente : **aucune**
Façonnage : **à la main,**
bâtard court,
soudure à clair
sur toile non farinée
Lamage : **en feuille dès le façonnage**
Apprêt : **1 h à 25 °C**
Cuisson : **40 min à 250 °C**

1 Dans la cuve du pétrin à spirale, disposez l'eau, la levure et la pâte fermentée. Ajoutez ensuite la farine de tradition T65, la farine de seigle T85 et le sel.

2 Pétrissez 6 minutes en 1re vitesse, puis 1 minute en 2de vitesse jusqu'à obtention d'une pâte bien lisse. À la fin du pétrissage, la température doit être de 25 °C.

3 Sortez la pâte du pétrin. Laissez-la pointer en bac à température ambiante pendant 1 heure.

4 Pesez des pâtons de 400 g, puis donnez-leur une forme ronde. Ne les laissez pas se détendre.

5 Façonnez à la main des bâtards courts.
CONSEIL : cette étape doit être réalisée délicatement, car cette pâte est relativement fragile.

6 Disposez-les sur une toile non farinée, soudure à clair. À l'aide d'un tamis, farinez les pains. Lamez-les dès le façonnage en feuille.

7 L'apprêt est de 1 heure à 25 °C avec un taux d'hygrométrie de 85 %.

8 Dans un four à sole à 250 °C, avec beaucoup de buée à l'enfournement, faites cuire les bâtards pendant 40 minutes, oura fermé.

À SAVOIR

La pâte fermentée ne doit pas être acide, sinon le pain aura une mauvaise tenue et ne se développera pas au four.
La farine de seigle contient des gommes qui ne réagissent que lorsque la pâte est chaude. C'est pourquoi la température de la pâte ne doit pas être inférieure à 25 °C.
Le pain de seigle doit être pesé précisément 1 heure après l'arrêt du pétrin pour que la pâte ne soit pas poreuse.
Le pain de seigle étant fragile, il ne doit donc pas être trop poussé lors de la mise au four.

PAIN DE MÉTEIL

POUR ENVIRON 4 TRIOS DE 600 g

INGRÉDIENTS

550 g de farine de tradition T65
745 g de farine de seigle T85
300 g de pâte fermentée
100 g de levain naturel
(voir recette page 96)
35 g de sel
20 g de levure
1 l d'eau de coulage

ÉTAPES DE FABRICATION

Température de base : **62 °C**
Pétrissage (pétrin à spirale) :
6 min en 1re vitesse,
puis 4 min en 2de vitesse
Température de la pâte : **24 °C**
Pointage : **1 h en bac**
à température ambiante
Poids des trios : **600 g**
Détente : **environ 5 min**
Façonnage : **à la main, boules par trois,**
soudure à gris sur une toile farinée
Apprêt : **1 h à 25 °C**
Lamage : **aucun**
Cuisson : **30 min à 250 °C**

1 Préparez le levain naturel *(voir recette page 96)*.

2 Dans la cuve du pétrin à spirale, disposez l'eau, la levure, la pâte fermentée et le levain naturel. Ajoutez ensuite la farine de tradition T65, la farine de seigle T85 et le sel.

3 Pétrissez 6 minutes en 1re vitesse, puis 4 minutes en 2de vitesse jusqu'à obtention d'une pâte bien lisse. À la fin du pétrissage, la température doit être de 24 °C.

4 Sortez la pâte du pétrin. Laissez-la pointer en bac, à température ambiante pendant 1 heure.

5 Pesez des pâtons de 200 g et laissez-les se détendre 5 minutes.

6 Façonnez à la main des boules. Accolez-les les unes aux autres par groupe de trois. Posez-les, soudure à gris, sur une toile farinée.
CONSEIL : cette étape doit être réalisée délicatement, car la pâte reste relativement fragile.

7 L'apprêt est de 1 heure à 25 °C avec un taux d'hygrométrie de 85 %.

8 Ne lamez pas les trios.

9 Dans un four à sole à 250 °C, avec beaucoup de buée à l'enfournement, faites cuire les trios pendant 30 minutes, oura fermé.
CONSEIL : ce pain nécessite beaucoup de vapeur pour un bon développement au four.

À SAVOIR

Le méteil doit être pesé avant qu'il ne fermente trop. Si la pâte pointe trop, elle se transforme en mousse et développe mal au four.
Idéalement, les boules de pâte doivent être collées les unes aux autres et disposées dans un banneton en osier dur.
Pour tous les pains à base de seigle, pensez à entrouvrir les portes du four afin qu'ils sèchent légèrement et ne se colorent pas trop.

PAIN COMPLET

POUR 7 BÂTARDS DE 400 g

◇

INGRÉDIENTS

250 g de farine de tradition T65
1 100 g de farine complète
150 g de farine de seigle T85
250 g de pâte fermentée
40 g de sel
20 g de levure
1 l d'eau de coulage

ÉTAPES DE FABRICATION

Température de base : **56 °C**
Pétrissage (pétrin à axe oblique) : **5 min en 1re vitesse, puis 10 min en 2de vitesse**
Température de la pâte : **25 °C**
Pointage : **15 min en bac à température ambiante**
Poids des bâtards : **400 g**
Détente : **environ 15 min**
Façonnage : **à la main, bâtard légèrement dodu, soudure à clair sur une toile non farinée**
Lamage : **en saucisson après le façonnage**
Apprêt : **2 h à 25 °C**
Cuisson : **30 min à 250 °C**

1 Dans la cuve du pétrin à axe oblique, disposez l'eau, la levure et la pâte fermentée. Ajoutez ensuite la farine de tradition T65, la farine complète, la farine de seigle T85 et le sel.

2 Pétrissez 5 minutes en 1re vitesse, puis 10 minutes en 2de vitesse jusqu'à obtention d'une pâte bien lisse. À la fin du pétrissage, la température doit être de 25 °C.

3 Sortez la pâte du pétrin. Laissez-la pointer en bac à température ambiante pendant 15 minutes.

4 Pesez des pâtons de 400 g, puis donnez-leur une forme ronde. Laissez-les se détendre environ 15 minutes.

5 Façonnez à la main des bâtards légèrement dodus.
CONSEIL : cette étape doit être réalisée délicatement, car la pâte reste relativement fragile.

6 Disposez-les sur une toile non farinée, soudure à clair.

7 Lamez les bâtards en saucisson immédiatement après le façonnage.

8 L'apprêt est de 2 heures à 25 °C avec un taux d'hygrométrie de 85 %.

9 Dans un four à sole à 250 °C, avec beaucoup de buée à l'enfournement, faites cuire les bâtards pendant 30 minutes, oura fermé.

À SAVOIR
Le pain complet ne doit pas être trop poussé à l'enfournement pour éviter la création de cloques entre la mie et la croûte du pain.

PAIN DE SON

POUR 6 BÂTARDS DE 400 g

INGRÉDIENTS

1 050 g de farine de tradition T65
350 g de pâte fermentée
30 g de sel
20 g de levure
130 g de gros son biologique
160 g de petit son biologique
10 g de gluten
1 l d'eau de coulage

ÉTAPES DE FABRICATION

Température de base : **52 °C**
Pétrissage (pétrin à axe oblique) : **5 min en 1re vitesse, puis 12 min en 2de vitesse**
Température de la pâte : **24 °C**
Pointage : **15 min en bac à température ambiante**
Poids des bâtards : **400 g**
Détente : **environ 15 min**
Façonnage : **à la main, bâtard légèrement dodu roulé dans du gros son, soudure à clair**
Apprêt : **1 h 30 à 25 °C**
Lamage : **aucun**
Cuisson : **30 min à 250 °C**

1 Dans la cuve du pétrin à axe oblique, disposez l'eau, la levure et la pâte fermentée. Ajoutez ensuite la farine de tradition T65, le gluten, le petit son, le gros son et le sel.

2 Pétrissez 5 minutes en 1re vitesse, puis 12 minutes en 2de vitesse jusqu'à obtention d'une pâte bien lisse. À la fin du pétrissage, la température doit être de 24 °C.
CONSEIL : passez en seconde vitesse uniquement lorsque le mélange est bien homogène.

3 Sortez la pâte du pétrin. Laissez-la pointer en bac à température ambiante pendant 15 minutes.

4 Pesez des pâtons de 400 g. Laissez-les se détendre 15 minutes.

5 Façonnez à la main des bâtards légèrement dodus. Humidifiez-les et roulez-les dans du gros son. Posez-les soudure à clair.

6 L'apprêt est de 1 heure 30 à 25 °C avec un taux d'hygrométrie de 85 %.

7 Ne lamez pas les bâtards.

8 Dans un four à sole à 250 °C, avec beaucoup de buée à l'enfournement, faites cuire les bâtards pendant 30 minutes, oura fermé.

À SAVOIR
Vous pouvez également utiliser un pétrin à spirale, 5 minutes en 1re vitesse, puis 7 minutes en 2de vitesse.
L'enveloppe du grain de blé peut renfermer des toxines. Utilisez donc de préférence du son (gros et petit) biologique.

BÂTARD AUX CÉRÉALES

POUR ENVIRON 7 BÂTARDS DE 400 g

INGRÉDIENTS

1420 g de farine de tradition T65
400 g de pâte fermentée
50 g de sel
6 g de levure
5 g d'améliorant
230 g de graines (sésame, lin brun, lin jaune, flocons de blé, tournesol)
1 l d'eau de coulage

ÉTAPES DE FABRICATION

Température de base : **50 °C**
Pétrissage (pétrin à spirale) : **5 min en 1re vitesse, puis 3 + 2 min avec le sel en 2de vitesse**
Température de la pâte : **24,5 °C**
Pointage : **15 min en bac à température ambiante**
Poids des bâtards : **400 g**
Détente : **environ 30 min**
Façonnage : **à la main, bâtard, soudure à gris sur une toile farinée**
Apprêt : **18 h à 10 °C**
Lamage : **2 coups de lame**
Cuisson : **35 min à 250 °C**

1. Mettez les graines à griller 14 minutes à 250 °C.
   CONSEIL : vous pouvez choisir le type de graines en fonction de vos goûts.
2. Dans la cuve du pétrin à spirale, disposez l'eau, les graines, puis la levure et la pâte fermentée. Ajoutez ensuite la farine de tradition T65 et l'améliorant.
3. Pétrissez 5 minutes en 1re vitesse, puis 3 minutes en 2de jusqu'à obtention d'une pâte bien tissée. Incorporez le sel en 1re vitesse, puis pétrissez de nouveau 2 minutes en 2de vitesse jusqu'à obtention d'une pâte lisse. À la fin du pétrissage, la température doit être de 24,5 °C.
4. Sortez la pâte du pétrin. Laissez-la pointer en bac à température ambiante pendant 15 minutes.
5. Pesez des pâtons de 400 g, puis donnez-leur une forme ronde. Laissez-les se détendre pendant environ 30 minutes.
6. Façonnez à la main des bâtards.
7. Disposez-les sur une toile farinée, soudure à gris.
8. L'apprêt est de 18 heures à 10 °C avec un taux d'hygrométrie de 85 %.
9. Lamez les bâtards de 2 coups de lame.
10. Dans un four à sole à 250 °C, avec de la buée à l'enfournement, faites cuire les bâtards pendant 35 minutes, oura fermé.

À SAVOIR
Avec cette recette, vous pouvez également réaliser des baguettes, des ficelles pour les sandwichs ainsi que des fers à cheval coupés avec une paire de ciseaux.

PAIN NOIR

POUR 5 « MOULES » DE 550 g

INGRÉDIENTS

1 030 g de farine de seigle T85
520 g de pâte fermentée
25 g de sel
6 g de farine de malt noir
80 g de graines de sésame
80 g de graines de lin brun
50 g de graines de tournesol
Graines pour le façonnage
1 l d'eau de coulage
Graisse pour le moule

ÉTAPES DE FABRICATION

Température de base : **85 °C**
Pétrissage (pétrin à spirale) : **12 min en 1re vitesse**
Température de la pâte : **25 °C**
Pointage : **45 min en bac à température ambiante**
Poids des moules : **550 g**
Détente : **environ 5 min**
Façonnage : **bâtard court, en moule à cake**
Apprêt : **3 h à 25 °C**
Lamage : **aucun, graines sur le dessus**
Cuisson : **45 min à 250 °C, puis 15 min à 200 °C**

1 Dans la cuve du pétrin à spirale, disposez l'eau et la pâte fermentée. Ajoutez ensuite la farine de seigle T85, la farine de malt noir, le sésame, le lin brun, le tournesol et le sel.

2 Pétrissez 12 minutes en 1re vitesse jusqu'à obtention d'une pâte bien lisse. À la fin du pétrissage, la température doit être de 25 °C.

3 Sortez la pâte du pétrin. Laissez-la pointer en bac à température ambiante pendant 45 minutes.

4 Pesez des pâtons de 550 g et laissez-les se détendre pendant environ 5 minutes.

5 Façonnez délicatement des bâtards courts et posez-les dans des moules à cake, préalablement graissés. Parsemez-les de graines.

6 L'apprêt est de 3 heures à 25 °C avec un taux d'hygrométrie de 85 %.

7 Ne lamez pas les pains.

8 Dans un four à sole à 250 °C, avec de la buée à l'enfournement, faites cuire les pains pendant 45 minutes, oura fermé, puis terminez la cuisson, oura ouvert, 15 minutes à 200 °C.

À SAVOIR

Ce pain est relativement délicat à réaliser par sa forte proportion en seigle. Soyez vigilant – pendant le pointage et l'apprêt – à ce que la pâte ne craquelle pas. Dès l'apparition de craquelures, il faut la travailler immédiatement.
Vous pouvez également réaliser ce pain sans farine de malt noir. Il perdra un peu sa couleur !

PAIN AU MAÏS

POUR 7 PAVÉS DE 400 g

◇

INGRÉDIENTS

1 000 g de farine de tradition T65
450 g de farine de maïs
30 g de sel
10 g de levure
30 g de gluten
320 g de maïs en grain
1 l d'eau de coulage
Huile d'olive
Sel, poivre

ÉTAPES DE FABRICATION

Température de base : **56 °C**
Pétrissage (pétrin à spirale) : **5 min en 1re vitesse, puis 3 min en 2de vitesse, puis avec les grains de maïs en 1re vitesse**
Température de la pâte : **25 °C**
Pointage : **1 h en bac à température ambiante, puis 1 rabat, puis 14 h à 4 °C**
Poids des pavés : **400 g**
Détente : **environ 15 min**
Façonnage : **pavé, soudure à gris sur une toile légèrement recouverte de semoule de blé dur**
Apprêt : **1 h 30 à 25 °C**
Lamage : **aucun**
Cuisson : **25 min à 250 °C**

1 Dans une poêle, faites revenir les grains de maïs avec de l'huile d'olive. Salez, poivrez.

2 Dans la cuve du pétrin à spirale, disposez l'eau et la levure. Ajoutez ensuite la farine de tradition T65, la farine de maïs, le gluten et le sel.

3 Pétrissez 5 minutes en 1re vitesse, puis 3 minutes en 2de vitesse jusqu'à obtention d'une pâte bien lisse. Ajoutez ensuite en 1re vitesse les grains de maïs pour un simple mélange. À la fin du pétrissage, la température doit être de 25 °C.

4 Sortez la pâte du pétrin. Laissez-la pointer en bac à température ambiante pendant 1 heure. Donnez-lui un rabat et disposez-la à 4 °C pendant 14 heures.

5 Pesez des pâtons de 400 g, puis donnez-leur une forme rectangulaire. Laissez-les se détendre pendant environ 15 minutes.

6 Façonnez-les en pavés dans la semoule de blé dur, rabattez les 4 angles au centre du pâton, puis disposez-les, soudure à gris, sur une toile légèrement recouverte de semoule de blé dur.

7 L'apprêt est de 1 heure 30 à 25 °C avec un taux d'hygrométrie de 85 %.

8 Disposez les pavés sur le tapis du four, les pliures sur le dessus.

9 Ne lamez pas les pavés et enfournez-les.

10 Dans un four à sole à 250 °C, avec de la buée à l'enfournement, faites cuire les pavés pendant 25 minutes, oura fermé.

À SAVOIR
Vous pouvez ajouter des graines de tournesol (2 % du poids de pâte) à la fin du pétrissage.

PAIN À LA FARINE DE CHÂTAIGNE

POUR 8 BOULES DE 350 g

◇

INGRÉDIENTS

1 350 g de farine de tradition T65
250 g de farine de châtaigne
300 g de pâte fermentée
35 g de sel
3 g de levure
20 g de gluten
5 g d'améliorant
1 l d'eau de coulage

ÉTAPES DE FABRICATION

Température de base : **55 °C**
Pétrissage (pétrin à spirale) : **5 min en 1re vitesse, puis 5 min en 2de vitesse**
Température de la pâte : **24 °C**
Pointage : **15 min en masse**
Poids des boules : **350 g**
Détente : **environ 10 min**
Façonnage : **boule, soudure à gris sur une toile farinée**
Lamage : **en pics avec une paire de ciseaux**
Apprêt : **14 h à 10 °C**
Cuisson : **30 min à 250 °C**

1 Dans la cuve du pétrin à spirale, disposez l'eau, la levure et la pâte fermentée. Ajoutez ensuite la farine de tradition T65, la farine de châtaigne, le gluten, l'améliorant et le sel.

2 Pétrissez 5 minutes en 1re vitesse, puis 5 minutes en 2de vitesse jusqu'à obtention d'une pâte bien lisse. À la fin du pétrissage, la température doit être de 24 °C.

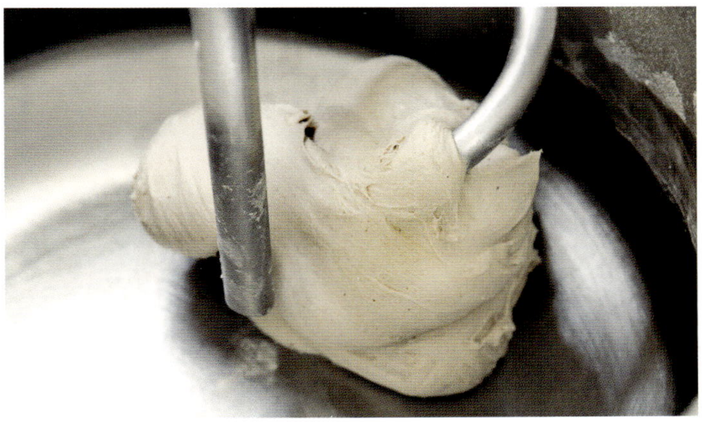

3 Sortez la pâte du pétrin. Laissez-la pointer en masse 15 minutes.

4 Pesez des pâtons de 350 g et laissez-les se détendre environ 10 minutes.

5 Donnez aux pâtons une forme de boule et placez-les sur une toile farinée, soudure à gris.

6 L'apprêt est de 14 heures à 10 °C avec un taux d'hygrométrie de 85 %.

7 Disposez les boules sur le tapis du four, soudure dessous. À l'aide d'une paire de ciseaux, découpez des pics partout sur le dessus des boules.

8 Dans un four à sole à 250 °C, avec de la buée à l'enfournement, faites cuire les boules pendant 30 minutes, oura fermé.

À SAVOIR

Ce pain étant très fragile, veillez à ce que l'apprêt ne soit pas trop important.

PETIT ÉPEAUTRE

POUR 17 PAINS CARRÉS DE 300 g

INGRÉDIENTS

1250 g de farine de tradition T65
1000 g de farine de petit épeautre
2001 g de poolish *(voir ci-dessous)*
60 g de sel de Noirmoutier
10 g de levure
15 g d'améliorant
1 l d'eau de coulage

Pour la poolish

1000 g de farine de tradition T65
1 g de levure
1 l d'eau

ÉTAPES DE FABRICATION

Température de base : **60 °C**
Pétrissage (pétrin à spirale) : **5 min en 1re vitesse, puis 3 min en 2de vitesse**
Température de la pâte : **24 °C**
Pointage : **45 min en bac à température ambiante**
Poids des carrés : **300 g**
Détente : **environ 30 min**
Façonnage : **bâtard court pour pain carré en moule, soudure à clair**
Lamage : **en saucisson dès le façonnage**
Apprêt : **16 h à 10 °C**
Cuisson : **30 min à 250 °C**

1. Préparez la poolish *(voir recette page 128)*. Laissez-la fermenter pendant 12 heures à 23 °C.

2. Mettez la moitié de la quantité d'eau sur le pourtour de la poolish. Dans la cuve du pétrin à spirale, disposez l'autre moitié de l'eau, la levure et la poolish. Ajoutez ensuite la farine de tradition T65, la farine de petit épeautre, l'améliorant et le sel.

3. Pétrissez 5 minutes en 1re vitesse, puis 3 minutes en 2de vitesse jusqu'à obtention d'une pâte lisse. À la fin du pétrissage, la température doit être de 24 °C.

4. Sortez la pâte du pétrin. Laissez-la pointer en bac à température ambiante pendant 45 minutes.

5. Pesez des pâtons de 300 g, puis donnez-leur une forme ronde. Laissez-les se détendre pendant 30 minutes.

6. Façonnez des bâtards courts pour pain carré et disposez-les dans des moules de cuisson.

7. Placez les pains carrés soudure à clair dans les moules. Lamez-les immédiatement en saucisson.

8. L'apprêt est de 16 heures à 10 °C avec un taux d'hygrométrie de 85 %.

9. Dans un four à sole à 250 °C, avec de la buée à l'enfournement, faites cuire les pains carrés pendant 30 minutes, oura fermé.

À SAVOIR
Il est préférable de lamer ces pains dès le façonnage, car ils sont fragiles après l'apprêt.

PAIN AU SARRASIN

POUR ENVIRON 8 BÂTARDS DE 350 g

INGRÉDIENTS

1350 g de farine de tradition T65
125 g de farine de seigle T85
125 g de farine de sarrasin
100 g de pâte fermentée
300 g de levain naturel
(voir recette page 96)
40 g de sel
3 g de levure
1 l d'eau de coulage

ÉTAPES DE FABRICATION

Température de base : **58 °C**
Pétrissage (pétrin à spirale) :
5 min en 1re vitesse,
puis 2 min 30 en 2de vitesse
Température de la pâte : **24,5 °C**
Pointage : **30 min en masse**
Poids des bâtards : **350 g**
Détente : **environ 15 min**
Façonnage : **bâtard,**
soudure à gris sur une toile farinée
Apprêt : **12 h à 10 °C**
Lamage : **en polka**
Cuisson : **35 min à 250 °C**

1 Préparez le levain naturel *(voir recette page 96)*.

2 Dans la cuve du pétrin à spirale, disposez l'eau, la levure, le levain naturel et la pâte fermentée. Ajoutez ensuite la farine de tradition T65, la farine de seigle T85, la farine de sarrasin et le sel.

3 Pétrissez 5 minutes en 1re vitesse, puis 2 minutes 30 en 2de vitesse jusqu'à obtention d'une pâte bien lisse. À la fin du pétrissage, la température doit être de 24,5 °C.

4 Sortez la pâte du pétrin. Laissez-la pointer en masse 30 minutes.

5 Pesez des pâtons de 350 g, puis donnez-leur une forme ronde. Laissez-les se détendre pendant environ 15 minutes.

6 Façonnez les bâtards et placez-les sur une toile farinée, soudure à gris.

7 L'apprêt est de 12 heures à 10 °C avec un taux d'hygrométrie de 85 %.

8 Disposez les bâtards sur le tapis du four et lamez-les en polka.

9 Dans un four à sole à 250 °C, avec de la buée à l'enfournement, faites cuire les bâtards pendant 35 minutes, oura fermé.

À SAVOIR

Ce pain étant très fragile, il ne faut donc pas qu'il fermente trop.

GUY SAVOY

RESTAURANT GUY SAVOY***, LE CHIBERTA*,
ATELIER MAÎTRE ALBERT (PARIS),
RESTAURANT GUY SAVOY (LAS VEGAS)

Pour un plat, le pain est un peu comme le tanin dans le vin.

LE PAIN DE L'ENFANCE

J'ai grandi en Isère et, à une quinzaine de kilomètres de chez nous, dans le village de Vignieu, le samedi matin, on allait chercher au fournil la grosse miche de pain pour la semaine. Enfant, j'ai un bon souvenir aussi des couronnes, presque noires, parce que très cuites. Je me régalais de ces tranches de pain à la fois légères et odorantes. J'aime encore aujourd'hui la rusticité lorsqu'elle n'est pas surjouée.

UN « BON » PAIN ?

J'adore les quignons et la manière d'avoir quatre quignons, c'est de choisir un pain carré ! J'aime le pain bien cuit. Quand vous le prenez en main, vous avez déjà cette sensation de croûte résistante. Et quand vous la cassez, il y a ce fameux petit son qui déclenche la gourmandise. En l'ouvrant, je suis sensible à une mie alvéolée mais sans excès, et surtout à l'odeur de bonne pâte.

EN CUISINE ET À TABLE !

Dans le pain que nous proposons au restaurant, le sarrasin apporte une véritable personnalité. L'incroyable qualité et diversité de types de pains dont nous disposons sont d'ailleurs ce qui caractérise la boulangerie française. Nous avons un choix unique au monde. En Asie, par exemple, avec le riz, on recherche la neutralité. Alors que, moi, je ne veux surtout pas que le pain soit neutre. J'aime qu'il participe en synergie à la complexité des saveurs d'un mets. Un pain aux notes trop sucrées n'entrera pas en symbiose avec la cuisine, alors que la belle acidité des pains de Frédéric Lalos sert cette rencontre gastronomique. Son caractère ne doit pas écraser le mets. Pour un plat, le pain est un peu comme le tanin dans le vin. Avec le jus du rouget ou avec ma poêlée de moules et mousserons, jus terre et mer, j'invite mes convives à saucer avec le quignon. Le goût du pain a ici une grande importance. Le pain est vraiment un ingrédient qui fait partie intégrante de la recette. Il apporte une consistance avec ce jeu entre le croustillant et l'hyper moelleux. La première sensation que l'on ressent en dégustant un plat est ce que j'appelle « l'approche physique du goût », que l'on retrouve avec le pain. À l'image de ma soupe d'artichaut et de ma brioche feuilletée, le petit pain que l'on dispose sur table pour chaque convive est un peu un point de référence, qui accompagne ma cuisine. Il est aussi un symbole de l'hospitalité à la française.

« PARCE QUE C'ÉTAIT LUI, PARCE QUE C'ÉTAIT MOI »

Avec un artisan, un fournisseur, je n'attends pas la qualité de temps en temps. Je la veux tous les jours, toute l'année ! Et avec Frédéric Lalos, si nous travaillons ensemble depuis plus de quinze ans, c'est bien parce que je retrouve cette fiabilité. D'ailleurs, si l'on ne se parle pas trop souvent, c'est bon signe ! Cela veut dire que tout va bien.

SOUPE AU CHOU, SAUCE AU PAIN DE SARRASIN

POUR 4 PERSONNES

Pour la sauce au pain de sarrasin

100 g de pain au sarrasin • 1 oignon pelé • 50 cl de lait
½ feuille de laurier

Pour la soupe au chou

½ chou vert • 50 g de beurre • 30 g de sarrasin torréfié
Gros sel • Sel et poivre

1. Préparez la sauce au pain de sarrasin. Taillez le pain au sarrasin en cubes et émincez l'oignon. Faites chauffer le lait dans une petite casserole et plongez-y les cubes de pain au sarrasin, la demi-feuille de laurier et l'oignon émincé. Salez et poivrez, puis laissez cuire 20 minutes à feu doux.
2. Préparez la soupe au chou. Pendant la cuisson de la sauce au pain, taillez les feuilles de chou vert en deux. Plongez-les dans une grande casserole d'eau bouillante salée (10 g de gros sel par litre d'eau) et laissez cuire jusqu'à ce qu'elles soient très fondantes.
3. Filtrez à la passoire fine les feuilles de chou vert en veillant à bien réserver l'eau de cuisson.
4. Mixez les feuilles de chou vert avec le beurre taillé en cubes, en ajoutant petit à petit de l'eau de cuisson, afin d'obtenir une texture de soupe lisse et onctueuse.
5. Rectifiez l'assaisonnement en poivre.
6. Déposez un fond de sauce au pain de sarrasin dans des assiettes creuses allant au four.
7. Enfournez sous le gril pour faire gratiner le tout.
8. Sortez les assiettes du four et versez la soupe au chou dessus. Parsemez de sarrasin torréfié.

PAIN AU CIDRE ET AU CARAMEL

POUR 8 TRIANGLES DE 350 g

◇

INGRÉDIENTS

1 220 g de farine de tradition T65
135 g de farine de seigle T85
300 g de levain naturel
(voir recette page 96)
30 g de sel
15 g de levure
220 g de caramel dur concassé en petits morceaux
1 l de cidre fermier

ÉTAPES DE FABRICATION

Température de base : **60 °C**
Pétrissage (pétrin à spirale) :
5 min en 1re vitesse, puis 3 min en 2de vitesse, puis avec le caramel en 1re vitesse
Température de la pâte : **24 °C**
Pointage : **1 h en masse**
Poids des triangles : **350 g**
Détente : **environ 15 min**
Façonnage : **triangle isocèle, soudure à gris sur une toile farinée**
Apprêt : **2 h à 25 °C**
Lamage : **aucun**
Cuisson : **30 min à 250 °C**

1 Préparez le levain naturel *(voir recette page 96)*.

2 Dans la cuve du pétrin à spirale, disposez le cidre, la levure et le levain naturel. Ajoutez ensuite la farine de tradition T65, la farine de seigle T85 et le sel.

3 Pétrissez 5 minutes en 1re vitesse, puis 3 minutes en 2de vitesse jusqu'à obtention d'une pâte bien lisse. Incorporez en 1re vitesse le caramel dur pour un simple mélange. À la fin du pétrissage, la température doit être de 24 °C.

4 Sortez la pâte du pétrin. Laissez-la pointer en masse 1 heure.

5 Pesez des pâtons de 350 g. Ne les boulez pas trop serrés. Laissez-les se détendre pendant environ 15 minutes.

6 À l'aide d'un rouleau, aplatissez trois languettes régulières et repliez-les sur le centre de la boule. Placez celles-ci sur une toile farinée de façon à obtenir un triangle, soudure à gris.

7 L'apprêt est de 2 heures à 25 °C avec un taux d'hygrométrie de 85 %.

8 Retournez les triangles isocèles sur le tapis du four, donc plis sur le dessus.

9 Ne lamez pas les triangles.

10 Dans un four à sole à 250 °C, avec de la buée à l'enfournement, faites cuire les triangles pendant 30 minutes, oura fermé.

À SAVOIR

Il ne faut pas que les languettes se chevauchent trop, sinon elles vont se coller et le pain ne se développera pas correctement.
Ce pain très riche en sucre doit finir de cuire à 200 °C pour qu'il ne colore pas trop et ne ramollisse pas.

BARRE ÉPEAUTRE AU LEVAIN LIQUIDE

POUR 6 BARRES D'ENVIRON 500 g

◇

INGRÉDIENTS

1 100 g de farine de tradition T65
500 g de farine d'épeautre
300 g de levain liquide
(voir recette page 98)
45 g de sel
20 g de levure
1 l d'eau de coulage

ÉTAPES DE FABRICATION

Température de base : **60 °C**
Pétrissage (pétrin à spirale) : **5 min en 1re vitesse, puis 3 min en 2de vitesse**
Température de la pâte : **25 °C**
Pointage : **1 h en bac à température ambiante**
Poids des barres : **environ 500 g**
Détente : **environ 15 min**
Façonnage : **sur une plaque noire couverte d'une toile farinée, coupé en bandes de 35 cm au couteau-scie à l'enfournement**
Apprêt : **12 h à 4 °C**
Lamage : **aucun**
Cuisson : **40 min à 250 °C**

1 Préparez le levain liquide *(voir recette page 98)*.

2 Dans la cuve du pétrin à spirale, disposez l'eau, la levure et le levain liquide. Ajoutez ensuite la farine de tradition T65, la farine d'épeautre et le sel.

3 Pétrissez 5 minutes en 1re vitesse, puis 3 minutes en 2de jusqu'à obtention d'une pâte bien lisse. À la fin du pétrissage, la température doit être de 25 °C.

4 Sortez la pâte du pétrin. Laissez-la pointer en bac, à température ambiante, 1 heure.

5 Donnez un bon rabat de forme rectangulaire, puis disposez la pâte sur une plaque noire recouverte d'une toile farinée.

6 Égalisez-la à la main pour qu'elle soit bien régulière sur toute la plaque et réservez-la à 4 °C.

7 L'apprêt est de 12 heures à 4 °C avec un taux d'hygrométrie de 85 %.

8 À l'aide d'un couteau-scie, découpez 6 bandes assez larges de 35 cm de longueur.

9 Ne lamez pas les barres.

10 Dans un four à sole à 250 °C, avec de la buée à l'enfournement, faites cuire les barres pendant 40 minutes, oura fermé.

À SAVOIR

La durée de l'apprêt est donnée à titre indicatif. Il peut être plus court ou plus long, mais il faut compter au moins 2 heures.
Enfournez la pâte rapidement après l'avoir sortie du froid (4 °C) pour ne pas la laisser ramollir et devenir collante.

PAIN À LA POMME DE TERRE

POUR 9 BÂTARDS DE 300 g

◇

INGRÉDIENTS

800 g de farine de tradition T65
100 g de farine complète
130 g de farine de maïs
250 g de flocons de pomme de terre
300 g de pâte fermentée
25 g de sel
10 g de levure
50 g de poudre de lait
100 g de beurre
1 l d'eau de coulage

ÉTAPES DE FABRICATION

Température de base : **52 °C**
Pétrissage (pétrin à spirale) : **5 min en 1re vitesse, puis 4 + 1 min avec le beurre en 2de vitesse**
Température de la pâte : **24 °C**
Pointage : **1 h en bac à température ambiante**
Poids des bâtards : **300 g**
Détente : **environ 15 min**
Façonnage : **à la main, bâtard légèrement ovale roulé dans de la farine de blé dur, sur une toile non farinée, soudure à gris**
Apprêt : **1 h 30 à 25 °C**
Lamage : **en polka**
Cuisson : **25 min à 250 °C**

1 Dans la cuve du pétrin à spirale, disposez l'eau, la levure et la pâte fermentée. Ajoutez ensuite la farine de tradition T65, la farine complète, la farine de maïs, les flocons de pomme de terre, la poudre de lait et le sel.

2 Pétrissez 5 minutes en 1re vitesse, puis 4 minutes en 2de vitesse jusqu'à obtention d'une pâte bien lisse. Ajoutez le beurre en 1re vitesse, puis pétrissez de nouveau 1 minute en 2de vitesse. À la fin du pétrissage, la température doit être de 24 °C.

3 Sortez la pâte du pétrin. Laissez-la pointer en bac à température ambiante pendant 1 heure.

4 Pesez des pâtons de 300 g et laissez-les se détendre 15 minutes.

5 Façonnez à la main des bâtards légèrement ovales. Humidifiez-les et roulez-les dans de la farine de blé dur. Posez-les sur une toile non farinée, soudure à gris.

6 L'apprêt est de 1 heure 30 à 25 °C avec un taux d'hygrométrie de 85 %.

7 Lamez les bâtards en polka pas trop profondément.

8 Dans un four à sole à 250 °C, avec beaucoup de buée à l'enfournement, faites cuire les bâtards pendant 25 minutes, oura fermé.

PAVÉ AU KHORASAN

POUR ENVIRON 5 PAVÉS DE 450 g

◇

INGRÉDIENTS

600 g de farine de tradition T65
740 g de farine de blé khorasan
150 g de levain naturel
(voir recette page 96)
40 g de sel
6 g de levure
1 l d'eau de coulage
120 g d'eau de bassinage

ÉTAPES DE FABRICATION

Température de base : **60 °C**
Pétrissage (pétrin à spirale) :
12 min en 1re vitesse,
puis 1 + 1 min avec l'eau de bassinage en 2de vitesse
Température de la pâte : **24 °C**
Pointage : **1 h en bac à température ambiante, puis 14 h à 4 °C**
Poids des pavés : **450 g**
Détente : **aucune**
Façonnage : **aucun, soudure à gris sur une toile farinée**
Apprêt : **1 h à 25 °C**
Lamage : **en croix**
Cuisson : **35 min dans un four à sole à 250 °C**

1 Préparez le levain naturel *(voir recette page 96)*.

2 Dans la cuve du pétrin à spirale, disposez l'eau de coulage, la levure et le levain naturel. Ajoutez ensuite la farine de tradition T65, la farine de khorasan et le sel.

3 Pétrissez 12 minutes en 1re vitesse, puis 1 minute en 2de vitesse jusqu'à obtention d'une pâte bien lisse. Ajoutez l'eau de bassinage en 1re vitesse, puis pétrissez de nouveau 1 minute en 2de vitesse. À la fin du pétrissage, la température doit être de 24 °C.

4 Sortez la pâte du pétrin. Laissez-la pointer en bac à température ambiante pendant 1 heure, donnez-lui une mise en forme, puis déposez le bac à 4 °C pendant 14 heures.

5 À la diviseuse, divisez des bacs de 9 kg.

6 Placez les pavés sur une toile farinée, soudure à gris.

7 L'apprêt est de 1 heure à 25 °C avec un taux d'hygrométrie de 85 %.

8 Lamez les pavés en croix (en diagonale).

9 Dans un four à sole à 250 °C, avec de la buée à l'enfournement, faites cuire les pavés pendant 35 minutes, oura fermé.

À SAVOIR
Veillez à ce que la pâte ne pousse pas trop pendant le pointage pour avoir ensuite une belle seconde fermentation.

PAIN AU BLÉ DUR

POUR 10 PAINS DE 530 g

◇

INGRÉDIENTS

1 400 g de farine de tradition T65
600 g de farine de blé dur
2 001 g de poolish *(voir ci-dessous)*
150 g de levain naturel
(voir recette page 96)
60 g de sel
12 g de levure
1 l d'eau de coulage
200 g d'eau de bassinage

Pour la poolish

1 000 g de farine de tradition T65
1 g de levure
1 l d'eau

ÉTAPES DE FABRICATION

Température de base : **58 °C**
Pétrissage (pétrin à spirale) :
6 min en 1re vitesse,
puis 1,5 + 1 min avec l'eau de bassinage
et le sel en 2de vitesse
Température de la pâte : **24 °C**
Pointage : **50 min en bac**
à température ambiante
avec 1 bon rabat à 30 min,
puis 14 h à 4 °C
Poids des pains : **530 g**
Détente : **environ 30 min**
Façonnage : **allongé en baguette**
sans serrer, soudure à clair
sur une toile couverte
de semoule de blé dur
Apprêt : **30 min à 25 °C**
Lamage : **aucun**
Cuisson : **35 min à 250 °C**

1 Préparez le levain naturel *(voir recette page 96)*.

2 Préparez la poolish *(voir recette page 128)*. Laissez-la fermenter pendant 12 heures à 23 °C.

3 Mettez la moitié de l'eau de coulage sur le pourtour de la poolish. Dans la cuve du pétrin à spirale, placez l'autre moitié de l'eau, la levure et la poolish et le levain naturel. Ajoutez ensuite la farine de tradition T65 et la farine de blé dur.

4 Pétrissez 6 minutes en 1re vitesse, puis 1 minute 30 en 2de vitesse jusqu'à obtention d'une pâte bien lisse. Ajoutez l'eau de bassinage et le sel en 1re vitesse, puis pétrissez de nouveau 1 minute en 2de vitesse. À la fin du pétrissage, la température doit être de 24 °C.

5 Sortez la pâte du pétrin. Laissez-la pointer en bac à température ambiante pendant 50 minutes, donnez-lui un bon rabat au bout de 30 minutes et une mise en forme à la fin du pointage. Réservez le bac à 4 °C pendant 14 heures.

6 À la diviseuse ou à la main, pesez des pâtons de 530 g et laissez-les se détendre pendant 30 minutes.

7 Allongez les pâtons en baguettes sans les serrer pour ne pas les dégazer.

8 Placez les pains sur une toile recouverte d'une fine couche de semoule de blé dur fine, soudure à clair.

9 L'apprêt est de 30 minutes à 25 °C avec un taux d'hygrométrie de 85 %.

10 Retournez les pains sur le tapis du four, donc soudure sur le dessus.

11 Ne lamez pas les pains.

12 Dans un four à sole à 250 °C, avec de la buée à l'enfournement, faites cuire les pains pendant 35 minutes, oura fermé.

POULARD

POUR 4 CARRÉS D'ENVIRON 700 g

◇

INGRÉDIENTS

710 g de farine de blé poulard T65
710 g de farine de blé poulard T80
240 g de levain naturel
(voir recette page 96)
35 g de sel
7 g de levure
1 l d'eau de coulage
190 g d'eau de bassinage

ÉTAPES DE FABRICATION

Température de base : **60 °C**
Pétrissage (pétrin à spirale) :
8 min en 1re vitesse,
puis 1 min en 2de vitesse
avec l'eau de bassinage
Température de la pâte : **24 °C**
Pointage : **45 min en bac**
à température ambiante,
puis 1 rabat, puis 14 h à 4 °C
Poids des carrés : **environ 700 g**
Détente : **environ 20 min**
Façonnage : **replié 4 fois,**
soudure à gris sur une toile farinée
Apprêt : **1 h 30 à 25 °C**
Lamage : **en polka 4 par 4**
Cuisson : **35 min à 250 °C**

1 Préparez le levain naturel *(voir recette page 96)*.

2 Dans la cuve du pétrin à spirale, disposez l'eau de coulage, la levure et le levain naturel. Ajoutez ensuite les farines de blé poulard T65 et T80 ainsi que le sel.

3 Pétrissez 8 minutes en 1re vitesse, ajoutez l'eau de bassinage, puis pétrissez 1 minute en 2de vitesse jusqu'à obtention d'une pâte lisse. À la fin du pétrissage, la température doit être de 24 °C.

4 Sortez la pâte du pétrin. Laissez-la pointer en bac à température ambiante pendant 45 minutes, donnez-lui un rabat, puis réservez à 4 °C pendant 14 heures.

5 Pesez des pâtons de 700 g. Laissez-les se détendre sans mise en forme pendant 20 minutes.

6 Repliez les pâtons 4 fois sur eux-mêmes.

7 Placez les carrés sur une toile farinée, soudure à gris.

8 L'apprêt est de 1 heure 30 à 25 °C avec un taux d'hygrométrie de 85 %.

9 Lamez les carrés en polka 4 par 4.

10 Dans un four à sole à 250 °C, avec de la buée à l'enfournement, faites cuire les carrés pendant 35 minutes, oura fermé.

LES PAINS RÉGIONAUX

BRIÉ

POUR 16 PAINS DE 400 g

INGRÉDIENTS

2 500 g de farine de tradition T65
2 780 g de pâte fermentée
55 g de sel
14 g de levure
60 g de beurre
1 l d'eau de coulage

ÉTAPES DE FABRICATION

Température de base : **40 °C**
Pétrissage (pétrin à spirale) : **15 min en 1re vitesse, puis 1 min en 2de vitesse**
Température de la pâte : **24 °C**
Pointage : **aucun**
Poids des pains : **400 g**
Détente : **environ 5 min**
Façonnage : **bâtard court légèrement dodu, soudure à clair sur une toile non farinée**
Lamage : **7 stries**
Apprêt : **3 h 30 à 25 °C**
Cuisson : **30 min à 250 °C**

1 Dans la cuve du pétrin à spirale, disposez l'eau, la levure et la pâte fermentée. Ajoutez ensuite la farine de tradition T65, le beurre et le sel.

2 Pétrissez 15 minutes en 1re vitesse, puis pétrissez 1 minute en 2de vitesse jusqu'à obtention d'une pâte lisse. À la fin du pétrissage, la température doit être de 24 °C.

3 Sortez la pâte du pétrin, puis pesez immédiatement des pâtons de 400 g.

4 Donnez aux pâtons une forme ronde sans leur donner de force. Laissez-les se détendre 5 minutes.

5 Façonnez à la main des bâtards courts et légèrement dodus.

6 Placez les pains, soudure à clair sur une toile non farinée.

7 Lamez immédiatement chaque pain de 7 stries dans le sens de la longueur.

8 L'apprêt est de 3 heures 30 à 25 °C avec un taux d'hygrométrie de 85 %.

9 Dans un four à sole à 250 °C, avec de la buée à l'enfournement, faites cuire les pains pendant 30 minutes, oura fermé.

À SAVOIR

Cette recette ne nécessite pas de pointage, car la mie de pain doit rester dense et dépourvue d'alvéoles. La pâte du brié étant ferme, elle a tendance à croûter. Il est donc particulièrement important de bien la couvrir (voir « Techniques de travail » page 52).

TOURTE AUVERGNATE

POUR 3 TOURTES DE 1 000 g

◇

INGRÉDIENTS

1 250 g de farine de seigle T65
670 g de pâte fermentée
30 g de sel
1 l d'eau de coulage

ÉTAPES DE FABRICATION

Température de base : **85 °C**
Pétrissage (pétrin à spirale) : **10 min en 1re vitesse**
Température de la pâte : **25 °C**
Pointage : **1 h en bac à température ambiante**
Poids des tourtes : **1 000 g**
Détente : **aucune**
Façonnage : **en boule, soudure à clair en banneton fariné**
Apprêt : **1 h à 25 °C**
Lamage : **aucun**
Cuisson : **45 min à 250 °C oura fermé, puis 15 min à 200 °C oura ouvert**

1 Dans la cuve du pétrin à spirale, disposez l'eau et la pâte fermentée. Ajoutez ensuite la farine de seigle T65 et le sel.

2 Pétrissez 10 minutes en 1re vitesse. À la fin du pétrissage, la température doit être de 25 °C.

3 Sortez la pâte du pétrin et laissez-la pointer 1 heure en bac à température ambiante.
CONSEIL : veillez à ce que la pâte ne pointe pas trop, sinon elle sera poreuse.

4 Pesez des pâtons de 1 000 g.

5 Dans le creux de vos mains, donnez-leur une forme ronde sans leur donner de force et posez-les dans des bannetons farinés, soudure à clair.

6 L'apprêt est de 1 heure à 25 °C avec un taux d'hygrométrie de 85 %.

7 Retournez les tourtes, ne les lamez pas.
CONSEIL : les tourtes ne doivent pas être lamées. La soudure s'ouvrira et leur permettra de se développer.

8 Dans un four à sole à 250 °C, avec de la buée à l'enfournement, faites cuire les tourtes pendant 45 minutes, oura fermé, puis 15 minutes à 200 °C, oura ouvert.
CONSEIL : le temps de cuisson varie selon la grosseur des tourtes et la cuisson désirée. Celle-ci peut durer jusqu'à 1 heure 30. Quel que soit le temps de cuisson, la température du four doit être baissée à 200 °C durant le dernier quart d'heure.

À SAVOIR
La farine de seigle contient des gommes qui ne réagissent que lorsque la pâte est chaude. C'est pourquoi la température de base doit être élevée.
Une bonne pâte à tourte auvergnate doit être molle et collante.
Placé dans un torchon, ce pain peut se conserver plusieurs jours.

PAIN À LA BIÈRE

POUR 8 BÂTARDS DE 300 g

INGRÉDIENTS

1300 g de farine de tradition T65
110 g de farine de sarrasin piquée
30 g de sel
8 g de levure
1 l de bière

Pour l'appareil à pain tigré

450 g de farine de seigle T85
15 g de sel
15 g de levure
0,6 l de bière

ÉTAPES DE FABRICATION

Température de base : **62 °C**
Pétrissage (pétrin à spirale) : **5 min en 1re vitesse, puis 2 + 1 min 30 en 2de vitesse avec le sel**
Température de la pâte : **25 °C**
Pointage : **30 min en bac à température ambiante, puis 14 h à 4 °C**
Poids des bâtards : **300 g**
Détente : **environ 30 min**
Façonnage : **à la main, bâtard court légèrement dodu, soudure à clair sur une toile non farinée**
Apprêt : **1 h 30 à 25 °C**
Lamage : **aucun**
Cuisson : **25 min à 250 °C**

1 Dans la cuve du pétrin à spirale, disposez la bière et la levure. Ajoutez ensuite la farine de tradition T65 et la farine de sarrasin.
CONSEIL : utilisez de préférence une bière blonde.

2 Pétrissez 5 minutes en 1re vitesse, puis 2 minutes en 2de vitesse jusqu'à obtention d'une pâte bien tissée. Incorporez le sel en 1re vitesse, puis pétrissez de nouveau 1 minute 30 en 2de vitesse jusqu'à obtention d'une pâte lisse. À la fin du pétrissage, la température doit être de 25 °C.

3 Sortez la pâte du pétrin et laissez-la pointer 30 minutes en bac à température ambiante. Mettez-la en forme, puis réservez-la à 4 °C pendant 14 heures.

4 *Préparez l'appareil à pain tigré* : mélangez tous les ingrédients à l'aide d'un fouet. Filmez et laissez fermenter 2 heures avant de badigeonner.

5 Pesez des pâtons de 300 g.

6 Donnez aux pâtons une forme ronde et laissez-les se détendre 30 minutes.

7 Façonnez des bâtards courts et légèrement dodus.

8 Placez les bâtards, soudure à clair, sur une toile non farinée. À l'aide d'un pinceau, badigeonnez l'appareil tigré sur le dessus des bâtards.

9 L'apprêt est de 1 heure 30 à 25 °C avec un taux d'hygrométrie de 85 %.

10 Disposez les bâtards sur le tapis d'enfournement, puis tamisez-les d'une fine couche de farine. Ne lamez pas les bâtards.

11 Dans un four à sole à 250 °C, avec de la buée à l'enfournement, faites cuire les bâtards pendant 25 minutes, oura fermé.

À SAVOIR
Fariner le pain au moment de la mise au four met en valeur son aspect craquelé.

SÜBROT

POUR 10 PAINS DE 280 g

◇

INGRÉDIENTS

1 500 g de farine de tradition T65
300 g de levain naturel
(voir recette page 96)
30 g de sel
15 g de levure
1 l d'eau de coulage
Huile d'olive
Farine de seigle T170

ÉTAPES DE FABRICATION

Température de base : **60 °C**
Pétrissage (pétrin à spirale) : **5 min en 1re vitesse, puis 4 min en 2de vitesse**
Température de la pâte : **24,5 °C**
Pointage : **45 min en bac à température ambiante**
Poids des pains : **280 g**
Détente : **environ 10 min**
Façonnage : **à la main en carrés, 2 par 2 debout, sur une toile non farinée**
Apprêt : **1 h 30 à 25 °C**
Lamage : **aucun**
Cuisson : **22 min à 250 °C**

1 Préparez le levain naturel *(voir recette page 96)*.

2 Dans la cuve du pétrin à spirale, disposez l'eau, le levain naturel et la levure. Ajoutez ensuite la farine de tradition T65 et le sel.

3 Pétrissez 5 minutes en 1re vitesse, puis 4 minutes en 2de vitesse jusqu'à obtention d'une pâte lisse. À la fin du pétrissage, la température doit être de 24,5 °C.

4 Sortez la pâte du pétrin et laissez-la pointer 45 minutes en bac à température ambiante.

5 Pesez 2 morceaux de pâte à 1 400 g, mettez-les légèrement en forme et laissez-les se détendre 10 minutes.

6 À l'aide d'un rouleau, étalez les pâtons en forme de rectangles de 35 cm par 28 cm. Étalez sur l'une des abaisses une fine couche d'huile d'olive. Farinez-la légèrement avec de la farine de seigle T170.

7 Placez la deuxième abaisse sur la première. Coupez alors 20 carrés de 7 cm de côté.

8 Disposez-les deux par deux, debout, bout à bout sur une toile non farinée.
CONSEIL : il faut que la toile soit à hauteur des carrés de pâte.

9 L'apprêt est de 1 heure 30 à 25 °C avec un taux d'hygrométrie de 85 %.

10 Ne lamez pas les pains.

11 Dans un four à sole à 250 °C, avec de la buée à l'enfournement, faites cuire les pains pendant 22 minutes, oura fermé.

PAIN DE LODÈVE

POUR 8 PAINS D'ENVIRON 450 g

INGRÉDIENTS

1 400 g de farine de tradition T65
1 100 g de levain naturel
(voir recette page 96)
40 g de sel
3 g de levure
1 l d'eau de coulage
100 g d'eau de bassinage

ÉTAPES DE FABRICATION

Température de base : **70 °C**
Pétrissage (pétrin à spirale) :
20 min en 1re vitesse,
puis environ 5 min en 2de vitesse
avec le levain,
puis 3 min en 2de vitesse
avec l'eau de bassinage
Température de la pâte : **26 °C**
Pointage : **3 h en bac**
avec 2 rabats au bout de chaque heure
Poids des pains : **450 g**
Détente : **aucune**
Apprêt : **1 h 30 à 25 °C**
Façonnage : **coupé au couteau de tour**
à l'enfournement
Lamage : **aucun**
Cuisson : **50 min à 250 °C**

1 Préparez le levain naturel *(voir recette page 96)*.

2 Dans la cuve du pétrin à spirale, disposez l'eau de coulage et la levure. Ajoutez ensuite la farine de tradition T65 et le sel.

3 Pétrissez 20 minutes en 1re vitesse. Ajoutez le levain naturel, puis pétrissez de nouveau 5 minutes en 2de vitesse jusqu'à décollement de la pâte. Incorporez l'eau de bassinage en 1re vitesse, puis pétrissez de nouveau 3 minutes en 2de vitesse jusqu'à obtention d'une pâte lisse et décollée. À la fin du pétrissage, la température doit être de 26 °C.

4 Sortez la pâte du pétrin et laissez-la pointer 3 heures en bac avec 2 rabats au bout de chaque heure.

5 Repliez la pâte sur elle-même dans le sens de la longueur sur une toile farinée, sans trop la dégazer.

6 L'apprêt est de 1 heure 30 à 25 °C avec un taux d'hygrométrie de 85 %.

7 Détaillez avec un couteau de tour des morceaux de pâte selon le poids désiré en triangles et disposez-les délicatement sur le tapis du four.

8 Ne lamez pas les pains.

9 Dans un four à sole à 250 °C, avec de la buée à l'enfournement, faites cuire les pains pendant 50 minutes, oura fermé.

À SAVOIR
Veillez à avoir une pâte à 26 °C, car elle est très souple et devra prendre de la force par la suite.

BRESSAN

POUR 12 PAINS DE 400 g

◇

INGRÉDIENTS

2000 g de farine de tradition T65
1871 g de poolish *(voir ci-dessous)*
60 g de sel
20 g de levure
1 l d'eau de coulage

Pour la poolish

580 g de farine de tradition T65
290 g de farine de gaudes
1 g de levure
1 l d'eau

ÉTAPES DE FABRICATION

Température de base : **56 °C**
Pétrissage (pétrin à spirale) : **6 min en 1re vitesse, puis 2 min 30 en 2de vitesse**
Température de la pâte : **24 °C**
Pointage : **1 h 20 en bac à température ambiante**
Poids des pains : **400 g**
Détente : **environ 20 min**
Façonnage : **bâtard court, soudure à gris sur une toile non farinée**
Apprêt : **1 h 30 à 25 °C**
Lamage : **1 coup de lame**
Cuisson : **30 min à 250 °C**

1 Préparez la poolish *(voir recette page 128)* et laissez-la fermenter pendant 12 heures à 23 °C.

2 Mettez la moitié de la quantité d'eau sur le pourtour de la poolish. Dans la cuve du pétrin à spirale, disposez l'autre moitié de l'eau, la levure et la poolish. Ajoutez ensuite la farine de tradition T65 et le sel.

3 Pétrissez 6 minutes en 1re vitesse, puis 2 minutes 30 en 2de vitesse jusqu'à obtention d'une pâte lisse. À la fin du pétrissage, la température doit être de 24 °C.

4 Sortez la pâte du pétrin et laissez-la pointer en bac à température ambiante pendant 1 heure 20.

5 Pesez des pâtons de 400 g et donnez-leur une forme ronde. Laissez-les se détendre 20 minutes.

6 Façonnez des bâtards courts.

7 Placez les pains, soudure à gris, sur une toile non farinée.

8 L'apprêt est de 1 heure 30 à 25 °C avec un taux d'hygrométrie de 85 %.

9 Retournez les pains sur le tapis du four et, avec un pochoir, farinez-les. Lamez les pains d'un coup de lame.

10 Dans un four à sole à 250 °C, avec de la buée à l'enfournement, faites cuire les pains pendant 30 minutes, oura fermé.

À SAVOIR

Il est préférable de graisser la surface du pochoir (uniquement dessus) pour que le surplus de farine adhère. Le résultat sera ainsi plus net.

LES PAINS AROMATIQUES CAMPAGNE

PÂTE À PAIN AROMATIQUE

RECETTE DE BASE

POUR ENVIRON 3 000 g DE PÂTE

◇

INGRÉDIENTS

1 000 g de farine de tradition T65
350 g de farine de seigle T85
550 g de pâte fermentée
30 g de sel
12 g de levure
1 l d'eau de coulage

ÉTAPES DE FABRICATION

Température de base : **60 °C**
Pétrissage (pétrin à spirale) : **15 min en 1re vitesse, puis 1 min en 2de vitesse**
Température de la pâte : **24,5 °C**
Pointage : **1 h en bac à température ambiante**
Poids des pains : **différents suivant les mélanges**
Détente : **environ 20 min**

1 Dans la cuve du pétrin à spirale, disposez l'eau, la pâte fermentée et la levure. Ajoutez ensuite la farine de tradition T65, la farine de seigle T85 et le sel.

2 Pétrissez 15 minutes en 1re vitesse, puis 1 minute en 2de vitesse jusqu'à obtention d'une pâte lisse. À la fin du pétrissage, la température doit être de 24,5 °C.

3 À l'arrêt du pétrissage, mélangez immédiatement les différents ingrédients de votre choix en 1re vitesse.

4 Sortez la pâte du pétrin et laissez-la pointer en bac à température ambiante pendant 1 heure.

5 Pesez des pâtons du poids souhaité et laissez-les se détendre 20 minutes.

À SAVOIR

Le poids des pains est variable. Les pains individuels pèsent en moyenne 70 g et les autres 250 g. Veillez à ne pas laisser trop pousser la pâte pour qu'elle ne retombe pas à l'enfournement.

AVEYRONNAIS

POUR 5 BOULES DE 240 g

◇

INGRÉDIENTS

1000 g de pâte à pain aromatique
(voir recette page 214)
120 g + 50 g de roquefort
80 g de cerneaux de noix

ÉTAPES DE FABRICATION

Mélange (pétrin à spirale) des ingrédients en 1re vitesse
Pointage : **1 h en bac à température ambiante**
Poids des boules : **240 g**
Détente : **environ 20 min**
Façonnage : **à la main, boule, soudure à clair sur une toile non farinée**
Apprêt : **1 h 30 à 25 °C**
Lamage : **aucun**
Cuisson : **20 min à 250 °C**

1. Préparez la pâte à pain aromatique *(voir recette page 214)*.

2. Dans la cuve du pétrin à spirale, mélangez en 1re vitesse la pâte aromatique avec les 120 g de roquefort coupé en cubes et les noix.

3. Sortez la pâte du pétrin et laissez-la pointer en bac, à température ambiante, pendant 1 heure.

4. Pesez des pâtons de 240 g et laissez-les se détendre 20 minutes.

5. Façonnez à la main des boules.

6. Placez les boules soudure à clair sur une toile non farinée. Placez sur le dessus de chaque boule un petit morceau de roquefort que vous enfoncez légèrement.

7. L'apprêt est de 1 heure 30 à 25 °C avec un taux d'hygrométrie de 85 %.

8. Ne lamez pas les boules. Mettez-les sur une feuille de papier cuisson et directement sur la sole du four.

9. Dans un four à sole à 250 °C, avec de la buée à l'enfournement, faites cuire les boules pendant 20 minutes, oura fermé.

À SAVOIR
Ne mélangez pas trop le roquefort, car c'est un fromage fragile qui peut vite coller.

PAIN LARDONS-PRUNEAUX-ABRICOTS

POUR 4 BÂTARDS DE 300 g

◇

INGRÉDIENTS

1 000 g de pâte à pain aromatique
(voir recette page 214)
80 g de lardons fumés revenus
80 g d'abricots secs moelleux
140 g de pruneaux

ÉTAPES DE FABRICATION

Mélange (pétrin à spirale) des ingrédients en 1re vitesse
Pointage : **1 h en bac à température ambiante**
Poids des bâtards : **300 g**
Détente : **environ 20 min**
Façonnage : **à la main, bâtard, soudure à gris en banneton**
Apprêt : **1 h 30 à 25 °C**
Lamage : **en feuilles**
Cuisson : **25 min à 250 °C, puis 10 min à 220 °C**

1 Préparez la pâte à pain aromatique *(voir recette page 214)*.

2 Dans la cuve du pétrin à spirale, mélangez en 1re vitesse la pâte avec les lardons préalablement revenus à la poêle, les abricots secs moelleux coupés en dés et les pruneaux dénoyautés, coupés en 2.

3 Sortez la pâte du pétrin et laissez-la pointer en bac à température ambiante pendant 1 heure.

4 Pesez des pâtons de 300 g et laissez-les se détendre 20 minutes.

5 Façonnez à la main des bâtards et disposez-les, soudure à gris, dans des bannetons en osier dur.

6 L'apprêt est de 1 heure 30 à 25 °C avec un taux d'hygrométrie de 85 %.

7 Retournez les bâtards et lamez-les en feuilles très peu profondément.

8 Dans un four à sole à 250 °C, avec de la buée à l'enfournement, faites cuire les bâtards pendant 25 minutes, oura fermé, puis 10 minutes à 220 °C.

À SAVOIR

Pour ne pas obtenir des pains trop colorés et pas assez cuits, baissez la température du four et prolongez la cuisson d'environ 10 minutes comme indiqué ci-dessus.

PAIN MENDIANT

POUR 3 BÂTARDS DE 400 g

INGRÉDIENTS

1 000 g de pâte à pain aromatique
(voir recette page 214)
50 g de cubes d'oranges confites
5 g de zestes de citron jaune
50 g d'amandes entières
40 g de noisettes décortiquées
60 g d'abricots secs moelleux
30 g de pistaches vertes entières décortiquées
70 g de miel toutes fleurs

ÉTAPES DE FABRICATION

Mélange (pétrin à spirale) des ingrédients en 1re vitesse
Pointage : **1 h en bac à température ambiante**
Poids des bâtards : **400 g**
Détente : **environ 20 min**
Façonnage : **à la main, bâtard long dans de la semoule vêtue, soudure à clair en banneton**
Apprêt : **1 h 30 à 25 °C**
Lamage : **aucun**
Cuisson : **25 min à 250 °C, puis 10 min à 220 °C**

1 La veille, faites macérer tous les fruits dans le miel.

2 Le jour même, préparez la pâte à pain aromatique *(voir recette page 214)*.

3 Dans la cuve du pétrin à spirale, mélangez en 1re vitesse la pâte aromatique avec les fruits macérés dans le miel.

4 Sortez la pâte du pétrin et laissez-la pointer en bac à température ambiante pendant 1 heure.

5 Pesez des pâtons de 400 g et laissez-les se détendre 20 minutes.

6 Façonnez à la main des bâtards relativement longs dans de la semoule vêtue et disposez-les, soudure à clair, dans des bannetons en osier dur.

7 L'apprêt est de 1 heure 30 à 25 °C avec un taux d'hygrométrie de 85 %.

8 Retournez les bâtards.

9 Ne lamez pas les bâtards.
CONSEIL : il est inutile de lamer les bâtards, car la soudure éclatera naturellement au four.

10 Dans un four à sole à 250 °C, avec de la buée à l'enfournement, faites cuire les bâtards pendant 25 minutes, oura fermé, puis 10 minutes à 220 °C.

À SAVOIR
Pour ne pas obtenir des pains trop colorés et pas assez cuits, baissez la température du four et prolongez la cuisson d'environ 10 minutes comme indiqué ci-dessus.

FENDU AUX DATTES ET CACAHUÈTES

POUR 5 PAINS DE 250 g

◇

INGRÉDIENTS

1 000 g de pâte à pain aromatique
(voir recette page 214)
250 g de dattes coupées en morceaux
100 g de cacahuètes grillées salées

ÉTAPES DE FABRICATION

Mélange (pétrin à spirale) des ingrédients en 1re vitesse
Pointage : **1 h en bac à température ambiante**
Poids des pains : **250 g**
Détente : **environ 15 min**
Façonnage : **fendu, soudure à gris sur une toile farinée**
Apprêt : **1 h 30 à 25 °C**
Lamage : **aucun**
Cuisson : **25 min à 250 °C, puis 10 min à 220 °C**

1 Préparez la pâte à pain aromatique *(voir recette page 214)*.

2 Dans la cuve du pétrin à spirale, mélangez en 1re vitesse la pâte aromatique avec les dattes coupées en morceaux et les cacahuètes.

3 Sortez la pâte du pétrin et laissez-la pointer en bac à température ambiante pendant 1 heure.

4 Pesez des pâtons de 250 g et donnez-leur une forme de boule. Laissez les boules se détendre pendant 15 minutes.

5 Fendez les boules en deux à l'aide d'un petit rouleau. Disposez-les soudure à gris sur une toile farinée.

6 L'apprêt est de 1 heure 30 à 25 °C avec un taux d'hygrométrie de 85 %.

7 Retournez les pains sur le tapis du four. Ne les lamez pas.

8 Dans un four à sole à 250 °C, avec beaucoup de buée à l'enfournement, faites cuire les pains pendant 25 minutes, oura fermé, puis 10 minutes à 220 °C.

À SAVOIR

Pour ne pas obtenir des pains trop colorés et pas assez cuits, baissez la température du four et prolongez la cuisson d'environ 10 minutes comme indiqué ci-dessus.

CHRISTOPHE MORET

Chef exécutif du Shangri-La Hôtel,
La Bauhinia (Paris)

Le pain, c'est le partage, la convivialité et la générosité.

LE PAIN DE L'ENFANCE

Je suis très attaché à la symbolique du pain, qu'elle soit religieuse, sociale ou familiale. Je suis issu d'une famille d'ouvriers où la baguette faisait partie de notre quotidien. Mon père prenait sa voiture pour nous rapporter du bon pain. Dans les boulangeries de village, il n'y avait pas le choix dont nous disposons actuellement, mais c'était un incontournable des repas familiaux. Aujourd'hui encore, je ne peux envisager une journée sans pain. À la maison, je me régale du pain au levain de mon épouse. Nous avons même investi dans une petite chambre de pousse et nous faisons des essais avec des farines d'épeautre, de châtaigne… Le pain, c'est le partage, la convivialité et la générosité.

UN « BON » PAIN ?

Quoi de plus savoureux qu'une bonne croûte craquante ! C'est la caramélisation, avec la fameuse réaction de Maillard, qui va donner du goût au pain. Je suis toujours étonné d'entendre dans les boulangeries des clients demander « un pain pas trop cuit » ! Nous avons la chance en France d'avoir un savoir-faire boulanger incroyable. Sur le pourtour méditerranéen, on fait des pains différents, très intéressants, mais je n'ai jamais trouvé ailleurs d'équivalent au pain à la française.

EN CUISINE ET À TABLE !

Quand j'ai commencé à travailler avec Frédéric Lalos, je voulais des baguettes en épis, en souvenir des goûters de mon enfance. J'aimais bien l'idée de débuter le repas avec un pain « à la croque » accompagné d'un délicieux beurre breton. Le geste de rompre le pain, à l'image de toute la gestuelle du boulanger, est superbe. Un bon pain et un bon beurre, c'est déjà un repas ! Au restaurant, nous proposons désormais des boules d'environ 500 grammes, dans l'idée d'avoir de la croûte. J'aime le mélange froment et sarrasin, comme la baguette de Frédéric, parsemée de semoule de blé vêtue. Elle est divine ! La précision et le geste du boulanger sont très proches de nos pratiques de cuisinier. Nous travaillons sur une matière vivante qui peut changer tous les jours et évoluer à chaque instant. Cela nous oblige à respecter le produit et une certaine temporalité, avec les temps de pousse et de cuisson, tout en étant très réactifs. Cette matière qui nous est offerte, il faut la regarder, la toucher, l'écouter, la comprendre.

« PARCE QUE C'ÉTAIT LUI, PARCE QUE C'ÉTAIT MOI »

Frédéric Lalos, c'est la curiosité incarnée ! Il est Meilleur Ouvrier de France, mais on sent bien que rien n'est acquis pour lui. Il reste ouvert et n'écarte jamais aucune demande, aussi insolite soit-elle. Il est toujours prêt à essayer : on teste, on goûte, on échange, on rectifie. On joue sur les types de farines et les variétés de céréales, selon les plats ; on intègre parfois d'autres ingrédients. Par exemple, je lui ai demandé un pain façon mendiant avec des fruits secs pour accompagner les fromages. Et pour les « dîners 100 % green » du Shangri-La, à partir d'un thème ou d'une envie, Frédéric sait nous décliner des propositions de formes, avec des matières premières différentes, des aromatisations de saison. Et son talent, au-delà de la qualité remarquable de ses pains et de ses viennoiseries, c'est la régularité et la fiabilité. Comme pour un chef, c'est la constance qui est la plus dure à tenir.

NOIX ET DEUX RAISINS

POUR 5 BÂTARDS DE 250 g

INGRÉDIENTS

1000 g de pâte à pain aromatique
(voir recette page 214)
120 g de cerneaux de noix
70 g de raisins secs blonds
70 g de raisins secs noirs

ÉTAPES DE FABRICATION

Mélange (pétrin à spirale) des ingrédients en 1re vitesse
Pointage : **1 h en bac à température ambiante**
Poids des bâtards : **250 g**
Détente : **environ 15 min**
Façonnage : **bâtard court, soudure à clair sur une toile non farinée**
Apprêt : **1 h 30 à 25 °C**
Lamage : **aucun**
Cuisson : **25 min à 250 °C, puis 10 min à 220 °C**

1 Préparez la pâte à pain aromatique *(voir recette page 214)*.

2 Dans la cuve du pétrin à spirale, mélangez en 1re vitesse la pâte aromatique avec les noix, les raisins secs blonds et noirs préalablement trempés dans de l'eau.
CONSEIL : réhydratez les raisins secs pour les laver et leur apporter de l'humidité que le pain conservera. La mie sera ainsi plus humide.

3 Sortez la pâte du pétrin et laissez-la pointer en bac à température ambiante pendant 1 heure.

4 Pesez des pâtons de 250 g et donnez-leur une forme ronde. Laissez-les se détendre pendant 15 minutes.

5 Façonnez des bâtards courts. Disposez-les, soudure à clair, sur une toile non farinée.

6 L'apprêt est de 1 heure 30 à 25 °C avec un taux d'hygrométrie de 85 %.

7 Ne lamez pas les bâtards.

8 Dans un four à sole à 250 °C, avec beaucoup de buée à l'enfournement, faites cuire les bâtards pendant 25 minutes, oura fermé, puis 10 minutes à 220 °C.

À SAVOIR
Pour ne pas obtenir des pains trop colorés et pas assez cuits, baissez la température du four et prolongez la cuisson d'environ 10 minutes comme indiqué ci-dessus.

FONDANT

POUR ENVIRON 3 BÂTARDS DE 400 g

◇

INGRÉDIENTS

1 000 g de pâte à pain aromatique
(voir recette page 214)
210 g d'abricots secs moelleux
210 g d'amandes entières
80 g de miel corse

ÉTAPES DE FABRICATION

Mélange (pétrin à spirale) des ingrédients en 1re vitesse
Pointage : **1 h en bac à température ambiante**
Poids des bâtards : **400 g**
Détente : **environ 15 min**
Façonnage : **à la main, bâtard, soudure à clair sur une toile non farinée**
Apprêt : **1 h 30 à 25 °C**
Lamage : **aucun**
Cuisson : **30 min à 250 °C, puis 10 min à 220 °C**

1 La veille, faites macérer les abricots secs moelleux et les amandes entières avec le miel.

2 Le jour même, préparez la pâte à pain aromatique *(voir recette page 214)*.

3 Dans la cuve du pétrin à spirale, mélangez en 1re vitesse la pâte aromatique avec les fruits macérés dans le miel.

4 Sortez la pâte du pétrin et laissez-la pointer en bac à température ambiante pendant 1 heure.

5 Pesez des pâtons de 400 g et donnez-leur une forme allongée. Laissez-les se détendre pendant 15 minutes.

6 Façonnez à la main des bâtards, disposez-les soudure à clair, sur une toile non farinée.

7 L'apprêt est de 1 heure 30 à 25 °C avec un taux d'hygrométrie de 85 %.

8 Ne lamez pas les bâtards.

9 Dans un four à sole à 250 °C, avec beaucoup de buée à l'enfournement, faites cuire les bâtards pendant 30 minutes, oura fermé, puis 10 minutes à 220 °C.

À SAVOIR

Pour ne pas obtenir des pains trop colorés et pas assez cuits, baissez la température du four et prolongez la cuisson d'environ 10 minutes comme indiqué ci-dessus.
Vous pouvez faire torréfier légèrement les amandes entières pour obtenir encore plus de saveurs.

CHIPS DE PAIN

INGRÉDIENTS

1000 g de pâte à pain aromatique
(voir recette page 214)
185 g d'abricots secs moelleux, coupés en morceaux
185 g de raisins secs blonds

ÉTAPES DE FABRICATION

Mélange (pétrin à spirale) des ingrédients en 1re vitesse
Pointage : **45 min en bac à température ambiante**
Poids du pâton : **1370 g**
Détente : **environ 20 min**
Façonnage : **étalé en rectangle**
Apprêt : **2 h 30 à 25 °C**
Lamage : **aucun**
Cuisson : **30 min à 250 °C, puis 20 min à 180 °C**

1 Préparez la pâte à pain aromatique *(voir recette page 214)*.

2 Dans la cuve du pétrin à spirale, mélangez en 1re vitesse la pâte aromatique avec les abricots secs moelleux et les raisins secs blonds.

3 Sortez la pâte du pétrin et laissez-la pointer en bac à température ambiante pendant 45 minutes.

4 Donnez-lui une forme rectangulaire et laissez-la se détendre environ 20 minutes.

5 Abaissez le pâton en un rectangle de 40 cm sur 13 cm.

6 L'apprêt est de 2 heures 30 à 25 °C avec un taux d'hygrométrie de 85 %.

7 Ne lamez pas le pâton et posez-le directement sur la sole du four.

8 Dans un four à sole à 250 °C, avec de la buée à l'enfournement, faites cuire le pain pendant 30 minutes, oura fermé, puis 20 minutes à 180 °C pour le faire sécher.

9 Le lendemain, le pain pourra être tranché en fines lamelles à la trancheuse à jambon.

À SAVOIR
Ces chips peuvent servir de support pour de petits toasts garnis.

PAIN NORMAND

POUR 8 BÂTARDS DE 400 g

INGRÉDIENTS

1 000 g de farine de tradition T65
130 g de farine de seigle T130
255 g de farine complète
255 g de pâte fermentée
28 g de sel
30 g de levure
255 g de compote de pommes refroidie
500 g de pommes fraîches en cubes, crues et pelées
0,75 l de cidre

ÉTAPES DE FABRICATION

Température de base : **50 °C**
Pétrissage (pétrin à spirale) : **5 min en 1re vitesse, puis 4 min en 2de vitesse, puis en 1re vitesse avec les pommes en cubes**
Température de la pâte : **24,5 °C**
Pointage : **1 h en bac à température ambiante**
Poids des bâtards : **400 g**
Détente : **environ 20 min**
Façonnage : **à la main, bâtard, soudure à clair sur une toile non farinée**
Apprêt : **2 h à 25 °C**
Lamage : **aucun**
Cuisson : **20 min à 250 °C, puis 15 min à 200 °C**

1 Dans la cuve du pétrin à spirale, disposez le cidre, la levure et la pâte fermentée. Ajoutez ensuite la farine de tradition T65, la farine de seigle T130, la farine complète, la compote de pommes et le sel.

2 Pétrissez 5 minutes en 1re vitesse, puis 4 minutes en 2de vitesse jusqu'à obtention d'une pâte lisse. À la fin du pétrissage, ajoutez en 1re vitesse les pommes fraîches en cubes pour un simple mélange. La température doit être de 24,5 °C.
CONSEIL : utilisez des pommes à la chair bien ferme. Ne faites pas revenir les pommes à la poêle, car elles seraient trop molles et se transformeraient en compote à la cuisson.

3 Sortez la pâte du pétrin et laissez-la pointer en bac à température ambiante pendant 1 heure.

4 Pesez des pâtons de 400 g et laissez-les se détendre 20 minutes.

5 Façonnez à la main des bâtards.

6 Placez les bâtards, soudure à clair, sur une toile non farinée.

7 L'apprêt est de 2 heures à 25 °C avec un taux d'hygrométrie de 85 %.

8 Dans un four à sole à 250 °C, avec de la buée à l'enfournement, faites cuire les bâtards pendant 20 minutes, oura fermé, puis finissez la cuisson à 200 °C pendant 15 minutes.

À SAVOIR
Ce pain très riche en sucre doit finir de cuire à 200 °C pour qu'il ne se colore pas trop et ne ramollisse pas.

SEIGLE CITRON

POUR 4 BOULES DE 300 g

◇

INGRÉDIENTS

1 000 g de pâte de seigle
sur pâte fermentée
(voir recette page 164)
140 g de cubes de citron confit
100 g de zestes de citron vert
25 g de jus de citron vert (ou jaune)

ÉTAPES DE FABRICATION

Mélange (pétrin à spirale)
des ingrédients en 1re vitesse
Pointage : **1 heure en bac**
à température ambiante
Poids des boules : **300 g**
Détente : **environ 10 min**
Façonnage : **à la main, boule,**
soudure à clair sur une toile non farinée
Lamage : **en étoile**
Apprêt : **1 h à 25 °C**
Cuisson : **40 min à 250 °C,**
puis 10 min à 220 °C

1 Préparez la pâte de seigle sur pâte fermentée *(voir recette page 164)*.

2 Dans la cuve du pétrin à spirale, mélangez en 1re vitesse la pâte de seigle sur pâte fermentée avec les cubes de citron confit, les zestes et le jus.

3 Sortez la pâte du pétrin et laissez-la pointer en bac à température ambiante pendant 1 heure.

4 Pesez des pâtons de 300 g sans les préfaçonner. Laissez-les se détendre pendant 10 minutes.

5 Façonnez à la main des boules. Disposez-les, soudure à clair, sur une toile non farinée.

6 À l'aide d'un tamis, farinez les boules, puis lamez-les en 6 pour former une étoile.

7 L'apprêt est d'1 heure à 25 °C avec un taux d'hygrométrie de 85 %.

8 Dans un four à sole à 250 °C, avec beaucoup de buée à l'enfournement, faites cuire les boules pendant 40 minutes, oura fermé, puis 10 minutes à 220 °C.

À SAVOIR

Pour ne pas obtenir des pains trop colorés et pas assez cuits, baissez la température du four et prolongez la cuisson d'environ 10 minutes comme indiqué ci-dessus.
Vous pouvez décliner cette recette avec des cubes, des zestes et un jus d'orange.

LES PAINS AROMATIQUES
CIABATTA

CIABATTA NATURE

RECETTE DE BASE

POUR 11 CIABATTAS D'ENVIRON 250 g

INGRÉDIENTS

1 500 g de farine de tradition T65
35 g de sel
15 g de levure
15 g de gluten
100 g d'huile d'olive
1 l d'eau de coulage

ÉTAPES DE FABRICATION

Température de base : **56 °C**
Pétrissage (pétrin à spirale) : **6 min en 1re vitesse, puis 4 + 4 min en 2de vitesse avec l'huile d'olive**
Température de la pâte : **27 °C**
Pointage : **2 h en bac avec 1 rabat au bout de 1 h**
Poids des ciabattas : **environ 250 g**
Détente : **aucune**
Apprêt : **1 h à 25 °C**
Façonnage : **coupé au couteau de tour à l'enfournement**
Lamage : **aucun**
Cuisson : **18 min à 250 °C**

1 Dans la cuve du pétrin à spirale, disposez l'eau de coulage et la levure. Ajoutez ensuite la farine de tradition T65, le gluten et le sel.

2 Pétrissez 6 minutes en 1re vitesse, puis 4 minutes en 2de vitesse jusqu'à obtention d'une pâte bien tissée. Incorporez l'huile d'olive en 1re vitesse, puis pétrissez de nouveau 4 minutes en 2de vitesse jusqu'à obtention d'une pâte lisse. À la fin du pétrissage, la température doit être de 27 °C.

CONSEIL : il est important d'obtenir une pâte très chaude (27 °C) afin qu'elle fermente bien et prenne de la force.

3 Sortez la pâte du pétrin et laissez-la pointer 2 heures en bac avec un rabat au bout de 1 heure.

4 Étalez la pâte avec le bout des doigts sur une toile légèrement farinée sans trop la dégazer.

5 L'apprêt est de 1 heure à 25 °C avec un taux d'hygrométrie de 85 %.

6 Détaillez avec un couteau de tour des formes rectangulaires selon le poids désiré et disposez-les délicatement sur le tapis du four.

7 Ne lamez pas les ciabattas.

8 Dans un four à sole à 250 °C, avec de la buée à l'enfournement, faites cuire les ciabattas pendant 18 minutes, oura fermé.

À SAVOIR

**L'incorporation de l'huile d'olive dans la pâte donne du moelleux à la mie et favorise une bonne conservation du pain.
Avec une précuisson, vous obtiendrez un pain idéal pour confectionner des paninis.
À partir de cette recette, vous pouvez réaliser toutes sortes de pains variés : des associations classiques (aux olives, aux herbes de Provence…) aux plus inédites (aux quatre-épices, au curcuma…).**

PAIN BARBECUE

POUR 8 TRIANGLES DE 280 g

◇

INGRÉDIENTS

2 000 g de pâte à ciabatta nature
(voir recette page 238)
320 g de dés de poivrons marinés
80 g de tomates confites

ÉTAPES DE FABRICATION

Mélange (pétrin à spirale) des ingrédients en 1re vitesse
Pointage : **2 h en bac à température ambiante avec 1 rabat au bout de 1 heure**
Poids des triangles : **280 g**
Détente : **aucune**
Apprêt : **1 h à 25 °C**
Façonnage : **coupé au couteau de tour en triangle**
Lamage : **aucun**
Cuisson : **20 min à 250 °C**

1 Préparez la pâte à ciabatta nature *(voir recette page 238)*.

2 Dans la cuve du pétrin à spirale, mélangez en 1re vitesse la pâte à ciabatta nature avec les poivrons marinés et les tomates confites coupées aux ciseaux en petits morceaux.
CONSEIL : à chaque fois que vous intégrez d'autres ingrédients dans la pâte, veillez à obtenir une préparation homogène sans réduire ces ingrédients en purée.

3 Sortez la pâte du pétrin et laissez-la pointer en bac à température ambiante pendant 2 heures et donnez-lui un rabat au bout de 1 heure.

4 Sur une toile farinée, étalez délicatement la pâte avec les mains en un rectangle de 25 cm sur 42 cm.

5 L'apprêt est de 1 heure à 25 °C avec un taux d'hygrométrie de 85 %.

6 À l'aide d'un couteau de tour, détaillez des triangles de 24 cm sur 11 cm.

7 Ne lamez pas les triangles.

8 Dans un four à sole à 250 °C, avec de la buée à l'enfournement, faites cuire les triangles pendant 20 minutes, oura fermé.

À SAVOIR
Égouttez bien les poivrons et les tomates confites avant de les incorporer à la pâte.

FOCACCIA ABRICOT-ROMARIN

POUR 10 FOCACCIAS DE 250g

◇

INGRÉDIENTS

2500g de pâte à ciabatta nature
(voir recette page 238)
10 abricots frais en dés
50g de romarin séché
Huile d'olive

ÉTAPES DE FABRICATION

Mélange (pétrin à spirale) des ingrédients en 1re vitesse
Pointage : **1h en bac à température ambiante**
Poids des focaccias : **250g**
Détente : **environ 15min**
Façonnage : **disque badigeonné d'huile d'olive**
Apprêt : **1h à 25 °C**
Lamage : **aucun**
Cuisson : **20min à 250 °C**

1 Préparez la pâte à ciabatta nature *(voir recette page 238)*.

2 Dans la cuve du pétrin à spirale, mélangez en 1re vitesse la pâte à ciabatta nature avec le romarin séché.

3 Sortez la pâte du pétrin et laissez-la pointer en bac à température ambiante pendant 1 heure.

4 Pesez des pâtons de 250g. Donnez-leur une forme de boule et laissez-les se détendre pendant 15 minutes.

5 Sur une plaque noire recouverte d'une feuille de papier cuisson, badigeonnez le dessus des boules d'huile d'olive et étalez-les avec les doigts en un disque de 20cm de diamètre.

6 Répartissez les dés d'abricot sur toute la surface des focaccias et parsemez légèrement de romarin.

7 L'apprêt est de 1 heure à 25 °C avec un taux d'hygrométrie de 85 %.

8 Ne lamez pas les focaccias.

9 Dans un four à sole à 250 °C, avec de la buée à l'enfournement, faites cuire les focaccias pendant 20 minutes, oura fermé.

À SAVOIR

À la sortie du four, badigeonnez de nouveau d'huile d'olive les ciabattas pour les rendre plus brillantes et leur apporter une petite touche de moelleux.

PAIN À LA MOUTARDE

POUR 10 PAINS DE 250 g

◇

INGRÉDIENTS

2030 g de pâte à ciabatta nature
(voir recette page 238)
210 g de moutarde à l'ancienne
260 g de jambon cru
Huile d'olive

—◆—

ÉTAPES DE FABRICATION

Mélange (pétrin à spirale) des ingrédients en 1re vitesse
Pointage : **10 min en bac à température ambiante**
Poids des pains : **250 g**
Détente : **environ 1 h**
Façonnage : **disque badigeonné d'huile d'olive**
Apprêt : **1 h 20 à 25 °C**
Lamage : **aucun**
Cuisson : **20 min à 250 °C**

1 Préparez la pâte à ciabatta nature *(voir recette page 238)*.

2 Dans la cuve du pétrin à spirale, mélangez en 1re vitesse la pâte à ciabatta nature avec la moutarde à l'ancienne et le jambon cru émincé.

3 Sortez la pâte du pétrin et laissez-la pointer en bac à température ambiante pendant 10 minutes.

4 Pesez des pâtons de 250 g. Donnez-leur une forme de boule et posez-les sur des plaques noires recouvertes d'une feuille de papier cuisson.

5 Laissez-les se détendre pendant 1 heure. Badigeonnez au pinceau le dessus des boules d'huile d'olive et étalez-les avec les doigts en un disque de 15 cm.

6 L'apprêt est de 1 h 20 à 25 °C avec un taux d'hygrométrie de 85 %.

7 Ne lamez pas les pains.

8 Dans un four à sole à 250 °C, avec de la buée à l'enfournement, faites cuire les pains pendant 20 minutes, oura fermé.

À SAVOIR

Lorsque vous formez les boules, veillez à bien incorporer le jambon pour qu'il ne reste pas en surface et ne sèche pas.
Ne mettez pas plus de 4 pâtons par plaque.

ESTIVALE

POUR 8 CIABATTAS DE 250 g

INGRÉDIENTS

1 460 g de pâte à ciabatta nature
(voir recette page 238)
180 g de tomates confites
180 g d'emmental en cubes
90 g de cœurs d'artichaut
90 g de tête de brocolis frais
Huile d'olive
Semoule de blé dur

ÉTAPES DE FABRICATION

Mélange (pétrin à spirale) des ingrédients en 1re vitesse
Pointage : **1 h en bac à température ambiante**
Poids des ciabattas : **250 g**
Détente : **environ 15 min**
Façonnage : **boule, puis disque saupoudré de semoule de blé dur**
Apprêt : **1 h à 25 °C**
Lamage : **aucun**
Cuisson : **20 min à 250 °C**

1 Préparez la pâte à ciabatta nature *(voir recette page 238)*.

2 Dans la cuve du pétrin à spirale, mélangez en 1re vitesse la pâte à ciabatta nature, les tomates confites coupées aux ciseaux en morceaux, l'emmental en cubes, les cœurs d'artichaut coupés en morceaux ainsi que les brocolis frais et blanchis.

3 Sortez la pâte du pétrin et laissez-la pointer en bac à température ambiante pendant 1 heure.

4 Pesez des pâtons de 250 g. Donnez-leur une forme de boule et posez-les sur des plaques noires recouvertes d'une feuille de papier cuisson badigeonnée d'huile d'olive.

5 Laissez les pâtons se détendre pendant 15 minutes, puis étalez-les avec les doigts en un disque de 17 cm. Saupoudrez le dessus de semoule de blé dur.

6 L'apprêt est de 1 heure à 25 °C avec un taux d'hygrométrie de 85 %.

7 Ne lamez pas les ciabattas.

8 Dans un four à sole à 250 °C, avec de la buée à l'enfournement, faites cuire les ciabattas pendant 20 minutes, oura fermé.

À SAVOIR

Ne mettez surtout pas d'huile d'olive sur le dessus des pâtons, car cela empêcherait la semoule d'adhérer. Disposez 4 pâtons maximum par plaque.

RECTANGLE AIL-CIBOULETTE

POUR 7 CIABATTAS D'ENVIRON 150 g

◇

INGRÉDIENTS

1 000 g de pâte à ciabatta nature
(voir recette page 238)
12 g d'ail semoule
20 g de ciboulette fraîche

ÉTAPES DE FABRICATION

Mélange (pétrin à spirale) des ingrédients en 1re vitesse
Pointage : **2 h en bac à température ambiante avec 1 rabat au bout de 1 h**
Poids des ciabattas : **environ 150 g**
Détente : **aucune**
Façonnage : **coupé au couteau de tour en rectangle**
Apprêt : **1 h à 25 °C**
Lamage : **aucun**
Cuisson : **15 min à 250 °C**

1 Préparez la pâte à ciabatta nature *(voir recette page 238)*.

2 Dans la cuve du pétrin à spirale, mélangez en 1re vitesse la pâte à ciabatta nature avec l'ail et la ciboulette fraîche ciselée.

3 Sortez la pâte du pétrin. Laissez-la pointer en bac à température ambiante pendant 2 heures, puis donnez-lui un rabat au bout de 1 heure.

4 Sur une toile farinée, étalez délicatement la pâte avec les mains en un rectangle de 36 cm sur 21 cm.

5 L'apprêt est de 1 heure à 25 °C avec un taux d'hygrométrie de 85 %.

6 Coupez les rectangles au couteau de tour de 20 cm sur 5 cm.

7 Ne lamez pas les ciabattas.

8 Dans un four à sole à 250 °C, avec de la buée à l'enfournement, faites cuire les ciabattas pendant 15 minutes, oura fermé.

À SAVOIR
L'ail a tendance à déstructurer la pâte et la rendre ainsi plus fragile. Surveillez bien votre pâte.

ÉRIC TROCHON

Un des Meilleurs Ouvriers de France Cuisine
Solstice* (Paris)

Le temps du pain, incompressible, est une valeur absolue.

« Mes nombreux voyages dans le monde m'ont montré combien le pain était ancré dans notre tradition, avec la variété dont nous disposons et notre goût pour le croustillant. Ces trente dernières années, nous avons fait des progrès considérables en termes de qualité boulangère. Frédéric Lalos est, selon moi, l'un des plus grands boulangers actuels. Il a bien réfléchi à ce qu'est le pain, à sa place dans notre alimentation, mais aussi à la fermentation et à ce qui fait le pain en général. Avant même d'être Meilleur Ouvrier de France, j'étais allé dans l'une de ses boutiques et j'avais été impressionné par l'excellence de son travail. Et dans le contexte actuel, il est réconfortant de voir des professionnels qui transmettent des valeurs humaines. En tant que chef, le pain est un souci quotidien et une quête infinie pour atteindre la qualité optimale en collaboration avec un artisan. Il faut qu'il ait de la personnalité, qu'il soit équilibré pour être présent sans prendre le pas sur les mets. Il doit être un bon compagnon, le « co-pain ». Il est la signature du fait maison, de son attention aux produits et donc aux clients. J'aime le pain entier que l'on tranche en cuisine. À l'image de la manière dont je travaille mes plats au restaurant, en proposant des pièces de viande et des poissons entiers, le pain est offert en belles tranches pour être partagé. N'oublions pas que c'était la nourriture du peuple, et parfois l'unique aliment qui assure la vie. Il est donc essentiel au sens propre. Il faut prendre en compte la temporalité particulière du pain, celle de la fermentation, de la pousse… On ne presse pas le pain ! Le temps du pain, incompressible, est une valeur absolue. On ne fait pas un pain minute. Le temps du boulanger n'est pas celui de la cuisine. Et comme pour tous nos produits, il nous faut adopter une démarche vertueuse en respectant tous les acteurs de la filière, du cultivateur au meunier jusqu'à l'artisan boulanger, et en connaissant leur travail. Cela fait écho à notre Solstice, ce nom soigneusement choisi pour mon restaurant afin de célébrer le Soleil et la Terre. Le bon pain ne pousse pas hors sol ! Le pain nous amène dans un univers particulièrement sensoriel, d'une grande sensualité, au cœur du vivant. J'adore l'odeur des fournils avec les parfums de levure et de fermentation. Mon plaisir matinal, c'est la tranche de pain grillée, encore tiède, simplement beurrée. Avant même de la porter en bouche, la croûte est un délice pour les yeux. Le pain convoque tous nos sens. »

PAIN FIGUES-QUATRE-ÉPICES

POUR 5 PAINS DE 200 g

◇

INGRÉDIENTS

1000 g de pâte à ciabatta nature
(voir recette page 238)
70 g de figues séchées
2 g de quatre-épices
Huile d'olive

ÉTAPES DE FABRICATION

Mélange (pétrin à spirale) des ingrédients en 1re vitesse
Pointage : **30 min en bac à température ambiante**
Poids des pains : **200 g**
Façonnage : **boule sur des plaques noires**
Détente : **environ 30 min**
Apprêt : **1 h 30 à 25 °C**
Lamage : **aucun**
Cuisson : **15 min à 250 °C**

1 Préparez la pâte à ciabatta nature *(voir recette page 238)*.

2 Dans la cuve du pétrin à spirale, mélangez en 1re vitesse la pâte à ciabatta nature et le quatre-épices. Ajoutez ensuite les figues séchées coupées en morceaux.

3 Sortez la pâte du pétrin et laissez-la pointer en bac à température ambiante pendant 30 minutes.

4 Pesez des pâtons de 200 g. Donnez-leur une forme de boule et posez-les sur des plaques noires recouvertes d'une feuille de papier cuisson badigeonnée d'huile d'olive.

5 Laissez-les se détendre pendant 30 minutes et étalez-les avec les doigts en un disque pas trop fin.

6 L'apprêt est de 1 heure 30 à 25 °C avec un taux d'hygrométrie de 85 %.

7 Ne lamez pas les pains.

8 Dans un four à sole à 250 °C, avec de la buée à l'enfournement, faites cuire les pains pendant 15 minutes, oura fermé. À la sortie du four, badigeonnez d'huile d'olive les pains.

À SAVOIR

**Soyez très précis dans la pesée du quatre-épices.
Ne disposez pas plus de 4 pains par plaque.**

MARGUERITE OLIVES NOIRES-HERBES DE PROVENCE

POUR 6 MARGUERITES DE 440 g

◇

INGRÉDIENTS

1 070 g + 900 g + 480 g de pâte à ciabatta nature *(voir recette page 238)*
10 g d'herbes de Provence
180 g d'olives noires dénoyautées

ÉTAPES DE FABRICATION

Mélange (pétrin à spirale) des ingrédients en 1re vitesse
Pointage : **30 min en bac à température ambiante**
Poids des marguerites : **440 g**
Détente : **environ 10 min**
Façonnage : **boule**
Apprêt : **2 h à 25 °C**
Lamage : **aucun**
Cuisson : **22 min à 250 °C**

1 Préparez la pâte à ciabatta nature *(voir recette page 238)*.

2 Dans la cuve du pétrin à spirale, mélangez en 1re vitesse les 1 070 g de pâte à ciabatta nature et les herbes de Provence. Sortez la pâte du pétrin et laissez-la pointer en bac à température ambiante pendant 30 minutes.

3 Mélangez ensuite les 900 g de pâte à ciabatta nature et les olives noires dénoyautées. Sortez la pâte du pétrin et laissez-la pointer en bac à température ambiante pendant 30 minutes.

4 Après 30 minutes de pointage également, divisez les 480 g de pâte à ciabatta nature en 6 pâtons de 80 g. Divisez la pâte à ciabatta aux herbes de Provence en 18 pâtons de 60 g. Divisez la pâte à ciabatta aux olives noires en 18 pâtons de 60 g.

5 Laissez-les se détendre pendant 10 minutes et formez 42 boules.

6 Dans 6 moules ronds en papier, disposez une boule nature au centre, puis successivement 6 boules de 60 g en alternant boules aux olives noires et boules aux herbes de Provence.

7 L'apprêt est de 2 heures à 25 °C avec un taux d'hygrométrie de 85 %.

8 Ne lamez pas les marguerites.

9 Dans un four à sole à 250 °C, avec de la buée à l'enfournement, faites cuire les marguerites pendant 22 minutes, oura fermé.

À SAVOIR
Soyez très précis dans la pesée des herbes de Provence.

FOUGASSE LARDONS-POIVRONS

POUR 12 FOUGASSES DE 300 g

INGRÉDIENTS

1 440 g de farine de tradition T65
360 g de farine de blé dur
35 g de sel
15 g de levure
180 g d'huile d'olive
1 l d'eau de coulage

Pour la marinade

180 g de poivrons marinés en lamelles
180 g de lardons revenus
70 g d'échalotes séchées
270 g d'huile d'olive
7 g de thym séché

ÉTAPES DE FABRICATION

Température de base : **58 °C**
Pétrissage (pétrin à spirale) :
7 min en 1re vitesse,
puis 3 min en 2de vitesse,
puis en 1re vitesse avec la marinade
Température de la pâte : **25 °C**
Pointage : **45 min en bac**
à température ambiante,
1 rabat, puis 12 h à 4 °C
Poids des fougasses : **300 g**
Détente : **environ 30 min**
Façonnage : **ovale**
Apprêt : **1 h 45 à 25 °C**
Lamage : **aucun**
Cuisson : **18 min à 250 °C**

1 Préparez la marinade : mélangez les poivrons et les échalotes, puis ajoutez les lardons revenus, le thym et l'huile d'olive. Filmez et laissez mariner environ 48 heures.

2 Dans la cuve du pétrin à spirale, disposez l'eau, l'huile d'olive et la levure. Ajoutez ensuite la farine de tradition T65, la farine de blé dur et le sel.

3 Pétrissez 7 minutes en 1re vitesse, puis 3 minutes en 2de vitesse jusqu'à obtention d'une pâte lisse. En 1re vitesse, incorporez la marinade. À la fin du pétrissage, la température doit être de 25 °C.

4 Sortez la pâte du pétrin et laissez-la pointer en bac à température ambiante pendant 45 minutes. Donnez-lui un rabat, puis réservez-la à 4 °C pendant 12 heures.

5 Pesez des pâtons de 300 g, donnez-leur une forme ovale. Disposez-les sur des plaques noires recouvertes d'une feuille de papier cuisson et laissez-les se détendre 30 minutes.

6 Dégazez légèrement le pâton et étalez la pâte avec le bout des doigts afin d'obtenir une belle forme ovale. À l'aide d'un coupe-pâte, réalisez 7 entailles : trois à droite, trois à gauche et une sur le sommet. Écartez les ouvertures de manière à former une fougasse.

7 L'apprêt est de 1 heure 45 minutes à 25 °C avec un taux d'hygrométrie de 85 %.

8 Ne lamez pas les fougasses.

9 Dans un four à sole à 250 °C, avec de la buée à l'enfournement, faites cuire les fougasses pendant 18 minutes, oura fermé.

À SAVOIR

L'huile d'olive incorporée dans la pâte apporte à la croûte de la brillance, à la mie du moelleux et favorise la conservation du pain. Ne mettez pas plus de 4 pâtons par plaque.

PAIN MIEL-CITRON

POUR 4 BÂTARDS DE 300 g

◇

INGRÉDIENTS
1 000 g de pâte tradition salée non bassinée
(voir recette page 72)
80 g de miel toutes fleurs
20 g d'huile d'olive
100 g de cubes de citrons confits

ÉTAPES DE FABRICATION
Mélange (pétrin à spirale) des ingrédients en 1re vitesse, puis 1 min en 2de vitesse, puis en 1re vitesse avec les cubes de citron
Pointage : **1 h en bac à température ambiante, 1 rabat, puis 12 h à 4 °C**
Poids des bâtards : **300 g**
Détente : **environ 15 min**
Façonnage : **à la main, bâtard de 22 cm, soudure à gris sur une toile légèrement farinée**
Apprêt : **1 h 30 à 25 °C**
Lamage : **en croix**
Cuisson : **25 min à 250 °C**

1 Préparez la pâte tradition salée non bassinée *(voir recette page 72)*.

2 À la fin du pétrissage en 2ce vitesse de la pâte tradition, prélevez 1 000 g de pâte.

3 Mélangez cette pâte avec le miel toutes fleurs et l'huile d'olive en 1re vitesse, puis pétrissez 1 minute en 2de vitesse.

4 Une fois la pâte lisse, incorporez les cubes de citrons confits en 1re vitesse en un simple mélange.

5 Sortez la pâte du pétrin et laissez-la pointer 1 heure en bac à température ambiante. Donnez-lui un rabat et réservez-la à 4 °C pendant 12 heures.

6 Pesez des pâtons de 300 g, puis donnez-leur une forme ronde et laissez-les se détendre pendant 15 minutes.

7 Façonnez à la main des bâtards de 22 cm de longueur.

8 Disposez-les sur une toile légèrement farinée, soudure à gris.

9 L'apprêt est de 1 heure 30 à 25 °C avec un taux d'hygrométrie de 85 %.
CONSEIL : placez les bâtards 10 minutes à 4 °C pour un meilleur craché au four.

10 Lamez les bâtards en croix en partant des deux extrémités.

11 Dans un four à sole à 250 °C, avec de la buée à l'enfournement, faites cuire les bâtards pendant 25 minutes, oura fermé.

À SAVOIR
Cette recette comprenant du miel, veillez à ce que les pains ne prennent pas trop de couleur. Pour éviter une coloration trop prononcée, vous pouvez baisser la température de la voûte du four en fin de cuisson.

TRADITION AU BASILIC

POUR ENVIRON 3 BÂTARDS DE 300 g

◇

INGRÉDIENTS

1 000 g de pâte tradition salée non bassinée
(voir recette page 72)
60 g d'huile d'olive
8 g de basilic séché

ÉTAPES DE FABRICATION

Mélange (pétrin à spirale) des ingrédients en 1re vitesse, puis 1 min en 2de vitesse, puis en 1re vitesse avec le basilic
Pointage : **1 h en bac à température ambiante, 1 rabat, puis 12 h à 4 °C**
Poids des bâtards : **300 g**
Détente : **environ 15 min**
Façonnage : **à la main, bâtard de 22 cm, soudure à gris sur une toile légèrement farinée**
Apprêt : **1 h 30 à 25 °C**
Lamage : **en saucisson**
Cuisson : **25 min à 250 °C**

1 Préparez la pâte tradition salée non bassinée *(voir recette page 72)*.

2 À la fin du pétrissage en 2de vitesse de la pâte tradition, prélevez 1 000 g de pâte.

3 Mélangez cette pâte avec l'huile d'olive en 1re vitesse, puis pétrissez 1 minute en 2de vitesse.

4 Une fois la pâte lisse, incorporez le basilic séché en 1re vitesse en un simple mélange.

5 Sortez la pâte du pétrin et laissez-la pointer 1 heure en bac à température ambiante. Donnez-lui un rabat et réservez-la à 4 °C pendant 12 heures.

6 Pesez des pâtons de 300 g, puis donnez-leur une forme ronde et laissez-les se détendre pendant 15 minutes.

7 Façonnez à la main des bâtards de 22 cm de longueur.

8 Disposez-les sur une toile légèrement farinée, soudure à gris.

9 L'apprêt est de 1 heure 30 à 25 °C avec un taux d'hygrométrie de 85 %.
CONSEIL : placez les bâtards 10 minutes à 4 °C pour un meilleur craché au four.

10 Lamez les bâtards en saucisson.

11 Dans un four à sole à 250 °C, avec de la buée à l'enfournement, faites cuire les bâtards pendant 25 minutes, oura fermé.

À SAVOIR
Pour des pains plus parfumés, faites macérer le basilic dans l'huile d'olive pendant 12 heures.

POTIMARRON

POUR 12 BÂTARDS DE 400 g

◇

INGRÉDIENTS

1 750 g de farine de tradition T65
440 g de farine complète
30 g de sel
25 g de levure
50 g de sucre
5 g de cannelle
800 g de purée de potimarron
(voir ci-dessous)
60 g d'huile d'olive
1 l d'eau de coulage
330 g de noisettes décortiquées
330 g de raisins secs blonds

Pour la purée de potimarron

800 g de chair de potimarron
200 g d'eau

ÉTAPES DE FABRICATION

Température de base : **56 °C**
Pétrissage (pétrin à spirale) :
5 min en 1re vitesse,
puis 4 min en 2de vitesse,
puis en 1re vitesse avec les noisettes
et les raisins secs blonds
Température de la pâte : **24 °C**
Pointage : **1 h en bac**
à température ambiante
Poids des bâtards : **400 g**
Détente : **environ 10 min**
Façonnage : **à la main, bâtard,**
soudure à clair en barquette de bois
Apprêt : **2 h 30 à 25 °C**
Lamage : **aucun**
Cuisson : **30 min à 250 °C,**
puis 10 min à 200 °C

1 *Préparez la purée de potimarron* : mettez le potimarron dans de l'eau bouillante pendant quelques minutes afin que la peau se ramollisse. Épluchez-le, coupez-le en deux et videz-le de ses graines. Taillez-le en dés. Faites cuire le potimarron dans la moitié de l'eau. Versez l'eau restante quand la chair devient sèche. Arrêtez la cuisson au bout de 20 minutes : le potimarron doit être tendre. Mixez le tout jusqu'à obtention d'une purée bien lisse. Laissez refroidir et réservez à 4 °C.

2 Dans la cuve du pétrin à spirale, disposez l'eau, l'huile d'olive, la purée de potimarron et la levure. Ajoutez ensuite la farine de tradition T65, la farine complète, la cannelle, le sucre et le sel.

3 Pétrissez 5 minutes en 1re vitesse, puis 4 minutes en 2de vitesse jusqu'à obtention d'une pâte bien lisse. Ajoutez ensuite les noisettes concassées et les raisins secs blonds en 1re vitesse. À la fin du pétrissage, la température doit être de 24 °C.

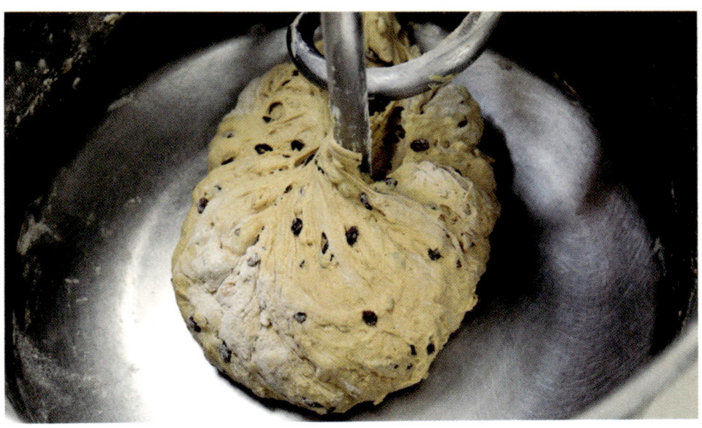

4 Sortez la pâte du pétrin. Laissez-la pointer en bac à température ambiante pendant 1 heure.

5 Pesez des pâtons de 400 g. Donnez-leur une forme ronde et laissez-les se détendre 10 minutes.

6 Façonnez à la main des bâtards. Placez-les dans des barquettes en bois, soudure à clair.

7 L'apprêt est de 2 heures 30 minutes à 25 °C avec un taux d'hygrométrie de 85 %.

8 Ne lamez pas les bâtards.

9 Dans un four à sole à 250 °C, avec beaucoup de buée à l'enfournement, faites cuire les bâtards pendant 30 minutes, oura fermé, puis finissez la cuisson à 200 °C pendant 10 minutes.

À SAVOIR

Baisser la température du four en fin de cuisson permet de sécher les pains sans qu'ils prennent trop de couleur.

CIABATTA À L'ÉPEAUTRE

POUR 11 CIABATTAS DE 350 g

INGRÉDIENTS

500 g de farine de tradition T65
1 700 g de farine de petit épeautre
45 g de sel
25 g de levure
400 g d'huile d'olive
1 l d'eau de coulage
200 g d'eau de bassinage
Romarin séché
77 olives noires dénoyautées

ÉTAPES DE FABRICATION

Température de base : **60 °C**
Pétrissage (pétrin à spirale) : **5 min en 1re vitesse, puis 6 + 2 min en 2de vitesse avec l'eau de bassinage**
Température de la pâte : **25 °C**
Pointage : **1 h 30 en bac à température ambiante avec 1 rabat au bout de 45 min**
Poids des ciabattas : **350 g**
Détente : **environ 15 min**
Façonnage : **au rouleau, galette, sur des plaques noires couvertes de papier cuisson**
Apprêt : **1 h 30 à 25 °C**
Lamage : **aucun**
Cuisson : **20 min à 250 °C**

1 Dans la cuve du pétrin à spirale, disposez l'eau de coulage, l'huile d'olive et la levure. Ajoutez ensuite la farine de tradition T65, la farine de petit épeautre et le sel.

2 Pétrissez 5 minutes en 1re vitesse, puis 6 minutes en 2de vitesse jusqu'à obtention d'une pâte bien tissée. Incorporez l'eau de bassinage en 1re vitesse, puis pétrissez de nouveau 2 minutes en 2de vitesse jusqu'à obtention d'une pâte lisse. À la fin du pétrissage, la température doit être de 25 °C.

3 Sortez la pâte du pétrin et laissez-la pointer 1 heure 30 en bac à température ambiante avec un rabat au bout de 45 minutes.

4 Pesez des pâtons de 350 g et formez des boules assez serrées.

5 Laissez-les se détendre 15 minutes.

6 Étalez-les en galettes à l'aide d'un rouleau et placez les ciabattas sur des plaques noires recouvertes d'une feuille de papier cuisson.

7 Parsemez le dessus de chaque ciabatta de romarin séché et répartissez harmonieusement 7 olives noires dénoyautées.

8 L'apprêt est de 1 heure 30 à 25 °C avec un taux d'hygrométrie de 85 %.

9 Ne lamez pas les ciabattas.

10 Dans un four à sole à 250 °C, avec de la buée à l'enfournement, faites cuire les ciabattas pendant 20 minutes, oura fermé.

À SAVOIR
Enfoncez légèrement les olives noires sur les galettes pour qu'elles ne bougent pas lors de la pousse.

LES AUTRES PAINS AROMATIQUES

PAIN AUX ÉPICES

POUR 10 BÂTARDS DE 450 g

◇

INGRÉDIENTS

1300 g de farine de tradition T65
650 g de farine complète
500 g de pâte fermentée
45 g de sel
20 g de levure
50 g d'huile olive
50 g de miel
400 g de crème liquide
1 l d'eau de coulage
220 g de raisins secs blonds
220 g de cerneaux de noix
220 g d'amandes bâtonnets
15 g de quatre-épices

ÉTAPES DE FABRICATION

Température de base : **56 °C**
Pétrissage (pétrin à spirale) : **5 min en 1re vitesse, puis 5 min en 2de vitesse, puis avec les raisins secs blonds, les noix, les amandes et le quatre-épices en 1re vitesse**
Température de la pâte : **25 °C**
Pointage : **1 h en bac à température ambiante**
Poids des bâtards : **450 g**
Détente : **environ 15 min**
Façonnage : **à la main, bâtard, soudure à clair en barquette en bois**
Apprêt : **1 h 30 à 25 °C**
Lamage : **en saucisson**
Cuisson : **30 min à 250 °C**

1 Dans la cuve du pétrin à spirale, disposez l'eau, l'huile d'olive, la crème liquide, le miel, la levure et la pâte fermentée. Ajoutez ensuite la farine de tradition T65, la farine complète et le sel.

2 Pétrissez 5 minutes en 1re vitesse, puis 5 minutes en 2de vitesse jusqu'à obtention d'une pâte bien lisse. Ajoutez ensuite les raisins secs, les noix et les amandes ainsi que le quatre-épices en 1re vitesse. À la fin du pétrissage, la température doit être de 25 °C.

3 Sortez la pâte du pétrin. Laissez-la pointer en bac à température ambiante pendant 1 heure.

4 Pesez des pâtons de 450 g, donnez-leur une forme ronde et laissez-les se détendre pendant environ 15 minutes.

5 Façonnez à la main des bâtards et disposez les pains soudure à clair dans des barquettes en bois.

6 L'apprêt est de 1 heure 30 à 25 °C avec un taux d'hygrométrie de 85 %.

7 Lamez les bâtards en saucisson.

8 Dans un four à sole à 250 °C, avec beaucoup de buée à l'enfournement, faites cuire les bâtards pendant 30 minutes, oura fermé.

À SAVOIR
Façonnez délicatement les bâtards, car la pâte est relativement chargée en fruits.

BOULE ÉPEAUTRE AU POIVRE BLANC DE MADAGASCAR

POUR 6 BOULES DE 300 g

◇

INGRÉDIENTS

2 000 g de pâte à l'épeautre
(voir recette page 180)
6 g de poivre blanc de Madagascar, moulu à la minute

ÉTAPES DE FABRICATION

Mélange (pétrin à spirale) des ingrédients en 1re vitesse
Pointage : **45 min en bac à température ambiante**
Poids des boules : **300 g**
Détente : **environ 30 min**
Façonnage : **boule, soudure à gris sur une toile farinée**
Apprêt : **16 h à 10 °C**
Lamage : **en croix**
Cuisson : **25 min à 250 °C**

1 Préparez la pâte à l'épeautre *(voir recette page 180)*.

2 Dans la cuve du pétrin à spirale, mélangez en 1re vitesse la pâte à l'épeautre avec le poivre blanc de Madagascar.

3 Sortez la pâte du pétrin. Laissez-la pointer en bac à température ambiante pendant 45 minutes.

4 Pesez des pâtons de 300 g, ne les mettez pas en forme et laissez-les se détendre pendant environ 30 minutes.

5 Façonnez des boules et disposez-les soudures à gris sur une toile farinée.

6 L'apprêt est de 16 heures à 10 °C avec un taux d'hygrométrie de 85 %.

7 Lamez les boules en croix.

8 Dans un four à sole à 250 °C, avec de la buée à l'enfournement, faites cuire les boules pendant 25 minutes, oura fermé.

À SAVOIR

Il est important d'avoir un poivre de très bonne qualité pour obtenir un bon résultat aromatique. Le fait de le moudre juste avant le mélange permet de conserver toutes ses saveurs.

PAIN À LA MENTHE

POUR 5 BÂTARDS DE 200 g

INGRÉDIENTS

1000 g de pâte tradition salée non bassinée
(voir recette page 72)
50 g d'eau
5 g (pour infuser) + 3 g (pour mélanger) de menthe fraîche hachée au couteau

ÉTAPES DE FABRICATION

Mélange (pétrin à spirale) des ingrédients en 1re vitesse, puis 1 min en 2de vitesse avec l'eau infusée à la menthe, puis en 1re vitesse avec la menthe hachée
Pointage : **1 h en bac à température ambiante, puis 1 rabat, puis 12 h à 6 °C**
Poids des bâtards : **200 g**
Détente : **environ 15 min**
Façonnage : **à la main, bâtard de 22 cm, soudure à gris sur une toile non farinée**
Apprêt : **1 h 30 à 25 °C**
Lamage : **1 coup de lame**
Cuisson : **22 min à 250 °C**

1 Préparez la pâte tradition salée non bassinée *(voir recette page 72)*.

2 Faites infuser les 5 g de menthe fraîche dans l'eau.

3 À la fin du pétrissage en 2de vitesse de la pâte tradition, prélevez 1000 g de pâte.

4 Mélangez cette pâte avec l'eau infusée à la menthe en 1re vitesse, puis pétrissez 1 minute en 2de vitesse.

5 Une fois la pâte lisse, incorporez la menthe fraîche hachée en 1re vitesse en un simple mélange.

6 Sortez la pâte du pétrin et laissez-la pointer 1 heure en bac à température ambiante. Donnez-lui un rabat et réservez-la à 6 °C pendant 12 heures.

7 Pesez des pâtons de 200 g, puis donnez-leur une forme ronde et laissez-les se détendre environ 15 minutes.

8 Façonnez à la main des bâtards de 22 cm de longueur, puis disposez-les sur une toile non farinée, soudure à gris.

9 L'apprêt est de 1 heure 30 à 25 °C avec un taux d'hygrométrie de 85 %.
CONSEIL : placez les bâtards 10 minutes à 4 °C pour un meilleur craché au four.

10 Tamisez les bâtards avec un pochoir et donnez un coup de lame.

11 Dans un four à sole à 250 °C, avec de la buée à l'enfournement, faites cuire les bâtards pendant 22 minutes, oura fermé.

BOULE VIROISE

POUR 16 BOULES DE 300 g

◇

INGRÉDIENTS

2 000 g de farine de tradition T65
500 g de pâte fermentée
35 g de sel
14 g de levure
300 g de lait demi-écrémé
1 l d'eau de coulage
500 g de dés d'andouille de Vire
300 g de dés de pommes épluchées
300 g de dés de camembert

ÉTAPES DE FABRICATION

Température de base : **60 °C**
Pétrissage (pétrin à spirale) : **6 min en 1re vitesse, puis 3 min en 2de vitesse, puis en 1re vitesse avec les dés de pommes, d'andouille et de camembert**
Température de la pâte : **24 °C**
Pointage : **1 h 15 en bac à température ambiante**
Poids des boules : **300 g**
Détente : **environ 10 min**
Façonnage : **à la main, boule, soudure à clair sur des plaques noires**
Apprêt : **1 h 45 à 25 °C**
Lamage : **en croix**
Cuisson : **30 min à 250 °C, puis 10 min à 220 °C**

1 Dans la cuve du pétrin à spirale, disposez l'eau, le lait, la levure et la pâte fermentée. Ajoutez ensuite la farine de tradition T65 et le sel.

2 Pétrissez 6 minutes en 1re vitesse, puis 3 minutes en 2de vitesse jusqu'à obtention d'une pâte lisse. À la fin du pétrissage, ajoutez en 1re vitesse les dés de pommes, d'andouille de Vire et de camembert pour un simple mélange. À la fin du mélange, la température doit être de 24 °C.

3 Sortez la pâte du pétrin et laissez-la pointer en bac à température ambiante pendant 1 heure 15.

4 Pesez des pâtons de 300 g, sans mise en forme. Laissez-les se détendre environ 10 minutes.

5 Façonnez à la main des boules et disposez-les sur des plaques noires, soudure à clair.

6 L'apprêt est de 1 heure 45 à 25 °C avec un taux d'hygrométrie de 85 %.

7 Lamez les boules d'une croix sur le dessus.

8 Dans un four à sole à 250 °C, avec de la buée à l'enfournement, faites cuire les boules pendant 30 minutes, oura fermé, puis laissez-les sécher 10 minutes à 220 °C.

À SAVOIR
Veillez à incorporer en dernier le camembert afin qu'il ne se délite pas.

CANADIEN

POUR 4 BÂTARDS DE 300 g

INGRÉDIENTS

1 000 g de pâte tradition
(voir recette page 72)
25 g de sirop d'érable
25 g de miel toutes fleurs
80 g de cranberries
80 g de noix de pécan

ÉTAPES DE FABRICATION

Mélange (pétrin à spirale) des ingrédients en 1re vitesse
Pointage : **30 min en bac à température ambiante, puis une mise en forme, puis 12 h à 6 °C**
Poids des bâtards : **300 g**
Détente : **environ 20 min**
Façonnage : **à la main, bâtard, soudure à gris sur une toile légèrement farinée**
Apprêt : **1 h 30 à 25 °C**
Lamage : **1 losange allongé**
Cuisson : **20 min à 250 °C, puis 15 min à 200 °C**

1 Préparez la pâte tradition *(voir recette page 72)*.

2 Dans la cuve du pétrin à spirale, à la fin du pétrissage de la pâte tradition, ajoutez en 1re vitesse le miel, le sirop d'érable, les cranberries et les noix de pécan. Mélangez quelques minutes en 1re vitesse jusqu'à obtention d'un mélange homogène.

3 Sortez la pâte du pétrin. Laissez-la pointer en bac à température ambiante pendant 30 minutes, donnez-lui une mise en forme, puis réservez-la à 6 °C pendant 12 heures.

4 Pesez des pâtons de 300 g, donnez-leur une forme ronde. Laissez-les se détendre pendant environ 20 minutes.

5 Façonnez à la main des bâtards. Disposez-les sur une toile légèrement farinée, soudure à gris.

6 L'apprêt est de 1 heure 30 à 25 °C avec un taux d'hygrométrie de 85 %.

7 Lamez les bâtards en un losange allongé.

8 Dans un four à sole à 250 °C, avec de la buée à l'enfournement, faites cuire les bâtards pendant 20 minutes, oura fermé, puis séchez-les 15 minutes à 200 °C.

À SAVOIR

Il est important que les ingrédients incorporés soient à température ambiante afin qu'ils ne refroidissent pas la pâte. Ne mélangez pas trop longtemps pour ne pas déstructurer la pâte.

PAIN AU BEAUJOLAIS

POUR 10 BÂTARDS DE 300 g

◇

INGRÉDIENTS

1 500 g de farine de tradition T65
200 g de pâte fermentée
30 g de sel
15 g de levure
1 l de beaujolais rouge (jus de cuisson)
470 g de dés de saucisson de Lyon cuit
Laurier
Thym séché

ÉTAPES DE FABRICATION

Température de base : **62 °C**
Pétrissage (pétrin à spirale) :
6 min en 1re vitesse,
puis 2 + 1 min en 2de vitesse,
1 min en 2de vitesse avec le sel,
puis avec les dés de saucisson
en 1re vitesse
Température de la pâte : **24,5 °C**
Pointage : **1 h en bac**
à température ambiante
Poids des bâtards : **300 g**
Détente : **environ 15 min**
Façonnage : **bâtard,**
bouts arrondis étranglés,
soudure à gris sur une toile farinée
Apprêt : **1 h 20 à 25 °C**
Lamage : **1 petit coup de lame**
Cuisson : **25 min à 250 °C,**
puis 10 min à 220 °C

1 Mettez à macérer les dés de saucisson de Lyon dans le beaujolais avec le laurier et le thym pendant 12 heures. Faites cuire ensuite l'ensemble à petits bouillons pendant 12 à 15 minutes. Filtrez et récupérez 1 litre de jus de cuisson. Laissez refroidir les dés de saucisson.

2 Dans la cuve du pétrin à spirale, disposez le jus de cuisson, la levure et la pâte fermentée. Ajoutez ensuite la farine de tradition T65.

3 Pétrissez 6 minutes en 1re vitesse, puis 2 minutes en 2de vitesse jusqu'à obtention d'une pâte tissée. Ajoutez le sel en 1re vitesse et pétrissez de nouveau 1 minute en 2de vitesse. Incorporez les dés de saucisson de Lyon en 1re vitesse. À la fin du pétrissage, la température doit être de 24,5 °C.

4 Sortez la pâte du pétrin et laissez-la pointer en bac à température ambiante pendant 1 heure.

5 Pesez des pâtons de 300 g, puis donnez-leur une forme arrondie. Laissez-les se détendre environ 15 minutes.

6 Façonnez des bâtards avec deux étranglements et deux bouts ronds sur les extrémités.

7 Disposez les bâtards sur une toile farinée, soudure à gris.

8 L'apprêt est de 1 heure 20 à 25 °C avec un taux d'hygrométrie de 85 %.

9 Lamez les bâtards d'un petit coup de lame au centre.

10 Dans un four à sole à 250 °C, avec de la buée à l'enfournement, faites cuire les bâtards pendant 25 minutes, oura fermé, puis laissez-les sécher 10 minutes à 220 °C.

À SAVOIR

Vous pouvez utiliser une saucisse nature ou à la pistache, mais également réaliser cette recette avec un autre vin rouge.

PAIN AU PESTO

POUR 12 BOULES DE 250 g

◇

INGRÉDIENTS

1 600 g de farine de tradition T65
200 g de pâte fermentée
30 g de sel
15 g de levure
300 g de pesto
1 l d'eau de coulage

ÉTAPES DE FABRICATION

Température de base : **56 °C**
Pétrissage (pétrin à spirale) :
5 min en 1re vitesse,
puis 2 min en 2de vitesse
Température de la pâte : **24,5 °C**
Pointage : **1 h en bac**
à température ambiante
Poids des boules : **250 g**
Détente : **environ 10 min**
Façonnage : **à la main, boule,**
soudure à clair
sur une toile non farinée
Apprêt : **1 h 30 à 25 °C**
Lamage : **aucun**
Cuisson : **25 min à 250 °C**

1 Dans la cuve du pétrin à spirale, disposez l'eau, la levure, le pesto et la pâte fermentée. Ajoutez ensuite la farine de tradition T65 et le sel.

2 Pétrissez 5 minutes en 1re vitesse, puis 2 minutes en 2de vitesse jusqu'à obtention d'une pâte lisse. À la fin du pétrissage, la température doit être de 24,5 °C.

3 Sortez la pâte du pétrin et laissez-la pointer en bac à température ambiante pendant 1 heure.

4 Pesez des pâtons de 250 g et laissez-les se détendre environ 10 minutes.

5 Façonnez à la main des boules. Disposez-les sur une toile non farinée, soudure à clair.

6 L'apprêt est de 1 heure 30 à 25 °C avec un taux d'hygrométrie de 85 %.

7 Ne lamez pas les boules.

8 Dans un four à sole à 250 °C, avec de la buée à l'enfournement, faites cuire les boules pendant 25 minutes, oura fermé.

ANNE-SOPHIE PIC

Le Restaurant•••(Valence), André (Valence),
La Dame de Pic (Paris•, Megève, Londres••, Singapour),
Beau-Rivage Palace•• (Lausanne)

Le pain est un mets à part entière, majeur, totalement intégré dans notre démarche culinaire.

« L'intégration de la boulangerie dans notre maison à Valence a été une petite révolution ! Et Frédéric Lalos, avec qui nous travaillions déjà à *La Dame de Pic* à Paris, a participé grandement à lui donner du sens. Il a joué un formidable rôle de formateur auprès des équipes, aussi bien à Valence qu'à Lausanne. Il s'est montré très présent dès le début de cette nouvelle aventure pour nous. Au-delà de son talent de boulanger, j'admire sa capacité à transmettre dans la précision et l'humilité. S'attaquer à la fabrication du pain était un nouveau domaine à défricher pour moi, une véritable curiosité. Je me souviens de nos premiers pains avec Frédéric, un pain aux céréales à base de bière, un pain en forme de grain de café et un pain au chocolat, qui était assez étonnant et avant-gardiste. Je lui ai parlé d'accords de saveurs, ce qui est un peu ma signature, et nous nous sommes tout de suite entendus sur l'idée de créer des pains aromatisés. J'aime l'idée assez singulière, à une époque où l'on met plus l'accent sur le choix des farines, de travailler sur l'aromatisation tout en respectant les matières premières. Je cherche à décloisonner les services dans une synergie entre la cuisine, la pâtisserie, la sommellerie et la boulangerie. Chez nous, cette cohérence et ce dialogue tiennent de la philosophie. Le pain est un mets à part entière, majeur, totalement intégré dans notre démarche culinaire. Aujourd'hui, nous ne proposons plus de petits pains, mais des gros pains tranchés. Nous apportons une belle panière au centre de la table. La main qui saisit une tranche est un formidable geste de convivialité. C'est la profusion, le choix, l'accueil à la française. C'était un peu osé dans un restaurant trois étoiles, mais cela correspond à l'esprit de la maison, bien loin du service du pain à l'anglaise que je n'apprécie plus ! Nous pouvons mettre en valeur un patrimoine et s'en émanciper pour laisser place à la créativité. Un pain-beurre bien présenté aiguise l'appétit et crée d'emblée une forme d'hospitalité. Et là encore, nous pouvons jouer sur l'accord entre nos beurres infusés et les notes aromatiques de nos pains. La recherche sur l'aromatisation des pains est infinie. En ce moment, nous travaillons sur le bourgeon de sapin et le saké, des inspirations qui me tiennent à cœur. Parmi des pains plus classiques, comme le petit épeautre, nous proposons également un pain cuit en cocotte et un pain de seigle avec une touche de whisky. Je peux aussi intégrer des arômes comme ceux de la vanille fumée qui sont des traceurs importants dans ma cuisine. »

PAIN AUX CHAMPIGNONS

POUR 4 PAVÉS D'ENVIRON 320 g

◇

INGRÉDIENTS

1 000 g de pâte à pavé d'autrefois
(voir recette page 130)
350 g de champignons de Paris blonds revenus
Huile d'olive

ÉTAPES DE FABRICATION

Mélange (pétrin à spirale) des ingrédients en 1re vitesse
Température de la pâte : **25 °C**
Pointage : **2 h en bac à température ambiante avec 1 bon rabat au bout de 1 h**
Poids des pavés : **environ 320 g**
Façonnage : **sur une planche recouverte d'une toile farinée, coupé au coupe-pâte à l'enfournement**
Apprêt : **1 h à 25 °C**
Lamage : **aucun**
Cuisson : **40 min à 250 °C**

1 Préparez la pâte à pavé d'autrefois *(voir recette page 130)*.

2 Dans une poêle, faites revenir les champignons dans de l'huile d'olive jusqu'à ce qu'ils perdent leur eau et laissez-les refroidir.

3 Dans la cuve du pétrin à spirale, mélangez en 1re vitesse la pâte à pavé d'autrefois avec les champignons revenus jusqu'à obtention d'un mélange bien homogène en veillant à ne pas broyer les champignons. À la fin du mélange, la température doit être de 25 °C.

4 Sortez la pâte du pétrin. Laissez-la pointer en bac à température ambiante pendant 1 heure. Donnez-lui alors un bon rabat et laissez-la de nouveau pointer 1 heure.

5 Redonnez un léger rabat à la pâte sans trop la dégazer et disposez-la sur une planche recouverte d'une toile farinée, pli sur le dessus.

6 L'apprêt est de 1 heure à 25 °C avec un taux d'hygrométrie de 85 %.

7 À l'aide d'un coupe-pâte, découpez la pâte en pavés d'environ 320 g de forme rectangulaire et de la grosseur souhaitée.

8 Ne lamez pas les pavés.

9 Dans un four à sole à 250 °C, avec de la buée à l'enfournement, faites cuire les pavés pendant 40 minutes, oura fermé.

À SAVOIR

Il est important de poursuivre la cuisson des champignons jusqu à ce que toute l'eau qu'ils ont rendue se soit évaporée.
Vous pouvez remplacer les champignons de Paris par un mélange d'autres champignons.
Ce pain est vendu au poids.

TRADITION AGRUMES

POUR 18 NŒUDS DE 150 g

◇

INGRÉDIENTS

1 400 g de farine de tradition T65
200 g de levain naturel
(voir recette page 96)
35 g de sel
12 g de levure
130 g de zestes d'oranges
1 l de jus d'orange frais

ÉTAPES DE FABRICATION

Température de base : **58 °C**
Pétrissage (pétrin à spirale) :
5 min en 1re vitesse,
puis 2 + 1 min 30 en 2de vitesse
avec le sel et les zestes d'orange
Température de la pâte : **25 °C**
Pointage : **1 h en bac**
à température ambiante
Poids des nœuds : **150 g**
Détente : **environ 15 + 15 min**
Façonnage : **nœud, soudure à gris**
sur une toile farinée
Apprêt : **1 h 30 à 25 °C**
Lamage : **2 petits coups de lame**
Cuisson : **18 min à 250 °C**

1 Préparez le levain naturel *(voir recette page 96)*.

2 Dans la cuve du pétrin à spirale, disposez le jus d'orange frais, la levure et le levain naturel. Ajoutez ensuite la farine de tradition T65.

3 Pétrissez 5 minutes en 1re vitesse, puis 2 minutes en 2de vitesse jusqu'à obtention d'une pâte bien tissée. Ajoutez ensuite le sel et les zestes d'orange en 1re vitesse. Pétrissez de nouveau 1 minute 30 en 2de vitesse. À la fin du pétrissage, la température doit être de 25 °C.

4 Sortez la pâte du pétrin. Laissez-la pointer en bac à température ambiante pendant 1 heure.

5 Pesez des pâtons de 150 g, donnez-leur une forme ronde. Laissez-les se détendre pendant environ 15 minutes.

6 Façonnez à la main des bâtards très courts et laissez-les de nouveau se détendre 15 minutes.

7 À l'aide d'un petit rouleau, écrasez perpendiculairement (dans la largeur) les bâtards pour les aplatir juste au centre et torsadez-les par leur milieu. Disposez les pains sur une toile farinée, soudure à gris.

8 L'apprêt est de 1 heure 30 à 25 °C avec un taux d'hygrométrie de 85 %.

9 Donnez 2 petits coups de lame de chaque côté des nœuds.

10 Dans un four à sole à 250 °C, avec beaucoup de buée à l'enfournement, faites cuire les nœuds pendant 18 minutes, oura fermé.

À SAVOIR

Vous pouvez aromatiser cette pâte avec différents agrumes.

TUTTI FRUTTI

POUR 10 BÂTARDS DE 300 g

◇

INGRÉDIENTS

2 250 g de pâte tradition
(voir recette page 72)
225 g de pâte de pistache
100 g de pistaches vertes entières décortiquées
225 g de cranberries
225 g d'abricots secs moelleux, coupés en petits morceaux

ÉTAPES DE FABRICATION

Mélange (pétrin à spirale) des ingrédients en 1re vitesse
Pointage : **1 h en bac à température ambiante, puis 1 rabat, puis 12 h à 6 °C**
Poids des bâtards : **300 g**
Détente : **environ 15 min**
Façonnage : **à la main, bâtard, soudure à clair en petites barquettes en bois**
Apprêt : **1 h 45 à 25 °C**
Lamage : **1 coup de lame**
Cuisson : **20 min à 250 °C, puis 15 min à 220 °C**

1 Préparez la pâte tradition *(voir recette page 72)*.

2 Dans la cuve du pétrin à spirale, dès la fin du pétrissage de la pâte tradition, ajoutez la pâte de pistache, les pistaches entières, les cranberries et les petits morceaux d'abricots. Mélangez quelques minutes en 1re vitesse jusqu'à obtention d'un mélange homogène.

3 Sortez la pâte du pétrin. Laissez-la pointer en bac à température ambiante pendant 1 heure, donnez-lui un rabat, puis disposez-la à 6 °C pendant 12 heures.

4 Pesez des pâtons de 300 g, donnez-leur une forme ronde. Laissez-les se détendre pendant environ 15 minutes.

5 Façonnez à la main des bâtards courts. Disposez-les dans des petites barquettes en bois, soudure à clair.

6 L'apprêt est de 1 heure 45 à 25 °C avec un taux d'hygrométrie de 85 %.

7 Lamez les bâtards courts d'un coup de lame sur toute la longueur.

8 Dans un four à sole à 250 °C, avec de la buée à l'enfournement, faites cuire les bâtards pendant 20 minutes, oura fermé, puis séchez-les 15 minutes à 220 °C.

À SAVOIR

Les fruits secs doivent être incorporés à température ambiante afin qu'ils ne refroidissent pas la pâte. Ne mélangez pas trop longtemps afin de ne pas déstructurer la pâte.

PAIN AU LEVAIN MIEL-FRUITS SECS

POUR 4 BOULES DE 300 g

◇

INGRÉDIENTS

1 000 g de pâte au levain naturel en pousse lente
(voir recette page 102)
2 g de levure
50 g de miel toutes fleurs
100 g de raisins secs noirs réhydratés
40 g de noisettes décortiquées, légèrement concassées
40 g d'amandes décortiquées, légèrement concassées
40 g d'abricots secs moelleux, coupés en petits morceaux

ÉTAPES DE FABRICATION

Mélange (pétrin à spirale) des ingrédients en 1re vitesse
Température de la pâte : **24,5 °C**
Pointage : **1 h 30 en bac à température ambiante avec 1 rabat au bout de 1 h**
Poids des boules : **300 g**
Détente : **environ 10 min**
Façonnage : **à la main, boule, soudure à gris sur une toile farinée**
Apprêt : **18 h à 11 °C**
Lamage : **en croix**
Cuisson : **25 min à 250 °C, puis 10 min à 220 °C**

1 Préparez la pâte au levain naturel en pousse lente *(voir recette page 102)*.

2 Dans la cuve du pétrin à spirale, dès la fin du pétrissage de la pâte au levain naturel en pousse lente, ajoutez la levure, le miel toutes fleurs, les raisins noirs réhydratés, les noisettes, les amandes et les abricots. Mélangez quelques minutes en 1re vitesse jusqu'à obtention d'un mélange homogène.

3 Sortez la pâte du pétrin. Laissez-la pointer en bac à température ambiante pendant 1 heure 30, mais donnez-lui un rabat au bout de 1 heure.

4 Pesez des pâtons de 300 g, sans mise en forme. Laissez-les se détendre pendant environ 10 minutes.

5 Façonnez à la main des boules. Disposez-les sur une toile farinée, soudure à gris.
CONSEIL : cette étape doit être réalisée délicatement afin de ne pas déchirer cette pâte riche en fruits.

6 L'apprêt est de 18 heures à 11 °C avec un taux d'hygrométrie de 85 %.
CONSEIL : vous pouvez sortir les boules 10 minutes à température ambiante pour favoriser un meilleur développé au four.

7 Lamez les boules en croix sur le dessus.

8 Dans un four à sole à 250 °C, avec de la buée à l'enfournement, faites cuire les boules pendant 25 minutes à 250 °C, puis 10 minutes à 220 °C, oura fermé.

À SAVOIR
Vous pouvez torréfier les amandes et les noisettes pour accentuer leurs saveurs.

TOURTE AUVERGNATE CAFÉ-CHOCOLAT

POUR 5 TOURTES DE 600 g

INGRÉDIENTS

1 100 g de farine de seigle T85
670 g de pâte fermentée
25 g de sel
3 g de levure
1 l de café
450 g de palets de chocolat, grossièrement coupés

ÉTAPES DE FABRICATION

Température de base : **85 °C**
Pétrissage (pétrin à spirale) : **10 min en 1re vitesse, puis avec les palets de chocolat**
Température de la pâte : **26 °C**
Pointage : **1 h en bac à température ambiante**
Poids des tourtes : **environ 600 g**
Détente : **aucune**
Façonnage : **boule, soudure à clair en banneton fariné**
Apprêt : **1 h à 25 °C**
Lamage : **aucun**
Cuisson : **35 min à 250 °C, puis 15 min à 220 °C**

1 Dans la cuve du pétrin à spirale, disposez le café, la levure et la pâte fermentée. Ajoutez ensuite la farine de seigle T85 et le sel.

2 Pétrissez 10 minutes en 1re vitesse, puis incorporez les palets de chocolat. À la fin du pétrissage, la température doit être de 26 °C.

3 Sortez la pâte du pétrin et laissez-la pointer 1 heure en bac à température ambiante.

4 Pesez des pâtons de 600 g.

5 Sans détente, dans le creux de vos mains, façonnez-les en boules sans leur donner de force et posez-les dans des bannetons farinés, soudure à clair.

6 L'apprêt est de 1 heure à 25 °C avec un taux d'hygrométrie de 85 %.

7 Enfournez les tourtes, soudure sur le dessus, sans les lamer.

8 Dans un four à sole à 250 °C, avec de la buée à l'enfournement, faites cuire les tourtes pendant 35 minutes, oura fermé, puis 15 minutes à 220 °C, porte entrouverte.

À SAVOIR
Il est important d'utiliser des palets afin de conserver de vrais morceaux de chocolat.

TOURTE AUVERGNATE AUX ORANGES CONFITES

POUR 4 TOURTES DE 300 g

◇

INGRÉDIENTS

1 050 g de pâte à tourte auvergnate
(voir recette page 202)
150 g de dés d'oranges confites

ÉTAPES DE FABRICATION

Mélange (pétrin à spirale) des ingrédients en 1re vitesse
Température de la pâte : **26 °C**
Pointage : **1 h en bac à température ambiante**
Poids des tourtes : **environ 300 g**
Détente : **aucune**
Façonnage : **boule, soudure à clair en banneton fariné**
Apprêt : **1 h à 25 °C**
Lamage : **aucun**
Cuisson : **30 min à 250 °C, puis 10 min à 220 °C**

1 Préparez la pâte à tourte auvergnate *(voir recette page 202)*.

2 Dans la cuve du pétrin à spirale, dès la fin du pétrissage de la pâte à tourte auvergnate, ajoutez les dés d'oranges confites. Mélangez quelques minutes en 1re vitesse jusqu'à obtention d'un mélange homogène.

3 À la fin du mélange, la température doit être de 26 °C.

4 Sortez la pâte du pétrin et laissez-la pointer 1 heure en bac à température ambiante.

5 Pesez des pâtons de 300 g.

6 Dans le creux de vos mains, façonnez-les en boules sans leur donner de force, puis disposez-les dans des bannetons farinés, soudure à clair.

7 L'apprêt est de 1 heure à 25 °C avec un taux d'hygrométrie de 85 %.

8 Enfournez les tourtes, soudure sur le dessus, sans les lamer.

9 Dans un four à sole à 250 °C, avec de la buée à l'enfournement, faites cuire les tourtes pendant 30 minutes, oura fermé, puis 10 minutes à 220 °C, oura ouvert.

À SAVOIR
Vous pouvez ajouter aux oranges confites 10 g de zestes d'orange.

PAIN POLAIRE

POUR ENVIRON 30 PAINS DE 60 g

◇

INGRÉDIENTS

1 400 g de farine de tradition T65
540 g de farine de seigle T85
40 g de sel
40 g de levure
40 g de levure chimique
60 g de sucre semoule
300 g de crème fraîche épaisse
1 l d'eau de coulage

ÉTAPES DE FABRICATION

Température de base : **54 °C**
Pétrissage (pétrin à spirale) : **5 min en 1re vitesse, puis 3 min en 2de vitesse**
Température de la pâte : **23 °C**
Pointage : **30 min en bac, puis à 4 °C**
Poids des pains : **60 g**
Détente : **environ 15 min à 4 °C une fois abaissée**
Détaillage : **à l'emporte-pièce en disque de 12 cm**
Apprêt : **45 min à 25 °C**
Lamage : **aucun**
Cuisson : **dans une poêle, 30 secondes de chaque côté**

1 Dans la cuve du pétrin à spirale, disposez l'eau, la levure et la crème fraîche épaisse. Ajoutez ensuite la farine de tradition T65, la farine de seigle T85, la levure chimique, le sucre semoule et le sel.

2 Pétrissez 5 minutes en 1re vitesse, puis 3 minutes en 2de vitesse jusqu'à obtention d'une pâte bien lisse. À la fin du pétrissage, la température doit être de 23 °C.

3 Sortez la pâte du pétrin et laissez-la pointer 30 minutes en bac à température ambiante, puis 1 heure à 4 °C.

4 Abaissez la pâte au laminoir à 4. Laissez-la reposer pendant environ 15 minutes à 4 °C.

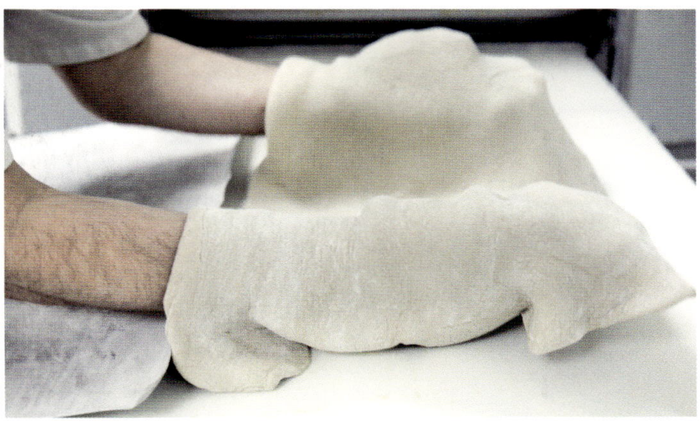

5 Détaillez des disques de 12 cm de diamètre et posez-les sur une feuille de papier cuisson.

6 L'apprêt est de 45 minutes à 25 °C avec un taux d'hygrométrie de 85 %.

7 Ne lamez pas les pains.

8 Dans une poêle, sur feu vif, faites cuire les pains 30 secondes de chaque côté.

À SAVOIR

Vous pouvez également cuire le pain polaire au four à sole à 280 °C pendant quelques minutes.

LES PAINS SANTÉ OU NUTRITIONNELS

BAGUETTE BIEN-ÊTRE

POUR 15 BAGUETTES DE 260 g

INGRÉDIENTS

1 800 g de farine de tradition T65
100 g de levain de blé séché
966 g de macération *(voir ci-dessous)*
45 g de sel
13 g de levure
1 l d'eau de coulage

Pour la macération

435 g de semoule de blé vêtue
530 g d'eau
1 g de levure

ÉTAPES DE FABRICATION

Température de base : **56 °C**
Pétrissage (pétrin à spirale) :
5 min en 1re vitesse,
puis 2 + 1 min en 2de vitesse avec le sel
Température de la pâte : **24 °C**
Pointage : **1 h 30 en bac**
à température ambiante
avec 1 rabat au bout de 45 min
Poids des baguettes : **260 g**
Détente : **environ 20 min**
Façonnage : **à la main, baguette,**
soudure à gris sur une toile farinée
Apprêt : **1 h 30 à 25 °C**
Lamage : **2 coups de lame**
Cuisson : **20 min à 250 °C**

1 Préparez la macération : mélangez tous les ingrédients, puis laissez fermenter pendant 12 heures, à température ambiante.

2 Dans la cuve du pétrin à spirale, disposez l'eau, la levure et la macération. Ajoutez ensuite la farine de tradition T65 et le levain de blé séché.

3 Pétrissez 5 minutes en 1re vitesse, puis pétrissez 2 minutes en 2de vitesse jusqu'à obtention d'une pâte bien tissée. Ajoutez le sel en 1re vitesse, puis pétrissez de nouveau 1 minute en 2de vitesse jusqu'à obtention d'une pâte bien lisse. À la fin du pétrissage, la température doit être de 24 °C.

4 Sortez la pâte du pétrin et laissez-la pointer en bac à température ambiante pendant 1 heure 30 en lui donnant un rabat au bout de 45 minutes.

5 Pesez des pâtons de 260 g et donnez-leur une forme allongée. Laissez la pâte se détendre environ 20 minutes.

6 Façonnez à la main des baguettes et disposez-les sur une toile farinée, soudure à gris.

7 L'apprêt est de 1 heure 30 à 25 °C avec un taux d'hygrométrie de 85 %.

8 À l'aide d'un coupe-pâte, aux deux tiers de la baguette, incisez un petit morceau de pâte dans la longueur et repliez-le sur la baguette de façon à former un petit nœud. Lamez ensuite de chaque côté sur toute la longueur de la baguette.

9 Dans un four à sole à 250 °C, avec de la buée à l'enfournement, faites cuire les baguettes pendant 20 minutes, oura fermé.

À SAVOIR

Vous pouvez confectionner cette pâte la veille. Dans ce cas, 10 minutes après le pétrissage, réservez-la en bac à 4 °C pendant 12 heures minimum.

PAIN À LA BETTERAVE

POUR 10 BOULES DE 300 g

◇

INGRÉDIENTS

1 550 g de farine de tradition T65
30 g de sel
6 g de levure
350 g d'eau
1 kg de betterave cuite broyée
50 g de graines de quinoa
250 g de cubes de betteraves cuites, pelées

ÉTAPES DE FABRICATION

Température de base : **56 °C**
Pétrissage au batteur :
5 min en 1re vitesse,
puis 7 min en 2de vitesse,
puis en 1re vitesse avec les cubes de betterave et les graines de quinoa
Température de la pâte : **24 °C**
Pointage : **30 min en bac à température ambiante, puis 1 rabat, puis 14 h à 6 °C**
Poids des boules : **300 g**
Détente : **environ 10 min**
Façonnage : **à la main, boule, soudure à clair sur une toile non farinée**
Apprêt : **1 h 30 à 25 °C**
Lamage : **en croix**
Cuisson : **25 min à 250 °C, puis 5 min à 220 °C**

1 Dans la cuve du batteur, disposez l'eau, la levure et la betterave cuite broyée. Ajoutez ensuite la farine de tradition T65 et le sel.

2 Pétrissez 5 minutes en 1re vitesse, puis pétrissez 7 minutes en 2de vitesse jusqu'à obtention d'une pâte bien lisse. Ajoutez ensuite les cubes de betterave cuite et les graines de quinoa en 1re vitesse. À la fin du pétrissage, la température doit être de 24 °C.

3 Sortez la pâte du pétrin et laissez-la pointer en bac à température ambiante pendant 30 minutes. Mettez-la en forme et disposez-la à 6 °C pendant 14 heures.

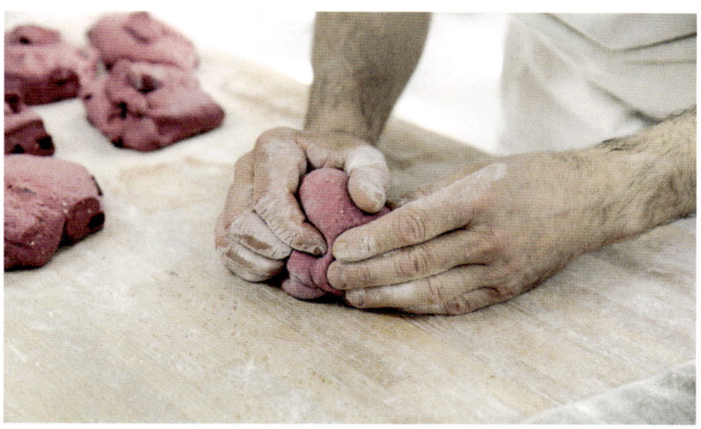

4 Pesez des pâtons de 300 g sans les mettre en forme. Laissez la pâte se détendre environ 10 minutes.

5 Façonnez des boules et disposez-les sur une toile non farinée, soudure à clair.

6 L'apprêt est de 1 heure 30 à 25 °C avec un taux d'hygrométrie de 85 %.

7 Lamez les boules en croix.

8 Dans un four à sole à 250 °C, avec de la buée à l'enfournement, faites cuire les boules pendant 25 minutes, oura fermé, puis 5 minutes à 220 °C.

BAGUETTE NUTRITION

POUR 15 BAGUETTES DE 320 g

◇

INGRÉDIENTS

1 400 g de farine de tradition T65
2 100 g d'autolyse *(voir ci-dessous)*
500 g de pâte fermentée
25 g de sel
25 g de levure
1 l d'eau de coulage

Pour l'autolyse

1 100 g de farine de tradition T65
130 g de remoulage blanc
50 g de germe de blé
20 g de sel
800 g d'eau

ÉTAPES DE FABRICATION

Température de base : **56 °C**
Autolyse la veille (15 h de repos) : **simple mélange**
Pétrissage (pétrin à spirale) : **5 min en 1re vitesse, puis 2 + 1 min en 2de vitesse avec le sel**
Température de la pâte : **24 °C**
Pointage : **1 h en bac à température ambiante**
Poids des baguettes : **320 g**
Détente : **environ 20 min**
Façonnage : **à la main, baguette, soudure à gris sur une toile farinée**
Apprêt : **1 h à 25 °C**
Lamage : **2 coups de lame**
Cuisson : **20 min à 250 °C**

1 La veille, réalisez une autolyse avec la farine de tradition T65, le remoulage, le germe de blé, le sel et l'eau. Pétrissez 5 minutes en 1re vitesse et laissez reposer 15 heures à température ambiante.

2 Le jour même, dans la cuve du pétrin à spirale, disposez l'eau, la levure, la pâte fermentée et l'autolyse. Ajoutez ensuite la farine de tradition T65.

3 Pétrissez 5 minutes en 1re vitesse, puis pétrissez 2 minutes en 2de vitesse jusqu'à obtention d'une pâte bien tissée. Ajoutez le sel en 1re vitesse, puis pétrissez de nouveau 1 minute en 2de vitesse jusqu'à obtention d'une pâte bien lisse. À la fin du pétrissage, la température doit être de 24 °C.

4 Sortez la pâte du pétrin et laissez-la pointer en bac à température ambiante pendant 1 heure.

5 Pesez des pâtons de 320 g et donnez-leur une forme allongée. Laissez la pâte se détendre environ 20 minutes.

6 Façonnez des baguettes et disposez-les sur une toile farinée, soudure à gris.

7 L'apprêt est de 1 heure à 25 °C avec un taux d'hygrométrie de 85 %.

8 Lamez 2 coups de lame : le premier, assez long sur une bonne partie de la baguette et le second, relativement court.

9 Dans un four à sole à 250 °C, avec de la buée à l'enfournement, faites cuire les baguettes pendant 20 minutes, oura fermé.

À SAVOIR
S'il fait très chaud, laissez reposer l'autolyse en chambre de fermentation à 20 °C.

PAIN À LA FARINE DE LENTILLES

POUR 9 BÂTARDS DE 300 g

◇

INGRÉDIENTS

1 250 g de farine de tradition T65
250 g de farine de lentilles
300 g de pâte fermentée
35 g de sel
4 g de levure
10 g d'améliorant
1 l d'eau de coulage

ÉTAPES DE FABRICATION

Température de base : **58 °C**
Pétrissage (pétrin à spirale) : **6 min en 1re vitesse, puis 2 + 1 min en 2de vitesse avec le sel**
Température de la pâte : **24 °C**
Pointage : **20 min en bac à température ambiante**
Poids des bâtards : **300 g**
Détente : **environ 30 min**
Façonnage : **bâtard pointu, soudure à gris sur une toile farinée**
Apprêt : **14 h à 10 °C**
Lamage : **1 coup de lame**
Cuisson : **30 min à 250 °C**

1 Dans la cuve du pétrin à spirale, disposez l'eau, la levure et la pâte fermentée. Ajoutez ensuite la farine de tradition T65, la farine de lentilles et l'améliorant.

2 Pétrissez 6 minutes en 1re vitesse, puis 2 minutes en 2de jusqu'à obtention d'une pâte bien tissée. Incorporez le sel en 1re vitesse, puis pétrissez de nouveau 1 minute en 2de vitesse jusqu'à obtention d'une pâte lisse. À la fin du pétrissage, la température doit être de 24 °C.

3 Sortez la pâte du pétrin et laissez pointer 20 minutes en bac à température ambiante.

4 Pesez des pâtons de 300 g, donnez-leur une forme ronde et laissez-les se détendre environ 30 minutes.

5 Façonnez à la main des bâtards pointus. Disposez-les sur une toile farinée, soudure à gris.

6 L'apprêt est de 14 heures à 10 °C avec un taux d'hygrométrie de 85 %.

7 Lamez les bâtards d'un coup de lame.

8 Dans un four à sole à 250 °C, avec de la buée à l'enfournement, faites cuire les bâtards pendant 30 minutes, oura fermé.

À SAVOIR
Vous pouvez utiliser également de la farine de pois chiche.

LES PAINS SANS GLUTEN

PAIN SANS GLUTEN AUX GRAINES

POUR 3 PAINS DE 600 g

◇

INGRÉDIENTS

500 g de farine de riz
80 g de farine de quinoa
80 g de farine de châtaigne
200 g d'amidon de maïs
15 g de sel
20 g de levure
10 g de gomme de guar
180 g + 30 g de graines (mélange de lin brun, lin jaune, sésame, tournesol)
860 g d'eau
Graisse pour les moules

ÉTAPES DE FABRICATION

Température de base : **70 °C**
Mélange au robot (à la feuille) : **5 min**
Pointage : **aucun**
Poids des pains : **600 g**
Détente : **aucune**
Apprêt : **50 min à 25 °C**
Lamage : **aucun**
Cuisson : **45 min à 230 °C**

1 Dans la cuve au robot muni d'une feuille, disposez l'eau, la levure et le sel.

2 Tamisez ensemble la farine de riz, la farine de quinoa, la farine de châtaigne, la gomme de guar et l'amidon de maïs, puis versez-les dans la cuve.

3 À la feuille, mélangez le tout pendant 5 minutes afin d'obtenir une pâte homogène. Incorporez les 180 g de graines.

4 À l'aide d'une corne, moulez 600 g d'appareil dans un moule à cake légèrement graissé.

5 Lissez la surface du pâton avec les doigts humides et répartissez 10 g de graines sur le dessus.

6 L'apprêt est de 50 minutes à 25 °C avec un taux d'hygrométrie de 85 %.

7 Ne lamez pas les pains.

8 Dans un four à sole à 230 °C, faites cuire les pains 45 minutes.

À SAVOIR

Il est possible de réaliser la pâte au fouet dans un cul-de-poule.

PAIN SANS GLUTEN AUX FRUITS SECS

POUR 3 PAINS DE 650 g

◇

INGRÉDIENTS

500 g de farine de riz
100 g de farine de quinoa
60 g de farine de sarrasin
200 g d'amidon de maïs
10 g de gomme de guar
15 g de sel
20 g de levure
200 g de raisins secs blonds
120 g d'abricots secs moelleux, coupés en morceaux
80 g d'huile de tournesol
770 g d'eau
Graisse pour les moules

ÉTAPES DE FABRICATION

Température de base : **70 °C**
Mélange au robot (à la feuille) : **5 min**
Pointage : **aucun**
Poids des pains : **650 g**
Détente : **aucun**
Apprêt : **50 min à 25 °C**
Lamage : **aucun**
Cuisson : **35 min à 230 °C**

1 Dans la cuve du robot muni d'une feuille, disposez l'eau, l'huile de tournesol, la levure et le sel.

2 Tamisez ensemble la farine de riz, la farine de quinoa, la farine de sarrasin, l'amidon de maïs et la gomme de guar, puis versez-les dans la cuve.

3 À la feuille, mélangez le tout pendant 5 minutes afin d'obtenir une pâte homogène.

4 Incorporez les raisins secs blonds et les morceaux d'abricots.

5 À l'aide d'une corne, moulez 650 g d'appareil dans un moule à cake légèrement graissé. Lissez la surface du pâton avec les doigts humides.

6 L'apprêt est de 50 minutes à 25 °C avec un taux d'hygrométrie de 85 %.

7 Ne lamez pas les pains.

8 Dans un four à sole à 230 °C, faites cuire les pains 35 minutes.

À SAVOIR
Lissez bien le pâton pour que le pain soit plus joli après cuisson.

JEAN-FRANÇOIS ROUQUETTE

CHEF EXÉCUTIF DU PARK HYATT PARIS-VENDÔME, PUR'* (PARIS)

J'adore cette idée d'un pain vivant qui évolue au fur et à mesure qu'on le goûte.

LE PAIN DE L'ENFANCE

Enfant, j'ai passé beaucoup de vacances dans ma famille en Corrèze. Dans le village un peu retiré où nous étions, le camion à pain passait deux fois par semaine. C'était un peu l'événement ! Il livrait des gros pains de campagne qui libéraient leurs parfums dès l'ouverture des portes du camion. J'en rapportais une miche chez ma tante, elle la coupait en deux et nous faisait des tartines au beurre avec une bonne confiture de baies du jardin avant de l'emballer dans un grand torchon pour la conserver. C'était des pains de caractère à la mie un peu serrée, avec une belle acidité. Ils pouvaient tenir une bonne semaine. Le pain était une vraie gourmandise, d'autant plus qu'à part les tartes, il y avait peu de pâtisseries à cette époque. C'est vraiment ma première madeleine. Je me souviens aussi du pain que j'avais pour mission d'aller chercher pour mes parents. Ils avaient un café-restaurant dans le Val-d'Oise, à Montlignon, avec une clientèle d'enseignants et d'élèves pour qui ils préparaient des sandwiches pour le déjeuner. D'année en année, pour ma plus grande fierté, je pouvais accueillir de plus en plus de baguettes dans mes bras grands ouverts. Adolescent, j'arrivais à en porter une bonne trentaine ! Le bon sandwich (le jambon-beurre, les rillettes...) dans sa simplicité, fait partie de ma culture, de mes références.

UN « BON » PAIN ?

Le bon pain à la française, c'est pour moi le pain au levain naturel. Je reviens de plus en plus aux farines de caractère. Je m'éloigne des pains blancs, un peu légers, pour aller vers des pains, comme ceux au sarrasin, bien typés. J'aime les pains un peu lourds, qui font un à deux kilos, avec des textures différentes dans une même mie. J'adore cette idée d'un pain vivant qui évolue au fur et à mesure qu'on le goûte. J'ai eu la chance de beaucoup voyager, de déguster le pain sous toutes ses formes, avec ou sans levure, des pitas, des focaccias, des pains noirs..., mais mon plaisir, c'est le pain de campagne avec ce petit goût de seigle qui me rappelle les tartines de mon enfance.

EN CUISINE ET À TABLE !

Il y a une quinzaine d'années, je réfléchissais plutôt en termes de formes de pain. Aujourd'hui, j'ai envie de levains différents, dans lesquels on va ajouter certains ingrédients de saison, par exemple de la châtaigne en automne, ou même de l'oignon. J'aime beaucoup ce pain roulé comme un croissant avec de la fleur de sel et du romarin, qui est à mi-chemin entre le feuilleté de l'apéritif et le pain de table. Il est intéressant aussi de réfléchir à l'épaisseur du pain pour jouer sur les textures. Je pense au pain à la châtaigne un peu dense, que je coupe très finement dans un geste de cuisinier. Je le passe au four à 150 °C pour exhausser ses arômes et lui donner du croustillant. J'obtiens une sorte de tuile de pain très aromatique. Je le sers avec l'une de mes spécialités, la fricassée de girolles, accompagnée de mûres sauvages au vinaigre comme ma mère les aimait et de quelques noisettes. Travaillé ainsi, ce pain devient hyper léger et craquant. Il est un ingrédient à part entière qui peut m'inspirer de même que les matières premières qui le composent. Je peux imaginer un bouillon au levain naturel ou une glace à la levure. On peut également torréfier la farine et l'utiliser en cuisine. Le pain est bien plus qu'un simple accompagnement, une aide pour saucer ou le support d'un fromage. Il occupe une place essentielle dans le repas à la française.

« PARCE QUE C'ÉTAIT LUI, PARCE QUE C'ÉTAIT MOI »

J'ai été le premier client professionnel de Frédéric Lalos, il y a une vingtaine d'années, puis une sorte d'ambassadeur auprès de certains chefs. Au début, j'allais chercher le pain du restaurant chez lui, car il ne livrait pas. J'ai tout de suite aimé son approche très dynamique, très ouverte, et surtout à l'écoute. Je cherchais de nouveaux talents et un boulanger de sa qualité, capable de proposer des classiques d'excellence, mais aussi de faire preuve d'une grande créativité. Je voulais déjà à l'époque que l'on puisse raconter une histoire à table, insuffler de la nouveauté à mes clients, les surprendre. Dans la relation avec les artisans, le choix doit être réciproque. Nous avons donc bâti ce partenariat, à long terme, sur des valeurs communes. Nous proposons au restaurant une variété de cinq pains de Frédéric et deux pains sans gluten que nous fabriquons dans nos cuisines. J'intègre Frédéric et ses pains aux changements de saison, je partage avec lui mes envies et mes découvertes au gré de mes voyages. Nous nourrissons tout simplement et réciproquement nos créativités !

PAIN SANS GLUTEN AU CHOCOLAT

POUR 15 PAINS DE 120 g

◇

INGRÉDIENTS

600 g de farine de riz
240 g d'amidon de maïs
10 g de gomme de guar
15 g de sel
30 g de levure
60 g de sucre semoule
100 g de beurre fondu
200 g de pépites de chocolat noir
160 g d'œufs
640 g de lait demi-écrémé

ÉTAPES DE FABRICATION

Température de base : **70 °C**
Mélange au robot (à la feuille) : **5 min**
Pointage : **aucun**
Poids des pains : **120 g**
Détente : aucune
Apprêt : **50 min à 25 °C**
Lamage : **aucun**
Cuisson : **25 min à 230 °C**

1 Dans la cuve du robot muni d'une feuille, disposez le lait, les œufs, le sucre, la levure et le sel.

2 Tamisez ensemble la farine de riz, l'amidon de maïs et la gomme de guar, puis versez-les dans la cuve.

3 À la feuille, mélangez le tout pendant 5 minutes afin d'obtenir une pâte homogène.

4 Incorporez le beurre fondu, puis les pépites de chocolat.

5 À l'aide d'une corne, moulez 120 g d'appareil dans un moule rond Flexipan®. Lissez la surface du pâton avec les doigts humides.

6 L'apprêt est de 50 minutes à 25 °C avec un taux d'hygrométrie de 85 %.

7 Ne lamez pas les pains.

8 Dans un four à sole à 230 °C, faites cuire les pains 25 minutes.

À SAVOIR

Soyez attentif à la cuisson, car ce pain a tendance à colorer rapidement du fait de la présence de sucre dans la recette.

PAIN SANS GLUTEN AUX SIX FARINES

POUR 3 PAINS DE 600 g

◇

INGRÉDIENTS

430 g de farine de riz
40 g de farine de quinoa
40 g de farine de châtaigne
60 g de farine de sarrasin
60 g de farine de lin
60 g de farine de maïs
200 g d'amidon de maïs
10 g de gomme de guar
15 g de sel
20 g de levure
880 g d'eau
Graisse pour les moules

ÉTAPES DE FABRICATION

Température de base : **70 °C**
Mélange au robot (à la feuille) : **5 min**
Pointage : **aucun**
Poids des pains : **600 g**
Détente : **aucune**
Apprêt : **50 min à 25 °C**
Lamage : **aucun**
Cuisson : **45 min à 230 °C**

1. Dans la cuve du robot muni d'une feuille, disposez l'eau, la levure et le sel.
2. Tamisez ensemble les six farines, l'amidon de maïs, la gomme de guar, puis versez-les dans la cuve.
3. À la feuille, mélangez le tout pendant 5 minutes afin d'obtenir une pâte homogène.
4. À l'aide d'une corne, moulez 600 g d'appareil dans un moule à cake légèrement graissé. Lissez le dessus du pâton avec les doigts humides.
5. L'apprêt est de 50 minutes à 25 °C avec un taux d'hygrométrie de 85 %.
6. Ne lamez pas les pains.
7. Dans un four à sole à 230 °C, faites cuire les pains 45 minutes.

À SAVOIR

Juste avant l'enfournement, vous pouvez fariner le pain avec de la farine de riz pour un aspect plus rustique.

LES JOLIS PAINS

PÂTE À PAIN DÉCORÉ

RECETTE DE BASE

POUR ENVIRON 3100 g DE PÂTE

◇

INGRÉDIENTS

1200 g de farine de tradition T65
500 g de farine complète
150 g de pâte fermentée
200 g de levain naturel
(voir recette page 96)
40 g de sel
8 g de levure
8 g d'améliorant
1 l d'eau de coulage

ÉTAPES DE FABRICATION

Température de base : **58 °C**
Pétrissage (à spirale) :
8 min en 1re vitesse,
puis 2 min en 2de vitesse
Température de la pâte : **24,5 °C**
Pointage : **45 min**
en bac à température ambiante
Poids des pâtons :
selon la forme souhaitée
Détente : **environ 15 min**
Façonnage : **selon la forme souhaitée**

1 Préparez le levain naturel *(voir recette page 96)*.

2 Dans la cuve du pétrin à spirale, disposez l'eau, la levure et la pâte fermentée ainsi que le levain naturel. Ajoutez ensuite la farine de tradition T65, la farine complète, l'améliorant et le sel.

3 Pétrissez 8 minutes en 1re vitesse, puis 2 minutes en 2de vitesse jusqu'à obtention d'une pâte bien lisse. À la fin du pétrissage, la température doit être de 24,5 °C.

4 Sortez la pâte du pétrin. Laissez-la pointer en bac à température ambiante pendant 45 minutes.

5 Pesez des pâtons selon la forme souhaitée.

PAIN MARGUERITE

POUR 1 PAIN D'ENVIRON 430 g

◇

INGRÉDIENTS

380 g de pâte à pain décoré
(voir recette page 322)
80 g de pâte à pain décoré
(voir recette page 322)
Cacao en poudre
Curcuma
Huile pour les contours

ÉTAPES DE FABRICATION

Pointage : **45 min en bac à température ambiante**
Poids du pain : **380 g + 80 g**
Détente : **environ 15 + 5 min**
Façonnage : **boule, soudure à gris sur une toile non farinée**
Apprêt : **16 h à 10 °C**
Lamage : **aucun**
Cuisson : **35 min à 250 °C**

1 Préparez la pâte à pain décoré *(voir recette page 322)*.

2 Sortez la pâte du pétrin. Laissez-la pointer en bac à température ambiante pendant 45 minutes.

3 À la main, pesez un pâton de 380 g, ne le mettez pas en forme et laisse-le se détendre pendant environ 15 minutes.

4 Façonnez une boule et laissez-la de nouveau se détendre environ 5 minutes pour faciliter la soudure.

5 Posez-la sur une toile non farinée, soudure à gris.

6 L'apprêt est de 16 heures à 10 °C avec un taux d'hygrométrie de 85 %.

7 Abaissez un morceau de pâte à 2 au laminoir et, à l'aide d'un pochoir, détaillez une marguerite. Huilez les contours et placez la marguerite au congélateur.

8 Trente minutes avant enfournement, sortez la marguerite du congélateur et tamisez-la de cacao. Enlevez l'excédent pour obtenir une fine couche homogène.

9 Posez un pochoir évidé au centre et tamisez le curcuma. Placez un pochoir (éventail de feuilles) pour tamiser la farine.

10 Posez l'ensemble sur la boule placée sur une feuille de papier cuisson.

11 Ne lamez pas le pain.

12 Dans un four à sole à 250 °C, avec de la buée à l'enfournement, faites cuire le pain pendant 35 minutes, oura fermé.

À SAVOIR

Décongelez bien la marguerite pour éviter qu'elle ne cloque pas à la cuisson.

PAIN CARRÉ PAVOT

POUR 1 PAIN D'ENVIRON 430 g

◇

INGRÉDIENTS

350 g de pâte à pain décoré
(voir recette page 322)
100 g de pâte à pain décoré
(voir recette page 322)
Pavot
Huile pour les contours

ÉTAPES DE FABRICATION

Pointage : **45 min en bac à température ambiante**
Poids du pain : **350 g + 100 g**
Détente : **environ 15 + 10 min**
Façonnage : **boule**
Apprêt : **16 h à 10 °C**
Lamage : **aucun**
Cuisson : **35 min à 250 °C**

1 Préparez la pâte à pain décoré (*voir recette page 322*).

2 Sortez la pâte du pétrin. Laissez-la pointer en bac à température ambiante pendant 45 minutes.

3 À la main, pesez un pâton de 350 g, ne le mettez pas en forme et laissez-le se détendre pendant environ 15 minutes.

4 Façonnez une boule et laissez-la de nouveau se détendre environ 10 minutes. À l'aide d'un petit rouleau, aplatissez son contour en quatre points et repliez-les sur eux-mêmes au centre de la boule pour obtenir un carré.

5 En parallèle, abaissez les 100 g de pâte et détaillez 2 carrés de 11 cm de côté. Huilez les côtés et placez les carrés au congélateur quelques minutes. Humidifiez l'un d'entre eux, côté non huilé, et placez-le dans le pavot.

6 Posez le côté recouvert de pavot sur une toile non farinée. Placez à cheval sur le carré recouvert de pavot le second carré (sans pavot), puis placez le carré de pâte dessus, soudure à gris sur le second carré (sans pavot).

7 L'apprêt est de 16 heures à 10 °C avec un taux d'hygrométrie de 85 %.

8 Retournez le carré.

9 Avec un pochoir, tamisez-le de farine.

10 Ne lamez pas le pain.

11 Dans un four à sole à 250 °C, avec de la buée à l'enfournement, faites cuire le pain pendant 35 minutes, oura fermé.

PAIN TRIANGLE

POUR 1 PAIN D'ENVIRON 400 g

◇

INGRÉDIENTS

350 g de pâte à pain décoré
(voir recette page 322)
80 g de pâte à pain décoré
(voir recette page 322)
Cacao en poudre
Farine
Huile pour les contours

ÉTAPES DE FABRICATION

Pointage : **45 min en bac à température ambiante**
Poids du pain : **350 g + 80 g**
Détente : **environ 15 + 10 min**
Façonnage : **boule, soudure à gris sur une toile non farinée**
Apprêt : **16 h à 10 °C**
Lamage : **aucun**
Cuisson : **35 min à 250 °C**

1 Préparez la pâte à pain décoré (*voir recette page 322*).

2 Sortez la pâte du pétrin. Laissez-la pointer en bac à température ambiante pendant 45 minutes.

3 À la main, pesez un pâton de 350 g, ne le mettez pas en forme et laisse-les se détendre pendant environ 15 minutes.

4 Façonnez une boule et laissez-la de nouveau se détendre environ 10 minutes pour faciliter la soudure. À l'aide d'un petit rouleau, abaissez sur 3 faces la boule une petite languette.

5 Repliez au centre de la boule les 3 languettes pour obtenir un triangle.

6 Posez ce triangle sur une toile non farinée, soudure à gris.

7 L'apprêt est de 16 heures à 10 °C avec un taux d'hygrométrie de 85 %.

8 Abaissez les 80 g à 2 au laminoir et, à l'aide d'un pochoir, détaillez un triangle équilatéral de 15 cm. Huilez les côtés et placez le triangle au congélateur.

9 30 minutes avant enfournement, sortez le triangle du congélateur et tamisez-le de cacao. Enlevez l'excédent pour obtenir une fine couche homogène. Posez un pochoir sur le triangle et tamisez la farine.

10 Placez l'ensemble sur le pain triangle préalablement retourné et posé sur une feuille de papier cuisson.

11 Ne lamez pas le pain.

12 Dans un four à sole à 250 °C, avec de la buée à l'enfournement, faites cuire le pain pendant 35 minutes, oura fermé.

PAIN VIRGULE

POUR 1 PAIN D'ENVIRON 480 g

◇

INGRÉDIENTS

400 g de pâte à pain décoré
(voir recette page 322)
100 g de pâte à pain décoré
(voir recette page 322)
Farine
Huile pour les contours

ÉTAPES DE FABRICATION

Pointage : **45 min**
Poids du pain : **400 g + 100 g**
Détente : **environ 15 min**
Façonnage : **bâtard en forme de goutte, soudure à gris sur une toile non farinée**
Apprêt : **16 h à 10 °C**
Lamage : **aucun**
Cuisson : **35 min à 250 °C**

1 Préparez la pâte à pain décoré (*voir recette page* 322).

2 Sortez la pâte du pétrin. Laissez-la pointer en bac à température ambiante pendant 45 minutes. À la main, pesez un pâton de 400 g, donnez-lui une forme ronde et laissez-le se détendre pendant environ 15 minutes.

3 Façonnez un bâtard en forme de goutte.

4 En parallèle, abaissez les 100 g de pâte et détaillez une virgule. Huilez les contours et placez la virgule au congélateur quelques minutes.

5 Placez la virgule sur une toile non farinée. Déposez le bâtard en forme de goutte sur la virgule, soudure à gris.

6 L'apprêt est de 16 heures à 10 °C avec un taux d'hygrométrie de 85 %.

7 À l'enfournement, retournez l'ensemble.

8 Avec un pochoir, tamisez la farine.

9 Ne lamez pas le pain.

10 Dans un four à sole à 250 °C, avec de la buée à l'enfournement, faites cuire le pain pendant 35 minutes, oura fermé.

THIERRY MARX

Chef exécutif du Mandarin Oriental Paris, Sur Mesure**
Créateur des centres de formation « Cuisine Mode d'Emploi(s) »
Dirigeant des établissements « Thierry Marx Bakery »

La boulangerie, c'était un peu mon camion de pompier de gamin !

« Enfant, je passais devant la boutique de Bernard Ganachaud qui proposait un style de pains un peu différent de ce que l'on pouvait trouver dans les années 1970. Je trouvais formidable de voir ce qu'il arrivait à faire avec de l'eau, de la farine et, bien sûr, du talent. Très jeune, je me suis intéressé à la boulangerie en rencontrant des professionnels qui m'ont tous conseillé de commencer par la pâtisserie. Avant même d'apprendre le métier de cuisinier, j'ai donc été apprenti pâtissier, tout en continuant à me former à l'art du pain, notamment avec des Compagnons du Devoir. La boulangerie, c'était un peu mon camion de pompier de gamin ! Alors, quand j'ai ouvert mes premières boulangeries, j'ai concrétisé un rêve d'enfance. Et aujourd'hui encore, la boulangerie donne du sens à ma cuisine. Le pain est un contenant dans lequel je mets de la cuisine. De la bonne cuisine dans du bon pain, voilà du « zéro gaspi », sans couverts polluants ! La boulangerie, comme la cuisine, c'est le lien du vivant. De la terre à l'assiette. Nos métiers sont construits autour de trois éléments fondamentaux : le geste, le feu et le temps. Et avec le pain, on peut bien manger à petit prix, au juste prix, celui qui respecte l'artisan et le client. Le vrai boulanger ne se coupe jamais du monde rural. On est dans une économie de la qualité, dans la noblesse de la cuisine populaire. C'est pour cela que je me suis intéressé au snacking. Dans mes sandwichs, il y a une vraie réflexion sur l'accord mets et pain.

Je suis fou de pain ! Mon grand plaisir, c'est le seigle. Un pain de seigle très réussi est le signe d'un grand boulanger. C'est un peu mon mètre étalon dans une vitrine de boulangerie. J'aime, par exemple, les seigles d'Auvergne ou de Bretagne, mais aussi les notes de torréfaction ainsi que ce côté tigré de ces pains qui fait penser aux circonvolutions du cerveau. Dans mes restaurants, j'ai toujours donné une très grande place aux pains dans toute leur diversité. Offrir un bon pain à un client est un signe de convivialité et d'hospitalité mais, à l'image de l'eau, c'est aussi un marqueur de la qualité de la table qui vous accueille, de la sensibilité portée à une fermentation, à des arômes, à des textures. Des boulangers talentueux comme Frédéric Lalos ne se rendent pas compte à quel point ils sont des modèles pour la gastronomie. Frédéric est l'exemple même de l'absence de conflit entre la tradition et l'innovation. La tradition, ce n'est pas l'adoration des cendres. C'est cette transmission d'une passion qu'il incarne très bien. Ses pains sont signés avec une véritable empreinte gastronomique. J'aime son efficacité, tout en discrétion. Il est de ces hommes qui parlent peu, mais qui font ! Entre artisans, nous partageons le même langage, celui de la qualité, qui tisse entre nous un lien de confiance. Je crois profondément à l'hybridation des cerveaux. Sa créativité vient nourrir la mienne, et réciproquement. »

PAIN PORTEMANTEAU

POUR 1 PAIN DE 400 g

◇

INGRÉDIENTS

400 g de pâte à baguette en pousse lente sur pâte fermentée
(voir recette page 76)

ÉTAPES DE FABRICATION

Pointage : **30 min en bac à température ambiante**
Poids du pain : **400 g**
Détente : **environ 15 + 15 min**
Façonnage : **bâtard**
Apprêt : **16 h à 10 °C**
Lamage : **1 coup de lame**
Cuisson : **35 min à 250 °C**

1 Préparez la pâte à baguette en pousse lente sur pâte fermentée *(voir recette page 76)*.

2 Sortez la pâte du pétrin. Laissez-la pointer en bac à température ambiante pendant 30 minutes.

3 À la main, pesez un pâton de 400 g, donnez-lui une forme ronde et laissez-le se détendre pendant environ 15 minutes.

4 Façonnez un bâtard et laissez-le de nouveau se détendre 15 minutes.

5 À l'aide d'un rouleau, allongez les 2 extrémités du bâtard dans le sens de la longueur pour obtenir une pâte fine. Faites de même dans le sens de la largeur. Incisez le bout de la « languette » à l'aide d'un coupe-pâte.

6 Roulez les extrémités sur elles-mêmes. Retournez le bâtard et posez-le, soudure à gris, sur une toile légèrement farinée.

7 L'apprêt est de 16 heures à 10 °C avec un taux d'hygrométrie de 85 %.

8 À l'enfournement, retournez le pain et donnez-lui un petit coup de lame.

9 Dans un four à sole à 250 °C, avec de la buée à l'enfournement, faites cuire le pain pendant 35 minutes, oura fermé.

À SAVOIR
Vous pouvez réaliser un pain portemanteau avec une pâte à pain de campagne ou à baguette de tradition française.

PAIN CORDON

POUR 1 PAIN DE 440 g

INGRÉDIENTS

400 g de pâte à baguette en pousse lente sur pâte fermentée
(voir recette page 76)
40 g de pâte pour le cordon

ÉTAPES DE FABRICATION

Pointage : **30 min en bac à température ambiante**
Poids du pain : **400 g + 40 g**
Détente : **environ 15 min**
Façonnage : **bâtard**
Apprêt : **16 h à 10 °C**
Lamage : **aucun**
Cuisson : **35 min à 250 °C**

1 Préparez la pâte à baguette en pousse lente sur pâte fermentée *(voir recette page 76)*.

2 Sortez la pâte du pétrin. Laissez-la pointer en bac à température ambiante pendant 30 minutes.

3 À la main, pesez un pâton de 400 g, donnez-lui une forme ronde et laissez-le se détendre pendant environ 15 minutes.

4 Façonnez un bâtard.

5 Avec les 40 g de pâte, réalisez un cordon faisant quatre fois la longueur du bâtard.

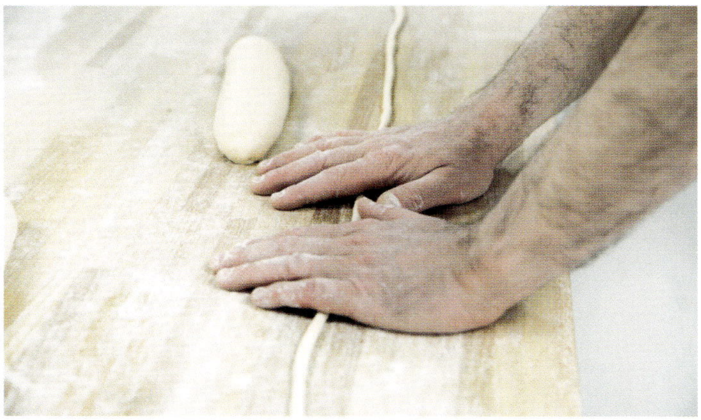

6 Disposez-le de façon harmonieuse sur le bâtard. Appuyez légèrement sur la pâte pour le fixer.

7 Retournez l'ensemble et posez sur une toile légèrement farinée.

8 L'apprêt est de 16 heures à 10 °C avec un taux d'hygrométrie de 85 %.

9 À l'enfournement, retournez le pain.

10 Ne lamez pas le pain.

11 Dans un four à sole à 250 °C, avec de la buée à l'enfournement, faites cuire le pain pendant 35 minutes, oura fermé.

À SAVOIR

Vous pouvez également réaliser un pain cordon avec une pâte à pain de campagne ou à baguette de tradition française.

COURONNE BORDELAISE

POUR 1 PAIN DE 1 000 g

◇

INGRÉDIENTS

900 g de pâte à baguette en pousse lente sur pâte fermentée *(voir recette page 76)*

100 g de pâte à baguette en pousse lente sur pâte fermentée *(voir recette page 76)*

Huile pour le contour

ÉTAPES DE FABRICATION

Pointage : **30 min en bac à température ambiante**

Poids du pain : **900 g + 100 g**

Détente : **environ 15 min**

Façonnage : **boule, soudure à gris en banneton rond**

Apprêt : **16 h à 10 °C**

Lamage : **aucun**

Cuisson : **35 min à 250 °C**

1 Préparez la pâte à baguette en pousse lente sur pâte fermentée *(voir recette page 76)*.

2 Sortez 1000 g de pâte du pétrin. Laissez-la pointer en bac à température ambiante pendant 30 minutes.

3 À la main, pesez un pâton de 100 g, ne le mettez pas en forme et laissez-le se détendre pendant environ 15 minutes.

4 À l'aide d'un rouleau, abaissez un morceau de pâte relativement fin.

5 Détaillez une abaisse bien ronde à l'aide d'un emporte-pièce.

6 Placez-la dans un banneton rond à couronne, préalablement fariné, de manière à recouvrir tout le dôme et la moitié de la couronne. Huilez le contour du disque.

7 Avec les 900 g de pâte, façonnez 9 boules et placez-les de façon régulière dans le banneton, soudure à gris.

8 À l'aide d'un petit couteau, découpez l'abaisse de pâte sur le dôme du banneton en 9 triangles équivalents. Placez-les sur le sommet des boules.

9 L'apprêt est de 16 heures à 10 °C avec un taux d'hygrométrie de 85 %.

10 À l'enfournement, retournez le banneton.

11 Ne lamez pas le pain.

12 Dans un four à sole à 250 °C, avec de la buée à l'enfournement, faites cuire la couronne pendant 35 minutes, oura fermé.

À SAVOIR

Vous pouvez réaliser une couronne bordelaise avec une pâte à pain de campagne ou à baguette de tradition française.

TABATIÈRE

POUR 1 PAIN DE 400 g

◇

INGRÉDIENTS

400 g de pâte à baguette en pousse lente sur pâte fermentée *(voir recette page 76)*

Huile pour le bord

ÉTAPES DE FABRICATION

Pointage : **30 min en bac à température ambiante**

Poids du pain : **400 g**

Détente : **environ 15 + 15 min**

Façonnage : **boule, sur une toile non farinée**

Apprêt : **16 h à 10 °C**

Lamage : **aucun**

Cuisson : **35 min à 250 °C**

1 Préparez la pâte à baguette en pousse lente sur pâte fermentée *(voir recette page 76)*.

2 Sortez la pâte du pétrin. Laissez-la pointer en bac à température ambiante pendant 30 minutes.

3 À la main, pesez un pâton de 400 g, ne le mettez pas en forme et laissez-le se détendre pendant environ 15 minutes.

4 Façonnez une boule et laissez-la de nouveau se détendre 15 minutes.

5 À l'aide d'un petit rouleau, aplatissez une partie du contour de la boule pour l'affiner et huilez le bord de la partie aplatie.

6 Faites revenir la partie légèrement aplatie sur la boule.

7 Retournez la boule et posez-la sur une toile non farinée.

8 L'apprêt est de 16 heures à 10 °C avec un taux d'hygrométrie de 85 %.

9 À l'enfournement, retournez le pain.

10 À l'aide d'un pochoir, farinez légèrement le pain.

11 Ne lamez pas le pain.

12 Dans un four à sole à 250 °C, avec de la buée à l'enfournement, faites cuire le pain pendant 35 minutes, oura fermé.

À SAVOIR

Vous pouvez réaliser une tabatière avec une pâte à pain de campagne ou à baguette de tradition française.

LES PAINS SUCRÉS

PAIN DE MIE NATURE

RECETTE DE BASE

POUR 1,5 PAIN DE MIE DE 1 900 g

INGRÉDIENTS

1 600 g de farine de tradition T65
40 g de sel
30 g de levure
70 g de sucre semoule
70 g de poudre de lait
25 g de gluten
70 g d'œufs
40 g de crème liquide
100 g de beurre
1 l d'eau de coulage
Graisse pour le moule

ÉTAPES DE FABRICATION

Température de base : **50 °C**
Pétrissage (pétrin à spirale) : **6 min en 1re vitesse, puis 5 + 2 min en 2de vitesse avec le beurre**
Température de la pâte : **24 °C**
Pointage : **1 h en bac à température ambiante**
Poids de 1 pain de mie : **1 900 g**
Détente : **environ 10 min**
Façonnage : **à la machine rouleau desserré, long pain torsadé, en moule à pain de mie**
Apprêt : **2 h 30 à 25 °C**
Lamage : **aucun**
Cuisson : **80 min à 160 °C**

1 Dans la cuve du pétrin à spirale, disposez l'eau, la crème, les œufs et la levure. Ajoutez ensuite la farine de tradition T65, le sel, le sucre, la poudre de lait et le gluten.

2 Pétrissez 6 minutes en 1re vitesse, puis 5 minutes en 2de vitesse jusqu'à obtention d'une pâte bien lisse. Ajoutez ensuite en 1re vitesse le beurre et pétrissez de nouveau 2 minutes en 2de vitesse. À la fin du pétrissage, la température doit être de 24 °C.

3 Sortez la pâte du pétrin. Laissez-la pointer en bac à température ambiante pendant 1 heure.

4 Pesez un pâton de 1900 g, donnez-lui une forme allongée et laissez-le se détendre pendant environ 10 minutes.

5 À la machine, rouleaux totalement ouverts, façonnez un pain long et torsadez-le.

6 Disposez-le dans un moule à pain de mie traiteur de 40 cm x 10 cm x 10 cm, préalablement graissé. Fermez le moule avec le couvercle.

7 L'apprêt est de 2 heures 30 à 25 °C avec un taux d'hygrométrie de 85 %.

8 Ne lamez pas le pain de mie.
CONSEIL : au moment de l'enfournement, la pâte doit être poussée aux trois quarts du moule.

9 Dans un four ventilé à 160 °C, sur grille, faites cuire le pain de mie pendant 80 minutes, oura fermé.

À SAVOIR
Vous pouvez avec cette pâte faire des pains de mie de taille « boutique ». Dans ce cas, pesez des pâtons de 300 g et laissez-les pointer seulement 30 minutes.
Si vous n'avez pas de gluten, vous pouvez remplacer la farine de tradition T65 par de la farine de gruau.

PAIN DE MIE CHARBON

POUR 1 PAIN DE MIE DE 1 900 g

◇

INGRÉDIENTS

1 795 g de pâte à pain de mie nature
(voir recette page 344)
35 g de charbon en poudre
70 g d'eau
Graisse pour le moule

ÉTAPES DE FABRICATION

Mélange (pétrin à spirale) : **6 min en 1re vitesse**
Température de la pâte : **24 °C**
Pointage : **1 h en bac à température ambiante**
Poids du pain de mie : **1 900 g**
Détente : **environ 10 min**
Façonnage : **à la machine rouleau desserré, long pain torsadé, en moule à pain de mie**
Apprêt : **2 h 30 à 25 °C**
Lamage : **aucun**
Cuisson : **80 min à 160 °C**

1 Préparez la pâte à pain de mie nature *(voir recette page 344)*.

2 Mélangez le charbon dans l'eau jusqu'à obtention d'une pâte.

3 Dans la cuve du pétrin à spirale, mélangez 6 minutes en 1re vitesse la pâte à pain de mie nature avec la pâte au charbon jusqu'à obtention d'un mélange bien homogène. À la fin du mélange, la température doit être de 24 °C.

4 Sortez la pâte du pétrin. Laissez-la pointer en bac à température ambiante pendant 1 heure.

5 Donnez-lui une forme allongée et laissez-le se détendre pendant environ 10 minutes.

6 À la machine, rouleaux totalement ouverts, façonnez un pain long et torsadez-le.

7 Disposez-le ensuite dans un moule à pain de mie traiteur de 40 cm x 10 cm x 10 cm, préalablement graissé. Fermez le moule avec le couvercle.

8 L'apprêt est de 2 heures 30 à 25 °C avec un taux d'hygrométrie de 85 %.

9 Ne lamez pas le pain de mie.

10 Dans un four ventilé à 160 °C, sur grille, faites cuire le pain de mie pendant 80 minutes, oura fermé.

À SAVOIR
Faites attention lorsque vous mélangez le charbon à la pâte, car c'est un produit très volatil.

PAIN DE MIE MARBRÉ

POUR 1 PAIN DE MIE DE 1 800 g

◇

INGRÉDIENTS

900 g de pâte à pain de mie nature
(voir recette page 344)
850 g de pâte à pain de mie nature
(voir recette page 344)
18 g de charbon en poudre
32 g d'eau
Graisse pour le moule

ÉTAPES DE FABRICATION

Mélange (pétrin à spirale) : **6 min en 1re vitesse**
Température de la pâte : **24 °C**
Pointage : **1 h en bac à température ambiante**
Poids du pain de mie : **1 800 g**
Détente : **environ 10 min**
Façonnage : **à la main**
Apprêt : **2 h 30 à 25 °C**
Lamage : **aucun**
Cuisson : **80 min à 160 °C**

1 Préparez la pâte à pain de mie nature *(voir recette page 344)*.

2 Mélangez le charbon dans l'eau jusqu'à obtention d'une pâte.

3 Dès l'arrêt du pétrissage de la pâte à pain de mie nature, pesez 900 g et 850 g.

4 Mélangez en 1re vitesse 850 g de pâte à pain de mie nature avec la pâte au charbon jusqu'à obtention d'un mélange bien homogène. À la fin du mélange, la température doit être de 24 °C.

5 Sortez la pâte du pétrin. Laissez-la pointer en bac à température ambiante pendant 1 heure.

6 Pesez 6 pâtons de 300 g (3 pâtons nature et 3 pâtons charbon). Donnez-leur une forme allongée et laissez-les se détendre pendant environ 10 minutes.

7 Formez des rectangles de 20 cm sur 15 cm et superposez-les ensuite les uns sur les autres, en alternant nature et charbon.

8 Dans la largeur, coupez ensuite six morceaux de pâte. Disposez-les en L dans un moule à pain de mie traiteur de 40 cm x 10 cm x 10 cm, préalablement graissé. Fermez le moule avec le couvercle.

9 L'apprêt est de 2 heures 30 à 25 °C avec un taux d'hygrométrie de 85 %.

10 Ne lamez pas le pain de mie.

11 Dans un four ventilé à 160 °C, sur grille, faites cuire le pain de mie pendant 80 minutes, oura fermé.

PAIN DE MIE TWISTÉ

POUR 1 PAIN DE MIE DE 1 800 g

◇

INGRÉDIENTS

900 g de pâte à pain de mie nature
(voir recette page 344)
750 g de pâte à pain de mie nature
(voir recette page 344)
60 g de cacao en poudre
90 g d'eau
Graisse pour le moule

ÉTAPES DE FABRICATION

Mélange (pétrin à spirale) :
6 min en 1re vitesse
Température de la pâte : **24 °C**
Pointage : **1 h en bac à température ambiante**
Poids du pain de mie : **1 800 g**
Détente : **environ 10 min**
Façonnage : **à la main,**
Apprêt : **2 heures 30 à 25 °C**
Lamage : **aucun**
Cuisson : **80 min à 160 °C**

1 Préparez la pâte à pain de mie nature *(voir recette page 344)*.

2 Dès l'arrêt du pétrissage du pain de mie nature, pesez 900 g et 750 g de pâte.

3 Mélangez en 1re vitesse les 750 g de pâte à pain de mie nature avec le cacao et l'eau jusqu'à obtention d'un mélange bien homogène. À la fin du pétrissage, la température doit être de 24 °C.

4 Sortez la pâte au cacao du pétrin. Laissez-la pointer en bac à température ambiante pendant 1 heure.

5 Abaissez les 2 pâtons de 900 g en une forme rectangulaire de 30 cm sur 15 cm, et laissez-les se détendre pendant environ 10 minutes.

6 Superposez-les et roulez-les. Coupez ensuite le boudin dans le sens de la longueur en trois et torsadez-le.

7 Disposez-le ensuite dans un moule à pain de mie traiteur de 40 cm x 10 cm x 10 cm, préalablement graissé. Fermez le moule avec le couvercle.

8 L'apprêt est de 2 heures 30 à 25 °C avec un taux d'hygrométrie de 85 %.

9 Ne lamez pas le pain de mie.

10 Dans un four ventilé, sur grille à 160 °C, faites cuire le pain de mie pendant 80 minutes, oura fermé.

PAIN DE MIE AUX CÉRÉALES

POUR 1,5 PAIN DE MIE DE 1 900 g

◇

INGRÉDIENTS

1 450 g de farine de tradition T65
40 g de sel
25 g de levure
100 g de sucre semoule
70 g de poudre de lait
10 g de gluten
300 g de mélange de céréales (sésame, lin brun, lin jaune, flocons de blé, tournesol)
40 g de crème liquide
80 g de beurre
1 l d'eau de coulage
Graisse pour le moule

ÉTAPES DE FABRICATION

Température de base : **50 °C**
Pétrissage (pétrin à spirale) : **6 min en 1re vitesse, puis 5 + 2 min en 2de vitesse avec le beurre**
Température de la pâte : **24 °C**
Pointage : **1 h en bac à température ambiante**
Poids de 1 pain de mie : **1 900 g**
Détente : **environ 10 min**
Façonnage : **à la machine rouleau desserré, long pain torsadé, en moule à pain de mie**
Apprêt : **2 h 30 à 25 °C**
Lamage : **aucun**
Cuisson : **80 min à 160 °C**

1 Dans la cuve du pétrin à spirale, disposez l'eau, la crème et la levure. Ajoutez ensuite la farine de tradition T65, le sel, le sucre, la poudre de lait, les céréales et le gluten.

2 Pétrissez 6 min en 1re vitesse, puis 5 minutes en 2de vitesse jusqu'à obtention d'une pâte bien lisse. Ajoutez ensuite en 1re vitesse le beurre et pétrissez de nouveau 2 minutes en 2de vitesse. À la fin du pétrissage, la température doit être de 24 °C.

3 Sortez la pâte du pétrin. Laissez-la pointer en bac à température ambiante pendant 1 heure.

4 Pesez un pâton de 1900 g, donnez-lui une forme allongée et laissez-le se détendre pendant environ 10 minutes.

5 À la machine, rouleaux totalement ouverts, façonnez un pain long et torsadez-le.

6 Disposez-le ensuite dans un moule à pain de mie traiteur de 40 cm x 10 cm x 10 cm, préalablement graissé. Fermez le moule avec le couvercle.

7 L'apprêt est de 2 heures 30 à 25 °C avec un taux d'hygrométrie de 85 %.

8 Ne lamez pas le pain de mie.
CONSEIL : au moment de l'enfournement, la pâte doit être poussée aux quatre cinquièmes du moule.

9 Dans un four ventilé à 160 °C, sur grille, faites cuire le pain de mie pendant 80 minutes, oura fermé.

À SAVOIR
Si vous n'avez pas de gluten, vous pouvez remplacer la farine de tradition T65 par de la farine de gruau.

PAIN DE MIE COMPLET

POUR 1,5 PAIN DE MIE D'ENVIRON 1 900 g

INGRÉDIENTS

750 g de farine de tradition T65
750 g de farine complète T150
40 g de sel
25 g de levure
100 g de sucre semoule
70 g de poudre de lait
15 g de gluten
40 g de crème liquide
80 g de beurre
1 l d'eau de coulage
Graisse pour le moule

ÉTAPES DE FABRICATION

Température de base : **50 °C**
Pétrissage (pétrin à spirale) : **6 min en 1re vitesse, puis 5 + 2 min en 2de vitesse**
Température de la pâte : **24 °C**
Pointage : **1 h en bac à température ambiante**
Poids de 1 pain de mie : **1900 g**
Détente : **environ 10 min**
Façonnage : **à la machine rouleau desserré, long pain torsadé, en moule à pain de mie**
Apprêt : **2 h 30 à 25 °C**
Lamage : **aucun**
Cuisson : **80 min à 160 °C**

1 Dans la cuve du pétrin à spirale, disposez l'eau, la crème et la levure. Ajoutez ensuite la farine de tradition T65, la farine complète T150, le sel, le sucre, la poudre de lait et le gluten.

2 Pétrissez 6 minutes en 1re vitesse, puis 5 minutes en 2de vitesse jusqu'à obtention d'une pâte bien lisse. Ajoutez ensuite en 1re vitesse le beurre et pétrissez de nouveau 2 minutes en 2de vitesse. À la fin du pétrissage, la température doit être de 24 °C.

3 Sortez la pâte du pétrin. Laissez-la pointer en bac à température ambiante pendant 1 heure.

4 Pesez un pâton de 1900 g, donnez-lui une forme allongée et laissez-le se détendre pendant environ 10 minutes.

5 À la machine, rouleaux totalement ouverts, façonnez un pain long et torsadez-le.

6 Disposez-le ensuite dans un moule à pain de mie traiteur de 40 cm x 10 cm x 10 cm, préalablement graissé. Fermez le moule avec le couvercle.

7 L'apprêt est de 2 h 30 à 25 °C avec un taux d'hygrométrie de 85 %.

8 Ne lamez pas le pain de mie.
CONSEIL : au moment de l'enfournement, il faut que la pâte touche quasiment le couvercle pour que le pain soit bien rectangulaire.

9 Dans un four ventilé à 160 °C, sur grille, faites cuire le pain de mie pendant 80 minutes, oura fermé.

À SAVOIR
Si vous n'avez pas de gluten, vous pouvez remplacer la farine de tradition T65 par de la farine de gruau.

PAIN DE MIE À L'HUILE D'OLIVE

POUR 2 PAINS DE MIE DE 1 800 g

INGRÉDIENTS

1 900 g de farine de tradition T65
45 g de sel
30 g de levure
80 g de sucre semoule
80 g de poudre de lait
20 g de gluten
60 g de crème liquide
200 g d'huile d'olive
100 g de beurre
1 l d'eau de coulage
Graisse pour les moules

ÉTAPES DE FABRICATION

Température de base : **50 °C**
Pétrissage (pétrin à spirale) : **6 min en 1re vitesse, puis 5 + 2 min en 2de vitesse avec le beurre**
Température de la pâte : **24 °C**
Pointage : **1 h en bac à température ambiante**
Poids des pains de mie : **1 800 g**
Détente : **environ 10 min**
Façonnage : **à la machine rouleau desserré, long pain torsadé, en moule à pain de mie**
Apprêt : **2 h 30 à 25 °C**
Lamage : **aucun**
Cuisson : **80 min à 160 °C**

1 Dans la cuve du pétrin à spirale, disposez l'eau, l'huile d'olive, la crème et la levure. Ajoutez ensuite la farine de tradition T65, le sel, le sucre, la poudre de lait et le gluten.

2 Pétrissez 6 minutes en 1re vitesse, puis 5 minutes en 2de vitesse jusqu'à obtention d'une pâte bien lisse. Ajoutez ensuite en 1re vitesse le beurre et pétrissez de nouveau 2 minutes en 2de vitesse. À la fin du pétrissage, la température doit être de 24 °C.

3 Sortez la pâte du pétrin. Laissez-la pointer en bac à température ambiante pendant 1 heure.

4 Pesez des pâtons de 1 800 g, donnez-leur une forme allongée et laissez-les se détendre pendant environ 10 minutes.

5 À la machine, rouleaux totalement ouverts, façonnez des pains longs et torsadez-les.

6 Disposez-les ensuite dans des moules à pain de mie traiteur de 40 cm x 10 cm x 10 cm, préalablement graissés. Fermez le moule avec le couvercle.

7 L'apprêt est de 2 heures 30 à 25 °C avec un taux d'hygrométrie de 85 %.

8 Ne lamez pas les pains de mie.
CONSEIL : au moment de l'enfournement, la pâte doit être poussée aux trois quarts du moule.

9 Dans un four ventilé à 160 °C, sur grille, faites cuire les pains de mie pendant 80 minutes, oura fermé.

À SAVOIR

Si vous n'avez pas de gluten, vous pouvez remplacer la farine de tradition T65 par de la farine de gruau.
Vous pouvez parfumer cette pâte en mélangeant, à l'arrêt du pétrin, 20 g d'herbes de Provence.
Vous obtiendrez un pain de mie idéal pour des canapés à base de fromage.

PAIN DE MIE AU SEIGLE

POUR 1,5 PAIN DE MIE DE 2000g

INGRÉDIENTS

780g de farine de tradition T65
780g de farine de seigle T85
35g de sel
30g de levure
70g de sucre semoule
70g de poudre de lait
70g de gluten
70g d'œufs
40g de crème liquide
50g d'extrait de café
100g de beurre
1 l d'eau de coulage
Graisse pour le moule

ÉTAPES DE FABRICATION

Température de base : **52°C**
Pétrissage (pétrin à spirale) :
6min en 1re vitesse,
puis 3 + 1min30 en 2de vitesse
avec le beurre
Température de la pâte : **24°C**
Pointage : **1h en bac**
à température ambiante
Poids de 1 pain de mie : **2000g**
Détente : **environ 10min**
Façonnage : **à la main, bâtard,**
en moule à pain de mie
Apprêt : **3h à 25°C**
Lamage : **aucun**
Cuisson : **85min à 160°C**

1 Dans la cuve du pétrin à spirale, disposez l'eau, la crème, l'extrait de café, les œufs et la levure. Ajoutez ensuite la farine de tradition T65, la farine de seigle T85, le sel, le sucre, la poudre de lait et le gluten.

2 Pétrissez 6 minutes en 1re vitesse, puis 3 minutes en 2de vitesse jusqu'à obtention d'une pâte bien lisse. Ajoutez ensuite en 1re vitesse le beurre et pétrissez de nouveau 1 minute 30 en 2de vitesse. À la fin du pétrissage, la température doit être de 24°C.

3 Sortez la pâte du pétrin. Laissez-la pointer en bac à température ambiante pendant 1 heure.

4 Pesez un pâton de 2000g, donnez-lui une forme allongée et laissez-le se détendre pendant environ 10 minutes.

5 À la main, façonnez un bâtard et disposez-le ensuite dans un moule à pain de mie traiteur de 40cm x 10cm x 10cm, préalablement graissé. Fermez le moule avec le couvercle.

6 L'apprêt est de 3 heures à 25°C avec un taux d'hygrométrie de 85%.

7 Ne lamez pas le pain de mie.
CONSEIL : au moment de l'enfournement, il faut que la pâte touche quasiment le couvercle pour que le pain soit bien rectangulaire.

8 Dans un four ventilé à 160°C, sur grille, faites cuire le pain de mie pendant 85 minutes, oura fermé.

PAIN DE MIE AU CUMIN

POUR ENVIRON 12 BARQUETTES DE 280g

INGRÉDIENTS

1680g de farine de tradition T65
40g de sel
30g de levure
100g de sucre semoule
70g de poudre de lait
40g d'améliorant
20g de gluten
70g d'œufs
40g de crème liquide
160g de graines de cumin
200g de beurre
1 l d'eau de coulage

Pour la dorure

Œufs
Sel

ÉTAPES DE FABRICATION

Température de base : **50°C**
Pétrissage (pétrin à spirale) : **6min en 1re vitesse, puis 5 + 2min en 2de vitesse avec le beurre**
Température de la pâte : **24°C**
Pointage : **30min en bac à température ambiante**
Poids des barquettes : **280g**
Détente : **environ 20min**
Façonnage : **à la main, bâtard court, en barquette**
Apprêt : **2h30 à 25°C**
Lamage : **aucun**
Cuisson : **30min à 180°C**

1 Dans la cuve du pétrin à spirale, disposez l'eau, la crème, les œufs et la levure. Ajoutez ensuite la farine de tradition T65, le sel, le sucre, la poudre de lait, les graines de cumin, l'améliorant et le gluten.

2 Pétrissez 6 minutes en 1re vitesse, puis 5 minutes en 2de vitesse jusqu'à obtention d'une pâte bien lisse. Ajoutez ensuite en 1re vitesse le beurre et pétrissez de nouveau 2 minutes en 2de vitesse. À la fin du pétrissage, la température doit être de 24°C.

3 Sortez la pâte du pétrin. Laissez-la pointer en bac à température ambiante pendant 30 minutes.

4 Pesez des pâtons de 280g, donnez-leur une forme ronde et laissez-les se détendre pendant environ 20 minutes.

5 Façonnez à la main des bâtards courts et disposez-les dans des barquettes en bois.

6 L'apprêt est de 2 heures 30 à 25°C avec un taux d'hygrométrie de 85%.

7 Ne lamez pas les pains de mie.

8 *Préparez la dorure* : à l'aide d'un fouet, mélangez les œufs et le sel. À l'aide d'un pinceau, dorez les pains de mie en une couche fine et homogène.
CONSEIL : le sel permet de casser les chalazes et ainsi d'obtenir une dorure fluide, plus facile à appliquer.

9 Dans un four à sole à 180°C, avec un tout petit peu de buée à l'enfournement, faites cuire les pains de mie pendant 30 minutes, oura fermé.

À SAVOIR
Si vous n'avez pas de gluten, vous pouvez remplacer la farine de tradition T65 par de la farine de gruau.

PAIN GRENOBLOIS

POUR 10 PAINS DE 400 g

◇

INGRÉDIENTS

1 050 g de farine de tradition T65
375 g de farine de seigle T85
170 g de pâte fermentée
40 g de sel
60 g de levure
25 g de sucre semoule
100 g de poudre de lait
50 g d'améliorant
20 g de gluten
200 g de beurre
550 g de noix décortiquées
450 g de raisins secs blonds
1 l d'eau de coulage
Graisse pour les moules

Pour la dorure

Œufs
Sel

ÉTAPES DE FABRICATION

Température de base : **52 °C**
Pétrissage (pétrin à spirale) : **6 min en 1re vitesse, puis 5 + 2 min en 2de vitesse avec le beurre, puis en 1re vitesse avec les noix et les raisins secs blonds**
Température de la pâte : **24 °C**
Pointage : **1 h en bac à température ambiante**
Poids des pains : **400 g**
Détente : **environ 20 min**
Façonnage : **bâtard court, en moule à cake**
Apprêt : **1 h 30 à 25 °C**
Lamage : **aucun**
Cuisson : **40 min à 180 °C**

1 Dans la cuve du pétrin à spirale, disposez l'eau, la pâte fermentée et la levure. Ajoutez ensuite la farine de tradition T65, la farine de seigle T85, le sel, le sucre, la poudre de lait, l'améliorant et le gluten.

2 Pétrissez 6 minutes en 1re vitesse, puis 5 minutes en 2de vitesse jusqu'à obtention d'une pâte bien lisse. Ajoutez en 1re vitesse le beurre et pétrissez de nouveau 2 minutes en 2de vitesse. Incorporez ensuite en 1re vitesse les noix et les raisins secs blonds. À la fin du pétrissage, la température doit être de 24 °C.

3 Sortez la pâte du pétrin. Laissez-la pointer en bac à température ambiante pendant 1 heure.

4 Pesez des pâtons de 400 g, donnez-leur une forme ronde et laissez-les se détendre pendant environ 20 minutes.

5 Façonnez à la main des bâtards courts et disposez-les dans des moules à cake, préalablement graissés.

6 L'apprêt est de 1 heure 30 à 25 °C avec un taux d'hygrométrie de 85 %.

7 Ne lamez pas les pains.

8 *Préparez la dorure* : à l'aide d'un fouet, mélangez les œufs et le sel. À l'aide d'un pinceau, dorez les pains en une couche fine et homogène.
CONSEIL : le sel permet de casser les chalazes et ainsi d'obtenir une dorure fluide, plus facile à appliquer.

9 Dans un four à sole à 180 °C, avec un tout petit peu de buée à l'enfournement, faites cuire les pains pendant 40 minutes, oura fermé.

À SAVOIR
Si vous n'avez pas de gluten, vous pouvez remplacer la farine de tradition T65 par de la farine de gruau.

PAIN VIENNOIS

POUR ENVIRON 15 BARQUETTES DE 280 g

INGRÉDIENTS

2300 g de farine de tradition T65
55 g de sel
40 g de levure
190 g de sucre semoule
130 g de poudre de lait
20 g d'améliorant
20 g de gluten
350 g d'œufs
250 g de beurre
1 l d'eau de coulage

Pour la dorure

Œufs
Sel

ÉTAPES DE FABRICATION

Température de base : **52 °C**
Pétrissage (pétrin à spirale) : **6 min en 1re vitesse, puis 6 + 3 min en 2de vitesse avec le beurre**
Température de la pâte : **24 °C**
Pointage : **15 min en bac à température ambiante**
Poids des barquettes : **280 g**
Détente : **environ 20 min**
Façonnage : **à la main, bâtard court, en barquette**
Lamage : **en saucisson dès le façonnage**
Apprêt : **3 h à 25 °C**
Cuisson : **28 min à 180 °C**

1 Dans la cuve du pétrin à spirale, disposez l'eau, les œufs et la levure. Ajoutez ensuite la farine de tradition T65, le sel, le sucre, la poudre de lait, l'améliorant et le gluten.

2 Pétrissez 6 minutes en 1re vitesse, puis 6 minutes en 2de vitesse jusqu'à obtention d'une pâte bien lisse. Ajoutez ensuite en 1re vitesse le beurre et pétrissez de nouveau 3 minutes en 2de vitesse. À la fin du pétrissage, la température doit être de 24 °C.

3 Sortez la pâte du pétrin. Laissez-la pointer en bac à température ambiante pendant 15 minutes.

4 Pesez des pâtons de 280 g, donnez-leur une forme ronde et laissez-les se détendre pendant environ 20 minutes.

5 Façonnez à la main des bâtards courts et disposez-les dans des barquettes en bois.

6 Lamez les pains en saucisson, immédiatement après le façonnage.

7 L'apprêt est de 3 heures à 25 °C avec un taux d'hygrométrie de 85 %.

8 *Préparez la dorure :* à l'aide d'un fouet, mélangez les œufs et le sel. À l'aide d'un pinceau, dorez les pains en une couche fine et homogène.
CONSEIL : le sel permet de casser les chalazes et ainsi d'obtenir une dorure fluide, plus facile à appliquer.

9 Dans un four à sole à 180 °C, avec un tout petit peu de buée à l'enfournement, faites cuire les pains pendant 28 minutes, oura fermé.

À SAVOIR
Vous pouvez réaliser avec cette pâte des baguettes viennoises, des pains au lait ou des petites ficelles pour faire des sandwiches.
Vous pouvez laisser cette pâte en chambre de fermentation la veille pour le lendemain. Dans ce cas, bloquez-la à 4 °C, puis réchauffez-la pendant 4 heures 30 à 28 °C.
Si vous n'avez pas de gluten, vous pouvez remplacer la farine de tradition T65 par de la farine de gruau.

LA VIENNOISERIE

PÂTE À CROISSANT

RECETTE DE BASE

POUR 3 PÂTONS DE 3000 g

◇

INGRÉDIENTS

2000 g de farine de tradition T65
2000 g de farine de gruau
2001 g de poolish *(voir ci-dessous)*
125 g de sel
150 g de levure
600 g de sucre semoule
40 g de gluten
500 g d'œufs
600 g de rognures de pâte à croissant
1 l de lait demi-écrémé

Pour la poolish

1000 g de farine de tradition T65
1 g de levure
1 l d'eau

ÉTAPES DE FABRICATION

Température de base : **52 °C**
Pétrissage (pétrin à spirale) :
6 min en 1re vitesse,
puis 6 + 2 min en 2de vitesse
avec les rognures de croissants
Température de la pâte : **24 °C**
Pointage : **30 min sur un plan de travail**
à température ambiante,
puis environ 12 h à 4 °C
Poids des pâtons : **3000 g**

1 Préparez la poolish *(voir recette page 128)* et laissez-la fermenter pendant 12 heures à 23 °C.

2 Versez la moitié du lait sur le pourtour de la poolish. Dans la cuve du pétrin à spirale, mettez l'autre moitié du lait, les œufs, la levure et la poolish. Ajoutez ensuite la farine de tradition T65, la farine de gruau, le sel, le sucre et le gluten.

3 Pétrissez 6 minutes en 1re vitesse, puis 6 minutes en 2de vitesse jusqu'à obtention d'une pâte bien tissée. Ajoutez ensuite en 1re vitesse les rognures de croissants et pétrissez de nouveau 2 minutes en 2de vitesse. À la fin du pétrissage, la température doit être de 24 °C.

4 Sortez la pâte du pétrin sur le plan de travail, donnez-lui une forme rectangulaire et laissez-la pointer à température ambiante pendant 30 minutes.

5 Pesez des pâtons rectangles de 3000 g et posez-les sur une plaque en Inox. Réservez-les environ 12 heures à 4 °C.

À SAVOIR

La pâte ne doit pas être trop chaude à la fin du pétrissage sinon le tourage sera difficile le lendemain matin. Lorsque vous la mettez sur la plaque en Inox, ne lui donnez pas trop de force.

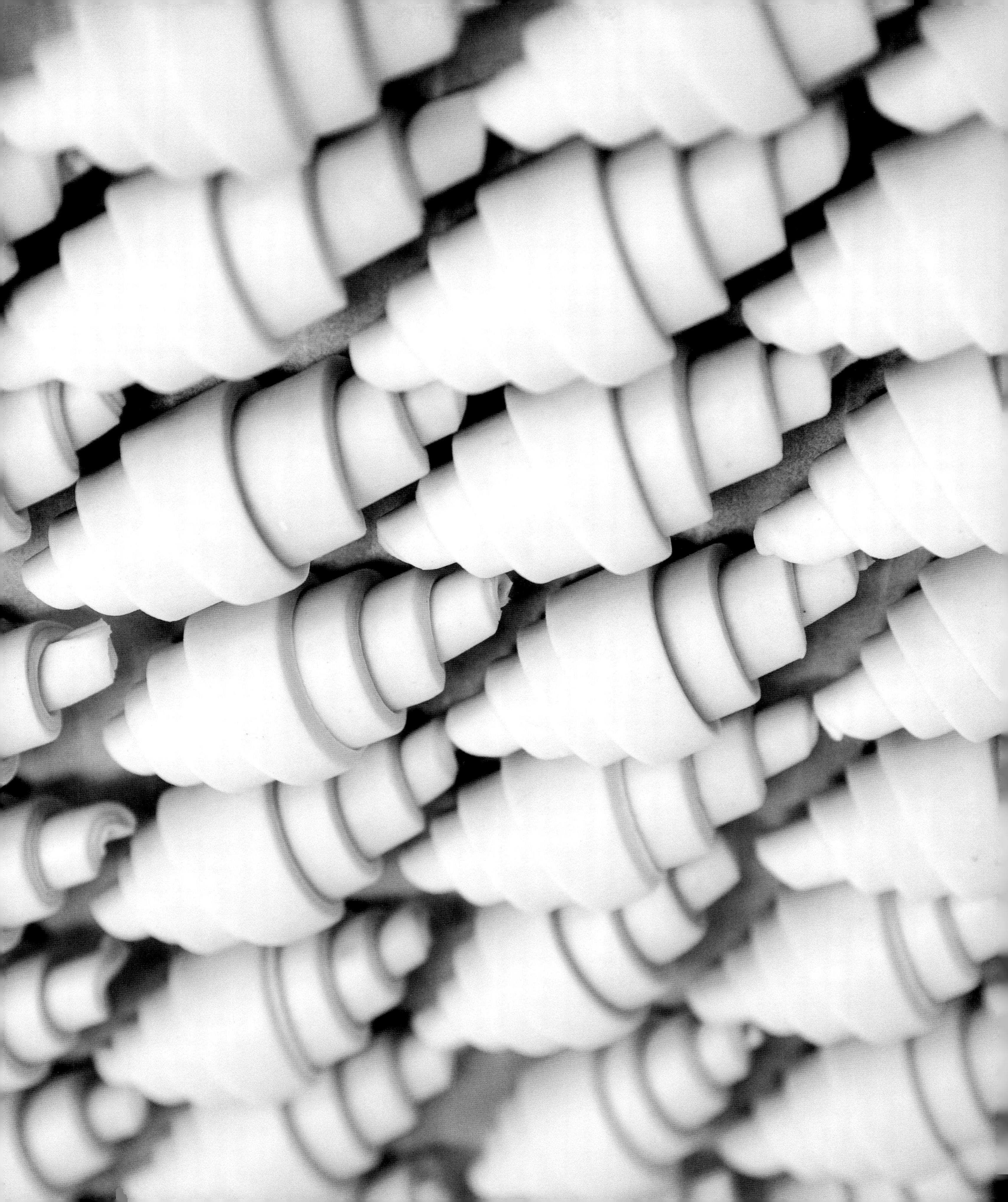

CROISSANT

POUR 55 CROISSANTS

INGRÉDIENTS

3 000 g de pâte à croissant
(voir recette page 368)
1 000 g de beurre de tourage à 10 °C

Pour la dorure

Œufs
Sel

ÉTAPES DE FABRICATION

Beurage aux deux tiers
Tourage : **1 tour simple**
Repos : **1 h à 4 °C**
Tourage : **1 tour simple**
Détaillage : **en triangles de 21 cm sur 11 cm**
Façonnage : **croissant**
Apprêt : **3 h à 28 °C**
Cuisson : **13 min à 165 °C**

1 Préparez la pâte à croissant (*voir recette page 368*).

2 À l'aide d'un rouleau, aplatissez le beurre de tourage préalablement réservé à 10 °C.

3 Allongez le pâton au laminoir à 10.

4 Disposez le beurre de tourage sur les deux tiers du pâton.

CONSEIL : veillez à ce que le beurre et la pâte se chevauchent bien afin d'avoir un joli feuilletage.

5 Repliez le tiers de pâte où il n'y a pas de beurre, puis fermez le pâton avec l'autre tiers.

6 À l'aide d'un rouleau, aplatissez délicatement le pâton beurré pour l'égaliser et donnez-lui un tour simple en l'abaissant à 10 au laminoir.

7 Réservez le pâton sur une plaque en Inox à 4 °C pendant 1 heure.

8 Donnez-lui ensuite un nouveau tour simple, puis abaissez le pâton à 3. Le pâton doit faire 44 cm de hauteur afin de détailler des triangles isocèles de 21 cm sur 11 cm.

9 Roulez-les de bas en haut le plus régulièrement possible sans trop appuyer pour ne pas casser le feuilletage.

10 Disposez-les par 16 sur des plaques recouvertes d'une feuille de papier cuisson et laissez-les pousser 3 heures à 28 °C.

11 *Préparez la dorure* : à l'aide d'un fouet, mélangez les œufs et le sel. À l'aide d'un pinceau, dorez les croissants.
CONSEIL : pour obtenir des croissants un peu plus colorés et dorés, ajoutez environ 20 % de jaunes d'œufs.

12 Dans un four ventilé à 165 °C, faites cuire les croissants pendant 13 minutes.

À SAVOIR

Le beurre de tourage doit être à bonne température, et donc à bonne consistance, afin de faciliter le tourage.
Détaillez le pâton immédiatement après le second tour simple pour que le beurre ne plaque pas.

PAIN AU CHOCOLAT

POUR 55 PAINS AU CHOCOLAT

INGRÉDIENTS

3000g de pâte à croissant
(voir recette page 368)
1000g de beurre de tourage à 10°C
110 barres de chocolat

Pour la dorure

Œufs
Sel

ÉTAPES DE FABRICATION

Beurage
Tourage : **1 tour double**
Repos : **1h à 4°C**
Tourage : **1 tour simple**
Détaillage : **en rectangles de 8cm sur 12cm**
Façonnage : **pain au chocolat**
Apprêt : **3h à 28°C**
Cuisson : **13min à 165°C**

1 Préparez la pâte à croissant *(voir recette page 368)*.

2 À l'aide d'un rouleau, aplatissez le beurre de tourage préalablement réservé à 10°C.

3 Allongez le pâton au laminoir à 10.

4 Disposez le beurre de tourage au milieu du pâton.
CONSEIL : veillez à ce que le beurre et la pâte se chevauchent bien afin d'avoir un joli feuilletage.

5 Repliez chaque côté de la pâte sur le beurre pour l'emprisonner au centre.

6 À l'aide d'un rouleau, aplatissez délicatement le pâton beurré pour l'égaliser et donnez-lui un tour double en l'abaissant à 10 au laminoir.

7 Réservez le pâton sur une plaque en Inox à 4°C pendant 1 heure.

8 Donnez-lui ensuite un tour simple, puis abaissez le pâton à 2,8. Le pâton doit faire 48cm de hauteur afin de détailler des rectangles de 12cm de hauteur sur 8cm de largeur.

9 Placez 2 barres de chocolat sur les rectangles de pâte et roulez-les de bas en haut, le plus serré possible, sans trop appuyer pour ne pas casser le feuilletage.

10 Disposez-les par 16 sur des plaques recouvertes d'une feuille de papier cuisson et laissez-les pousser 3 heures à 28°C.

11 *Préparez la dorure* : à l'aide d'un fouet, mélangez les œufs et le sel. À l'aide d'un pinceau, dorez les pains au chocolat.
CONSEIL : le sel permet de casser les chalazes et ainsi d'obtenir une dorure fluide, plus facile à appliquer.

12 Dans un four ventilé à 165°C, faites cuire les pains au chocolat pendant 13 minutes.

À SAVOIR

Le beurre de tourage doit être à bonne température, et donc à bonne consistance, afin de faciliter le tourage.
Détaillez le pâton immédiatement après le second tour simple pour que le beurre ne plaque pas.

FEUILLETÉ PRALINÉ

POUR 40 FEUILLETÉS

◇

INGRÉDIENTS

2400g de pâte à croissant
(voir recette page 368)
600g de pâte à croissant cacao
(voir ci-dessous)
1000g de beurre de tourage à 10°C
Rognures de pâte à croissant
60g de pâte de cacao

Pour la pâte à croissant cacao

480g de pâte à croissant
(voir recette page 368)
40g de cacao en poudre
20g de sucre semoule
60g de lait demi-écrémé

Pour la crème praliné

1 l de lait demi-écrémé
200g de jaunes d'œufs
250g de sucre semoule
80g de poudre à crème
100g de beurre • 400g de praliné

Pour le sirop

1 l d'eau • 1350g de sucre semoule

ÉTAPES DE FABRICATION

Beurage
Tourage : **1 tour simple,**
puis 1 tour double
Repos : **15min au surgélateur**
et 15min au réfrigérateur
Détaillage : **en carrés de 10cm de côté,**
puis coupés en 2 en diagonale
Façonnage : **carré**
Pousse : **3h à 28°C**
Cuisson : **21min à 165°C**

1 *Préparez la crème praliné :* dans une casserole, faites bouillir le lait et la moitié du sucre. Parallèlement, blanchissez les jaunes d'œufs avec le sucre restant. Incorporez la poudre à crème. Une fois le lait à ébullition, versez un peu de lait bouillant sur le mélange jaunes-sucre-poudre à crème pour le détendre. Remettez l'ensemble dans la casserole de lait. Faites bouillir pendant 3 minutes. Hors du feu, ajoutez le beurre coupé en morceaux et le praliné. Mélangez. Filmez au contact et réservez au réfrigérateur.

2 Préparez la pâte à croissant *(voir recette page 368)*.

3 *Réalisez la pâte à croissant cacao :* mélangez tous les ingrédients en 1re vitesse jusqu'à obtention d'une pâte homogène. À l'aide d'un rouleau, aplatissez la pâte à croissant cacao entre deux feuilles de papier cuisson préalablement graissé, en un carré de 30 cm de côté.

4 À l'aide d'un rouleau, aplatissez le beurre de tourage préalablement réservé à 10 °C.

5 Allongez le pâton de pâte à croissant nature au laminoir à 10.

6 Disposez le beurre de tourage au milieu du pâton.
CONSEIL : veillez à ce que le beurre et la pâte se chevauchent bien afin d'avoir un joli feuilletage.

7 Repliez chaque côté de la pâte sur le beurre pour l'emprisonner au centre.

8 À l'aide d'un rouleau, aplatissez délicatement le pâton beurré pour l'égaliser et donnez-lui un tour simple en descendant en l'abaissant à 10 au laminoir.

9 Disposez sur le pâton touré le carré de pâte à croissant cacao. Donnez-lui un tour double, puis réservez-le au surgélateur pendant 15 minutes.

10 Abaissez le pâton en l'élargissant jusqu'à 30 cm.

11 À l'aide d'un cutter ou d'un scalpel, détaillez des bandes les plus fines possible et collez-les sur le pâton. Le pâton doit être recouvert de bandes de feuilletage formant des lignes. Réservez-le, bandes contre la plaque, pendant 15 minutes au réfrigérateur.

12 Abaissez le pâton à 2,5 au laminoir. Le pâton doit faire 30 cm de largeur afin de détailler des carrés de 10 cm.

13 Coupez les carrés en 2 sur la diagonale, toujours de la droite vers la gauche.

14 Disposez quatre triangles rectangles en tournant dans le sens inverse des aiguilles d'une montre, pour que les lignes se suivent. Les bases des triangles rectangles se chevauchent un peu pour reformer un carré.

15 Garnissez à l'aide d'une poche à douille chaque carré de 23 g de crème praliné et refermez-les.

16 Laissez-les pousser 3 heures à 28 °C dans des cadres de métal de 8 cm sur 8 cm.

17 Avec les rognures de pâte à croissant et 60 g de pâte de cacao, abaissez au laminoir à 1,4 mm et coupez des carrés de 4 cm de côté. Réservez au congélateur.

18 Dix minutes avant l'enfournement, disposez-les, encore congelés, au milieu des carrés.

19 *Préparez le sirop :* dans une casserole, mélangez l'eau et le sucre. À la première ébullition, retirez la casserole du feu.

20 Dans un four ventilé à 165 °C, faites cuire les feuilletés praliné pendant 21 minutes. En fin de cuisson, à la sortie du four, badigeonnez-les de sirop à l'aide d'un pinceau.

À SAVOIR

Le beurre de tourage doit être à bonne température, et donc à bonne consistance, afin de faciliter le tourage.

DÔME PISTACHE

POUR 100 DÔMES

INGRÉDIENTS

3 000 g de pâte à croissant
(voir recette page 368)
1 000 g de beurre de tourage à 10 °C
1 500 g de crème pâtissière à la pistache
(voir ci-dessous)
450 g de pépites de chocolat noir

Pour la crème pâtissière à la pistache

1 l de lait demi-écrémé
200 g de jaunes d'œufs
250 g de sucre semoule
80 g de poudre à crème
100 g de beurre
100 g de pâte de pistache

ÉTAPES DE FABRICATION

Beurage
Tourage : **2 tours simple**
Repos : **1 h à 4 °C**
Tourage : **1 tour simple**
Détaillage : **en escargot**
Façonnage : **rond**
Pousse : **3 h à 28 °C**
Cuisson : **18 min à 165 °C**

1 *Préparez la crème pâtissière à la pistache* : dans une casserole, faites bouillir le lait et la moitié du sucre. Parallèlement, blanchissez les jaunes d'œufs avec le sucre restant. Incorporez la poudre à crème. Une fois le lait à ébullition, versez un peu de lait bouillant sur le mélange jaunes-sucre-poudre à crème pour le détendre. Remettez l'ensemble dans la casserole de lait. Faire bouillir pendant 3 minutes. Hors du feu, ajoutez le beurre coupé en morceaux et la pâte à pistache. Mélangez. Filmez au contact et réservez au réfrigérateur.

2 Préparez la pâte à croissant *(voir recette page 368)*.

3 À l'aide d'un rouleau, aplatissez le beurre de tourage préalablement réservé à 10 °C.

4 Allongez le pâton au laminoir à 10.

5 Disposez le beurre au milieu du pâton.
CONSEIL : veillez à ce que le beurre et la pâte se chevauchent bien afin d'avoir un joli feuilletage.

6 Repliez chaque côté de la pâte sur le beurre pour l'emprisonner au centre.

7 À l'aide d'un rouleau, aplatissez délicatement le pâton beurré pour l'égaliser et donnez-lui deux tours simples en l'abaissant à 10 au laminoir.

8 Disposez le pâton à 4 °C sur une plaque en Inox pendant 1 heure.

9 Donnez-lui ensuite un nouveau tour simple, puis abaissez le pâton à 2,6. Le pâton doit faire 50 cm de hauteur.

10 Coupez-le en deux dans le sens de la longueur.

11 À l'aide d'une palette, répartissez la crème pâtissière à la pistache, puis parsemez sur la totalité du pâton les pépites de chocolat et roulez successivement 2 boudins.

12 Coupez des tranches de 2 cm de largeur. Disposez la soudure sous le disque.

13 Disposez les disques dans des moules en silicone en dôme, soudure sur le dessus.

14 Laissez-les pousser 3 heures à 28 °C.

15 Dans un four ventilé à 165 °C, faites cuire les dômes pistache pendant 18 minutes.

À SAVOIR

Le beurre de tourage doit être à bonne température, et donc à bonne consistance, afin de faciliter le tourage.
Détaillez le pâton immédiatement après le troisième tour simple pour que le beurre ne plaque pas.
Faites cuire suffisamment la crème pâtissière afin qu'elle ne soit pas trop molle et ne s'échappe pas lorsque vous roulerez les boudins.

DAVID BIZET

CHEF EXÉCUTIF DE L'HÔTEL THE PENINSULA,
L'OISEAU BLANC* (PARIS)

J'ai grandi avec l'idée qu'il ne faut pas perdre le pain. C'est une valeur forte !

LE PAIN DE L'ENFANCE

J'ai eu la chance d'être élevé à la campagne. Mes grands-parents étaient agriculteurs-éleveurs, proches de la nature. Il n'y avait pas un jour sans pain. Quand elle avait le temps, ma grand-mère faisait son pain dans la cuisinière à bois. Cela donnait au pain des arômes uniques. Cette odeur de pain brûlé, j'ai voulu la transcrire dans des plats, comme mon perdreau en croûte de céréales. Les céréales apportent un goût fumé à la volaille, et l'acidité naturelle de la mie offre un peu de tendresse et une protection à la cuisson du perdreau. J'aime réveiller ces petits éclats de pain brûlé qui, mêlés au jus de cuisson, vont fournir de la profondeur à l'ensemble du plat. Le pain est ici indispensable à la recette. Je suis aussi très attaché à la symbolique du pain partagé. Le meilleur exemple est la soupe à l'oignon. J'ai grandi avec l'idée qu'il ne faut pas perdre le pain. C'est une valeur forte ! Et dans ce grand classique de notre cuisine, on transforme ce produit simple, mais noble. Même rassis, le pain a sa place. J'ai le souvenir de ma mère mettant au four des tranches du pain de la veille qu'on beurrait tout simplement avec un peu de confiture.

UN « BON » PAIN ?

La typicité du pain, comme celle du pain de ma grand-mère, c'est exactement ce que je recherche encore aujourd'hui chez un artisan boulanger. On devrait reconnaître la pâte – et la patte ! – du boulanger, comme on identifie la signature d'un vigneron dans son vin. En France, on a la chance de mettre en valeur notre terroir, en sélectionnant des céréales dans des régions, et donc des sols et des climats particuliers, qui vont donner des arômes et un grain spécifiques. On a aujourd'hui accès à une variété de céréales impressionnante qui ouvre tous les possibles. C'est la maîtrise de toute la chaîne qui produit un bon pain : le soin porté aux céréales dans le champ, la sélection au moulin, le travail du boulanger dans les dosages acides-amers, dans le choix des temps de pousse conditionnent le goût et les textures. J'aime les belles croûtes, un peu « sonores ». Quand vous tapez dessus, vous entendez le croustillant. Je suis sensible aussi à la couleur qui présage d'une belle aventure gustative. Puis le couteau vient rompre cette coque craquante et laisse apparaître une mie plus ou moins alvéolée. C'est avant tout une matière vivante que l'on retrouve dans une mie légèrement humide et odorante, avec l'acidité du levain, la gourmandise d'une ou plusieurs céréales. Mais le plus important pour moi, c'est la persistance en bouche. Il faut que le goût reste présent le plus longtemps possible. Un grand pain reste inscrit dans votre mémoire.

EN CUISINE ET À TABLE !

En cuisine, le travail du pain est inépuisable. J'ai fait des essais, par exemple, de baos, ces petits pains blancs cuits à la vapeur que l'on trouve en Asie. J'expérimente aussi des préparations à base de levure. En ce moment, je propose en salle un pain sur table puis, au fil du repas, les pains sont accordés aux mets servis. Sur table, le pain est pour moi une pièce maîtresse qui crée une liaison. Le pain-beurre, quand le duo est sublimé, est déjà l'expression du chef. Et le bonheur du cuisinier, c'est l'assiette qui revient totalement saucée ! Le pain doit marquer votre hôte, il doit donner l'envie de revenir. C'est une première attention que l'on porte aux convives. On a beau essayer d'enlever le pain de notre alimentation pour des raisons diététiques, il reste au cœur de notre patrimoine culinaire.

« PARCE QUE C'ÉTAIT LUI, PARCE QUE C'ÉTAIT MOI »

J'ai rencontré Frédéric Lalos quand je travaillais au George V. Nos cuisines étaient trop petites pour produire le volume de pain nécessaire pour le palace. J'ai donc cherché la fleur des fleurs parmi les boulangers parisiens, j'ai beaucoup goûté et j'ai choisi Frédéric. Au début, notre collaboration concernait uniquement la viennoiserie et la boulangerie du petit déjeuner. Nous avons travaillé ensemble sur des demandes, des attentes, aussi bien sur l'esthétique, les finitions, que sur le goût et le choix des matières premières. J'étais déjà attaché aux farines bio. Cette recherche de diversité dans la qualité est le fruit d'échanges, qui eux-mêmes évoluent. Aujourd'hui, au Peninsula, nous pouvons jouer aussi bien avec un pain gourmand du matin qu'avec un pain plus fort, alliant l'acidité et la longueur en bouche, à marier avec un menu gastronomique. Et à cela, on ajoute une variété de formes extraordinaire qui ravit l'œil. Certains plats appellent un pain assez puissant, fruité ou épicé, et d'autres seront magnifiés par un pain plus iodé. Avec un boulanger, comme pour tout autre artisan, et dans l'exercice de mon métier, j'aime l'effervescence spontanée. Dès lors que vous travaillez du vivant, chaque matin, vous vous remettez en question.

BRIOCHE NATURE

RECETTE DE BASE

POUR 17 BRIOCHES DE 300 g

INGRÉDIENTS

1 000 g de farine de gruau
600 g de farine de tradition T65
400 g de farine de blé dur
500 g de pâte fermentée
60 g de sel
60 g de levure
300 g de sucre semoule
20 g de gluten
300 g de lait demi-écrémé
1 000 g d'œufs
1 000 g de beurre

Pour la dorure

Œufs • Sel

ÉTAPES DE FABRICATION

Température de base : **48 °C**
Pétrissage (pétrin à spirale) : **35 min en 1re vitesse jusqu'à décollement, puis 10 min en 1re vitesse avec le beurre**
Température de la pâte : **24 °C**
Pointage : **30 min en bac à température ambiante**
Poids du pâton : **environ 5 000 g**
Pointage : **30 min en bac à température ambiante, puis environ 3 h à 4 °C**
Détaillage et façonnage : **selon la forme désirée**
Détente : **environ 20 min**
Apprêt : **3 h à 28 °C**
Cuisson : **15 min à 185 °C pour des brioches de 60 g, ou 25 min à 180 °C pour des brioches de 300 g**

1 Dans la cuve du pétrin à spirale, disposez le lait, les œufs, la pâte fermentée et la levure. Ajoutez ensuite la farine de tradition T65, la farine de gruau, la farine de blé dur, le sel, le sucre et le gluten.

2 Pétrissez 35 minutes en 1re vitesse jusqu'à obtention d'une pâte bien décollée. Ajoutez ensuite en 1re vitesse le beurre froid mais ramolli et pétrissez de nouveau 10 minutes en 1re vitesse. À la fin du pétrissage, la température doit être de 24 °C.

3 Laissez pointer la pâte en bac à température ambiante pendant 30 minutes.

4 Pesez un pâton d'environ 5 000 g et posez-le sur une plaque en Inox. Réservez-le environ 3 heures à 4 °C.

5 Pesez, au choix, des pâtons de 60 g, 250 g, 300 g, mettez-les en forme et laissez-les se détendre pendant environ 20 minutes.

6 Façonnez à la main la forme désirée : briochette, nanterre, tresse…
CONSEIL : cette étape doit être réalisée délicatement afin de ne pas déchirer la pâte.

7 L'apprêt est de 3 heures à 28 °C avec un taux d'hygrométrie de 85 %.

8 *Préparez la dorure* : à l'aide d'un fouet, mélangez les œufs et le sel. À l'aide d'un pinceau, dorez les brioches.
CONSEIL : le sel permet de casser les chalazes et ainsi d'obtenir une dorure fluide, plus facile à appliquer.

9 Dans un four à sole à environ 180 °C, faites cuire les brioches de 15 à 25 minutes selon leur poids, oura fermé.

À SAVOIR
L'été, il est préférable d'utiliser une farine tout juste sortie du réfrigérateur afin de ne pas avoir une brioche trop chaude à l'arrêt du pétrin.

BRIOCHE AUX FRUITS SECS

POUR 1 BRIOCHE DE 530 g

◇

INGRÉDIENTS

370 g de pâte à brioche nature
(voir recette page 380)
40 g d'abricots secs moelleux
40 g de cranberries
40 g de noisettes décortiquées
40 g de raisins secs blonds
20 g d'amandes effilées
30 g de macaronade *(voir ci-dessous)*

Pour la macaronade

14 g de poudre d'amandes brutes
12 g de blancs d'œufs
4 g de sucre vergeoise

ÉTAPES DE FABRICATION

Pétrissage (pétrin à spirale) : **simple mélange avec les fruits secs à l'arrêt du pétrissage de la pâte à brioche**
Température de la pâte : **24 °C**
Pointage : **30 min en bac à température ambiante, puis 3 h à 4 °C**
Poids du pâton : **530 g**
Détente : **environ 20 min**
Façonnage : **boule**
Apprêt : **3 h à 28 °C**
Cuisson : **45 min à 165 °C**

1 *Préparez la macaronade :* à l'aide d'une spatule, mélangez tous les ingrédients.

2 Préparez la pâte à brioche nature *(voir recette page 380)*. À l'arrêt du pétrissage de la pâte à brioche, prélevez la quantité de pâte nécessaire (370 g) et mélangez-la en 1re vitesse aux abricots secs moelleux, cranberries, noisettes et raisins secs blonds. À la fin du mélange, la température doit être de 24 °C.

3 Laissez pointer la pâte en bac à température ambiante pendant 30 minutes.

4 Réservez-la ensuite environ 3 heures à 4 °C.

5 Pesez un pâton de 530 g, mettez-le en forme ronde et laissez-le se détendre pendant environ 20 minutes.

6 Façonnez à la main une boule et placez-la dans un moule papier à panettone.
CONSEIL : cette étape doit être réalisée délicatement afin de ne pas déchirer la pâte.

7 L'apprêt est de 3 heures à 28 °C avec un taux d'hygrométrie de 85 %.

8 À l'aide d'un pinceau ou d'une poche à douille, dressez la macaronade sur la brioche, étalez-la, puis parsemez-la d'amandes effilées.

9 Dans un four à sole à 165 °C, faites cuire les brioches pendant 45 minutes, oura fermé. À la sortie du four, saupoudrez-les légèrement de sucre glace.

À SAVOIR
Les fruits secs que vous mélangez à la pâte doivent être à température ambiante pour ne pas modifier la température de la pâte.

BRIOCHE AUX FRUITS CONFITS

POUR 1 BRIOCHE D'ENVIRON 410 g

◇

INGRÉDIENTS

300 g de pâte à brioche nature
(voir recette page 380)
100 g de fruits confits coupés en cubes
10 g de zestes d'oranges
30 g de crumble
(voir ci-dessous)

Pour la pâte à crumble

100 g de beurre coupé en petits morceaux
100 g de sucre vergeoise
100 g de poudre d'amandes
100 g de sucre glace
100 g de farine de tradition T65

ÉTAPES DE FABRICATION

Pétrissage (pétrin à spirale) : **simple mélange à l'arrêt du pétrissage de la pâte à brioche**
Température de la pâte : **24 °C**
Pointage : **30 min en bac à température ambiante, puis 3 h à 4 °C**
Poids du pâton : **410 g**
Détente : **environ 20 min**
Façonnage : **bâtard allongé, en moule en bois**
Apprêt : **3 h à 28 °C**
Cuisson : **35 min à 165 °C**

1 Préparez la pâte à brioche nature *(voir recette page 380)*.

2 À l'arrêt du pétrissage de la pâte à brioche, prélevez la quantité de pâte nécessaire (300 g) et mélangez-la en 1re vitesse aux cubes de fruits confits et aux zestes d'orange. À la fin du mélange, la température doit être de 24 °C.

3 Laissez pointer la pâte en bac à température ambiante pendant 30 minutes.

4 Réservez-la ensuite environ 3 heures à 4 °C.

5 Pesez un pâton de 410 g, donnez-lui une forme ronde et laissez-le se détendre pendant environ 20 minutes.

6 Façonnez à la main un bâtard et disposez-le dans un moule en bois de forme allongée.
CONSEIL : cette étape doit être réalisée délicatement afin de ne pas déchirer la pâte.

7 L'apprêt est de 3 heures à 28 °C avec un taux d'hygrométrie de 85 %.

8 *Préparez la pâte à crumble* : dans un robot muni d'une feuille, mélangez les ingrédients dans l'ordre indiqué jusqu'à obtention d'une pâte d'une consistance sableuse.

9 Répartissez la pâte à crumble sur la brioche.

10 Dans un four à sole à 165 °C, faites cuire les brioches pendant 35 minutes, oura fermé. À la sortie du four, saupoudrez-les légèrement de sucre glace.

À SAVOIR

Les fruits secs que vous mélangez à la pâte doivent être à température ambiante pour ne pas modifier la température de la pâte.

BRIOCHE AU LEVAIN VANILLÉ

POUR 47 BRIOCHES DE 80 g

◇

INGRÉDIENTS

500 g de farine de gruau
500 g de farine de tradition T65
1 375 g de 2d levain *(voir ci-dessous)*
30 g de sel
1 g de levure
75 g de miel
75 g de sucre semoule
450 g de beurre
450 g d'œufs + 140 g d'œufs (bassinage)
100 g de jaunes d'œufs
+ 70 g de jaunes d'œufs (bassinage)
Sucre glace

Pour la macaronade

90 g de poudre d'amandes brutes
75 g de blancs d'œufs
60 g de sucre glace

Pour le 1er levain dur vanillé

140 g de levain naturel
(voir recette page 96)
70 g de lait vanillé
140 g de farine de gruau
Simple mélange
de tous les ingrédients en 1re vitesse
Fermentation : **16 h à 11 °C**

Pour le 2d levain

250 g de farine de gruau
250 g de farine de tradition T65
40 g de sucre semoule
350 g de 1er levain dur vanillé
(voir ci-dessus)
175 g de beurre
60 g d'œufs
250 g de lait vanillé
Simple mélange de tous les ingrédients
en 1re vitesse
Fermentation : **10 h à 24 °C ou 16 h à 16 °C**

ÉTAPES DE FABRICATION

Température de base : **58 °C**
Pétrissage (pétrin à spirale) :
20 min en 1re vitesse jusqu'à décollement, puis 10 min en 1re vitesse avec le beurre
Température de la pâte : **24 °C**
Pointage : **2 h en bac à température ambiante avec 1 rabat au bout de 1 h**
Poids des pâtons : **80 g**
Détente : **environ 30 min**
Façonnage : **à la main, boule (briochette)**
Apprêt : **4 h à 28 °C**
Cuisson : **25 min à 170 °C**

EXEMPLES DE MÉLANGES POUR CES BRIOCHETTES, À LA FIN DU PÉTRISSAGE

MÉLANGE CHOCOLAT :
30 g de cacao en poudre, 15 g de sucre semoule et 45 g de lait demi-écrémé mélangés à 600 g de pâte + 60 g de pistoles de chocolat noir et 60 g de pistoles de chocolat au lait

MÉLANGE CAPPUCCINO :
60 g de cappuccino en poudre et 60 g de lait demi-écrémé mélangés à 600 g de pâte + 60 de pistoles de chocolat blanc et 60 g de noisettes décortiquées

MÉLANGE AGRUMES :
30 g de raisins secs blonds, 30 g de cubes de cédrats confits, 30 g de cubes d'oranges confites et 30 g de citrons confits mélangés à 600 g de pâte

MÉLANGE COLORÉ :
90 g de cranberries et 30 g de pistaches mélangés à 600 g de pâte

1 Préparez le 1er levain dur vanillé.

2 Préparez ensuite le 2d levain.

3 Dans la cuve du pétrin à spirale, disposez les jaunes d'œufs, les œufs, le second levain et la levure. Ajoutez ensuite la farine de tradition T65, la farine de gruau, le sel, le sucre et le miel.

4 Pétrissez 20 minutes en 1re vitesse jusqu'à obtention d'une pâte bien décollée. Ajoutez ensuite en 1re vitesse le beurre froid mais ramolli et pétrissez de nouveau 10 minutes en 1re vitesse. Bassinez avec les œufs et les jaunes pour assouplir la pâte. À la fin du pétrissage, la température doit être de 24 °C.

5 Laissez pointer la pâte en bac à température ambiante pendant 2 heures et donnez-lui un rabat au bout d'une heure.

6 Pesez des pâtons de 80 g, donnez-leur une forme ronde et laissez-les se détendre pendant environ 30 minutes.

7 Façonnez à la main des boules (briochettes) et disposez-les dans des moules en papier.
CONSEIL : cette étape doit être réalisée délicatement afin de ne pas déchirer la pâte.

8 L'apprêt est de 4 heures à 28 °C avec un taux d'hygrométrie de 85 %.

9 *Préparez la macaronade* : à l'aide d'une spatule, mélangez tous les ingrédients. À l'aide d'un pinceau ou d'une poche, dressez la macaronade sur les brioches et saupoudrez généreusement de sucre glace. Laissez croûter 15 minutes, et sucrez de nouveau juste avant la mise au four.

10 Dans un four ventilé à 170 °C, avec de la buée à l'enfournement, faites cuire les brioches pendant 25 minutes, oura fermé.

CRAMIQUE

POUR 18 BRIOCHES DE 300 g

◇

INGRÉDIENTS

1 000 g de farine de gruau
1 200 g de farine de tradition T65
60 g de sel
80 g de levure
350 g de sucre semoule
600 g d'œufs
1 l de lait demi-écrémé
500 g de beurre
700 g de raisins secs blonds
540 g de sucre grain
Sucre semoule

Pour la dorure

Œufs
Sel

ÉTAPES DE FABRICATION

Température de base : **48 °C**
Pétrissage (pétrin à spirale) :
5 min en 1re vitesse,
puis 10 min en 2de vitesse
jusqu'à décollement, puis ajout
du beurre et des raisins secs blonds
Température de la pâte : **24 °C**
Pointage : **20 min en bac**
à température ambiante,
puis 12 h à 4 °C
Poids des brioches : **300 g**
Détente : **environ 10 min**
Façonnage : **à la main, bâtard**
Apprêt : **3 h à 26 °C**
Lamage : **1 coup de lame**
Cuisson : **40 min à 165 °C**

1 Dans la cuve du pétrin à spirale, disposez le lait, les œufs et la levure. Ajoutez ensuite la farine de tradition T65, la farine de gruau, le sel et le sucre semoule.

2 Pétrissez 5 minutes en 1re vitesse, puis 10 minutes en 2de vitesse jusqu'à obtention d'une pâte bien décollée. Ajoutez ensuite en 1re vitesse le beurre froid mais ramolli et les raisins secs blonds jusqu'à obtention d'un mélange homogène. La température doit être de 24 °C.

3 Laissez pointer la pâte en bac à température ambiante pendant 20 minutes, puis réservez-la 12 heures à 4 °C.

4 Pesez des pâtons de 300 g, donnez-leur une forme ronde et laissez-les se détendre pendant environ 10 minutes.

5 Façonnez à la main des bâtards en incorporant 30 g de sucre grain par brioche.

6 L'apprêt est de 3 heures à 26 °C avec un taux d'hygrométrie de 85 %.

7 *Préparez la dorure :* à l'aide d'un fouet, mélangez les œufs et le sel. À l'aide d'un pinceau, dorez les brioches.
CONSEIL : le sel permet de casser les chalazes et ainsi d'obtenir une dorure fluide, plus facile à appliquer.

8 Saupoudrez-les de sucre semoule et donnez-leur un coup de lame.

9 Dans un four à sole à 165 °C, faites cuire les cramiques pendant 40 minutes, oura fermé.

KOUGLOF

POUR 68 KOUGLOFS DE 60 g

◇

INGRÉDIENTS

600 g de farine de gruau
400 g de farine de tradition T65
1 051 g de poolish de lait
(voir ci-dessous)
30 g de sel
30 g de levure
100 g de miel
100 g de sucre semoule
600 g de beurre
500 g d'œufs
340 g de raisins blonds macérés
(voir ci-dessous)
340 g de raisins noirs macérés
(voir ci-dessous)
Amandes effilées
Graisse pour les moules

Pour la poolish de lait

550 g de lait demi-écrémé
500 g de farine de gruau
1 g de levure

Pour les raisins macérés

300 g de raisins secs blonds
300 g de raisins secs noirs
500 g d'eau
200 g de sucre semoule
100 g de rhum
1 gousse de vanille grattée

Pour le sirop d'imbibage

1 l d'eau
700 g de sucre semoule
1 gousse de vanille grattée

ÉTAPES DE FABRICATION

Température de base : **58 °C**
Pétrissage (pétrin à spirale) : **8 min en 1re vitesse, puis 4 + en 2de vitesse jusqu'à décollement, puis 2 min en 1re vitesse avec le beurre**
Température de la pâte : **23 °C**
Poids des pâtons : **60 g**

Pointage : **40 min en bac à température ambiante avec 1 rabat au bout de 20 min, puis 12 h à 4 °C**
Détente : **environ 10 min + 20 min**
Façonnage : **boule, puis couronne**
Apprêt : **2 h 30 à 28 °C**
Cuisson : **30 min à 170 °C**

1 Préparez la poolish (*voir recette page 128)* en remplaçant l'eau par le lait et laissez-la fermenter pendant 12 heures.

2 *Préparez les raisins macérés* : dans une casserole, mélangez l'eau, le sucre et le rhum. À première ébullition, retirez la casserole du feu et ajoutez la gousse de vanille grattée. Plongez les raisins blonds et noirs 5 minutes si le sirop est chaud et 30 minutes s'il est froid.

3 Dans la cuve du pétrin à spirale, disposez la poolish, les œufs, le miel et la levure. Ajoutez ensuite la farine de tradition T65, la farine de gruau, le sel et le sucre.

4 Pétrissez 8 minutes en 1re vitesse, puis 4 minutes en 2de vitesse jusqu'à obtention d'une pâte bien décollée. Ajoutez ensuite en 1re vitesse le beurre froid mais ramolli et pétrissez de nouveau 2 minutes en 1re vitesse. Incorporez les raisins blonds et noirs macérés. À la fin du pétrissage, la température doit être de 23 °C.

5 Laissez pointer la pâte en bac à température ambiante pendant 40 minutes avec un rabat au bout de 20 minutes. Réservez à 4 °C pendant 12 heures.

6 Pesez des pâtons de 60 g, donnez-leur une forme ronde et laissez-les se détendre pendant environ 10 minutes.

7 Façonnez à la main des boules et laissez-les se détendre de nouveau environ 20 minutes. Façonnez des couronnes et disposez-les dans des moules à kouglof préalablement graissés et parsemez-les d'amandes effilées.

8 L'apprêt est de 2 heures 30 à 28 °C avec un taux d'hygrométrie de 85 %.

9 Dans un four à sole à 170 °C, avec un petit peu de buée à l'enfournement, faites cuire les kouglofs pendant 30 minutes, oura fermé.

10 *Préparez le sirop d'imbibage* : dans une petite casserole, mélangez l'eau et le sucre. À la première ébullition, retirez la casserole du feu et ajoutez la gousse de vanille grattée. À l'aide d'un pinceau, badigeonnez les kouglofs encore tièdes de sirop. Une fois refroidis, saupoudrez-les de sucre glace.

LES PAINS DE RÉCUP

CHAPELURE

1. Laissez sécher un pain pendant plusieurs jours sur une grille jusqu'à ce qu'il ait l'aspect d'une biscotte.
2. Mixez le pain, plus ou moins finement, selon l'utilisation souhaitée.

CONSEIL

Vous pouvez utiliser des pains spéciaux, nature, pour obtenir une chapelure plus colorée.

CROÛTONS

1. Coupez le pain rassis en tranches d'environ 5 cm d'épaisseur.
2. Disposez les tranches dans un plat à rebord et arrosez-les généreusement d'huile d'olive. Laissez mariner pendant quelques minutes.
3. Répartissez les tranches de pain marinées sur une grille préalablement recouverte d'une feuille de papier cuisson.
4. Dans un four ventilé à 180 °C, faites cuire les croûtons 5 à 6 minutes.

À SAVOIR

Les baguettes et les ficelles, de forme allongée et fine, se prêtent bien aux croûtons. Selon l'utilisation souhaitée, vous pouvez aromatiser votre marinade avec une gousse d'ail écrasée, du basilic ciselé, de l'origan...
Et pour des croûtons encore plus gourmands, n'hésitez pas à les parsemer d'emmental ou de parmesan râpé avant de les enfourner.

TARTINES GARNIES

QUELQUES IDÉES DE GARNITURES

Sur une tartine de pain au levain de la veille

À LA NORVÉGIENNE
Disposez un peu de crème fraîche, des dés ou des lamelles de saumon fumé. Passez 3 ou 4 minutes au four (à 220 °C). À la sortie du four, ajoutez un peu d'aneth frais.

FAÇON TARTIFLETTE
Disposez un peu de crème fraîche, des lamelles de pommes de terre cuites à l'eau, des lardons revenus, des lamelles d'oignon revenu, des dés de reblochon. Passez 3 ou 4 minutes au four (à 220 °C).

VERSION REGINA
Disposez un peu de sauce tomate, des champignons revenus, des lamelles de jambon blanc et de la mozzarella en cossette. Passez 3 ou 4 minutes au four (à 220 °C).

Sur une tartine de pain aromatique avec des agrumes (par exemple, Mendiant page 220 ou Seigle citron page 234)de la veille

CHÈVRE-MOZZA
Disposez des rondelles de bûchette de chèvre, de la mozzarella en cossette, un filet de miel. Passez 3 ou 4 minutes au four (à 220 °C). À la sortie du four, ajoutez du basilic frais.

VÉGANE
Disposez des tranches d'aubergines marinées, des tomates confites, des têtes de brocolis blanchis. Passez 3 ou 4 minutes au four (à 220 °C). À la sortie du four, ajoutez des olives noires dénoyautées.

Sur une baguette de la veille, tranchée dans le sens de la longueur

FAÇON BOUCHÉE À LA REINE
Disposez un peu de sauce Béchamel, des dés de poulet, des champignons revenus, de la mozzarella en cossette. Passez 3 ou 4 minutes au four (à 220 °C).

À LA MÉDITERRANÉENNE
Disposez un peu de sauce tomate, du thon émietté, des lanières de poivron mariné, des dés de tomates confites, de la mozzarella en cossette. Passez 3 ou 4 minutes au four (à 220 °C).

LES ANNEXES

GLOSSAIRE

A

Abaisse
Pâte étalée à l'aide d'un rouleau afin de lui donner l'épaisseur souhaitée.

Allonger
Donner la longueur voulue à un pâton.

Améliorant
Formule composée d'ingrédients, auxiliaires technologiques ou additifs, entrant, généralement en faible quantité, dans la fabrication des produits de la boulangerie.

Apprêt
Seconde période de fermentation de la pâte : du façonnage à la mise au four.

Autolyse
Temps de repos qui permet de faciliter le pétrissage et l'extensibilité de la pâte (exclusivement d'eau et de farine) en accélérant la dégradation du gluten.

B

Balancelle
Repose-pâtons mécanique destiné à la détente de la pâte.

Banneton
Panier en osier servant pour l'apprêt, recouvert d'une toile.

Bassiner
Ajouter de l'eau pendant le frasage ou le pétrissage.

Bâtard
Pain long de « fantaisie », plus court que la baguette.

Beurrage
Opération consistant à « emprisonner » le beurre dans la détrempe avant le tourage.

Beurre de tourage
Beurre dit « sec » – son taux de matière grasse étant souvent de 84 % contre 82 % pour un beurre ordinaire, car il contient moins d'eau. Comme son nom l'indique, il est utilisé pour la réalisation des pâtes feuilletées (dans les viennoiseries, par exemple) dont il facilite le tourage.

Bicyclette
Ustensile encore appelé « diviseur à pâte » permettant de couper simultanément jusqu'à 5 bandes de pâte régulières d'une largeur de 1 à 12 cm.

Blé tendre
Blé qui, une fois broyé et tamisé, donne de la farine principalement destinée à la meunerie.

Bouler
Façonner une pâte en forme de boule.

C

Chalaze
Dans l'œuf, réseau de fibres permettant de tenir le jaune en suspension dans le blanc.

Chef
Terme utilisé lors de la préparation du levain : après avoir rafraîchi plusieurs fois la « mère », on obtient le chef. Voir aussi page 48.

Cloque
Bulle qui se forme sur le pain au cours de la cuisson.

Corne
Ustensile en plastique servant à racler un récipient, notamment pour transvaser une préparation.
Par extension, corner est l'action d'extraire la préparation d'un récipient à l'aide d'une corne.

Corps
Résistance, élasticité d'une pâte après son pétrissage.

Coupe-pâte
Ustensile (rond ou carré) servant à diviser nettement la pâte.

Couteau de tour (ou de chef)
Couteau avec une lame épaisse, longue et large, servant à détailler la pâte.

Couteau-scie
Couteau à dents servant à couper le pain une fois cuit ainsi que certaines pâtes.

Cracher
Se dit du pain lorsque les coups de lame s'ouvrent, se détachent nettement de son corps. On utilise aussi son synonyme « grigner ».

Croûter
Se dit de l'apparition d'une croûte sur la pâte en contact avec l'air.

Cul-de-poule
Récipient rond servant aux mélanges des ingrédients.

D

Dégazer
Exercer une pression sur une pâte pour la libérer du gaz qu'elle contient. Il est souvent recommandé de ne pas trop dégazer la pâte.

Dessécher
Faire évaporer l'humidité du pain en le disposant dans un four.

Détailler
Couper la pâte en morceaux à l'aide d'un coupe-pâte.

Détente
Temps de repos des pâtons avant le façonnage.

Division
Action de diviser la pâte. La division peut s'effectuer manuellement ou mécaniquement. Cette méthode consiste à diviser, à l'aide d'une diviseuse, des pâtons égaux (le plus couramment au nombre de vingt). Voir aussi page 58.

Dorer
Appliquer une fine couche d'œuf battu sur les pâtes avant la mise au four pour favoriser la coloration et amener de la brillance. L'ajout de sel à l'œuf permet de casser les chalazes et ainsi d'obtenir une dorure fluide, plus facile à appliquer.

E

Eau de bassinage
Eau ajoutée durant le pétrissage si la pâte est trop ferme ou en fin de pétrissage pour l'assouplir.

Eau de coulage
Eau versée dans le pétrin au démarrage du frasage.

Enzymes
Substances naturelles, présentes dans tous les organismes vivants (animaux et végétaux) en plus ou moins grande quantité, dégradant des matières complexes en matières simples.

Étirer, étirage
Étape du pétrissage s'effectuant simultanément avec le soufflage en seconde vitesse. La pâte est étirée, puis repliée sur elle-même (étirage) incorporant ainsi de l'air dans la pâte (soufflage).

F

Façonner, façonnage
Donner sa forme définitive à la pâte, avant l'apprêt. Le façonnage peut être réalisé manuellement ou mécaniquement.

Fariner
Mettre de la farine sur les pains ou sur la table de travail. Le terme « fleurage » désigne l'action de fariner.

Force
Au cours de la fermentation et des manipulations du boulanger, transformation progressive des propriétés physiques de la pâte (ténacité, extensibilité, élasticité).

Fraser, frasage
Pétrir en première vitesse. Lors de cette phase qui dure environ 5 minutes, le gluten absorbe l'eau. Il ne doit rester aucune trace d'eau ou de farine lors du passage en seconde vitesse. Voir aussi page 55.

G

Gluten
Protéine issue du grain de blé qui forme un réseau élastique en présence d'eau maintenant ainsi le gaz. Voir aussi pages 39 à 41.

Grigne
Crête fine provenant du coup de lame qui se décolle au moment de la cuisson.

H

Hygrométrie (taux d')
Pourcentage de vapeur d'eau dans l'air.

L

Lame de boulanger
Ustensile tranchant servant à entailler le pain lors de l'enfournement pour former la grigne.

Lamer, lamage
Réaliser des entailles sur le dessus de la pâte avant l'enfournement.

Laminoir
Machine servant à étaler une pâte et à l'amincir jusqu'à l'épaisseur voulue.

Levain naturel
Mélange d'eau et de farine qui fermente. Voir aussi page 48.

Levure de boulangerie
Champignon provoquant la fermentation de la pâte. Voir aussi page 46.

M

Macération
Opération qui consiste à hydrater les enveloppes des grains pour les rendre plus souples et digestibles.

Malaxer, malaxage
Assouplir pour améliorer les qualités plastiques de certaines matières grasses.

Mère
Terme utilisé lors de la préparation du levain : se dit de la pâte obtenue après le mélange du jus de fruits macérés et de farine.

Moule à kouglof
Moule en terre cuite ou en métal, de forme haute, cannelée et creusée à l'intérieur, servant à cuire le kouglof.

Moule à pain de mie
Moule à cake équipé d'un couvercle.

O

Oura
Conduit pratiqué au fond du four traditionnel de boulanger, servant à ramener la buée dans la cheminée.

P

Pain azyme (ou non levé)
Pain « plat » qui n'a pas gonflé sous l'effet du levain ou de la levure, car il est uniquement constitué d'eau et de farine pétries ensemble.

Palette
Ustensile formé d'une lame large et souple en acier inoxydable, non coupante, de forme carrée, rectangulaire ou légèrement trapézoïdale à bout arrondi pour étaler notamment de la crème sur un pâton.

Panification
Ensemble des opérations consistant à transformer la farine en pain.

Parisien
Meuble en bois dans lequel sont placés les pains pendant l'apprêt.

Pâton
Morceau de pâte à pain mis en forme.

Pavé
Forme donnée à un pâton.

Pellon
Petite planche en bois servant à placer les pains sur le tapis du four.

Pétrin à spirale/à axe oblique
Appareil constitué d'une cuve tournant sur elle-même dans laquelle se meuvent des bras métalliques (spirale ou axe oblique), servant à pétrir mécaniquement la pâte à pain.

Plaque noire (à pâtisserie)
Support servant à la cuisson de certains pains et viennoiseries que l'on recouvre de papier cuisson si son revêtement n'est pas antiadhésif.

Pochoir
Feuille ou carton évidé selon une forme, un dessin précis, qui permet de reproduire cette forme, par exemple en tamisant de la farine.

Pointage (ou piquetage)
Désigne la première fermentation de la pâte entre l'arrêt du pétrin et la pèse.

Poolish
Mélange très liquide, constitué d'eau, de farine et de levure, qui est destiné à jouer un rôle de fermentation dans la préparation d'une pâte à pain.

Pousse
Augmentation du volume d'une pâte levée placée dans une étuve, sous l'action de la fermentation.

R

Rabat
Action de replier une pâte sur elle-même pour lui donner plus de corps. Voir aussi page 57.

Rafraîchir
Pétrir une pâte, notamment un levain, en ajoutant de l'eau et de la farine.

Réaction de Maillard
Réaction entre les protéines et les sucres quand une grande partie de l'eau s'est évaporée en fin de cuisson. Se traduit par une coloration brune et des notes caramélisées.

S

Serrer
Donner de la force à une pâte en la façonnant.

Sirop
Mélange concentré de sucre et d'eau, préparé à froid ou à chaud.

Sole
Partie du four sur lequel les pains cuisent.

Soudure
« Couture » du pain qui est soit à clair (dessous) soit à gris (dessus). Voir aussi page 61.

Soufflage
Opération qui consiste à incorporer de l'air dans une pâte afin d'accélérer la multiplication des cellules de levure.

T

Taux de cendres
Quantité de résidus minéraux encore mélangés à la farine après mouture. Pour vérifier ce taux, le meunier porte un échantillon de sa farine à 900 °C au four, pendant 2 heures. Les minéraux n'étant pas combustibles, ils sont récupérés et pesés. La teneur en cendres de la farine, c'est-à-dire le pourcentage de matières minérales restantes, peut ainsi être mesurée. La réglementation française détermine six types de farine de blé en fonction de leur teneur en cendres : T45, T55, T65, T80, T110 et T150. Plus les taux de cendres et d'extraction sont bas, plus la farine est blanche. Voir aussi page 31.

Taux d'extraction
Un des critères d'appréciation de la farine comme le taux de cendres (voir ci-dessus). Il désigne la quantité de farine produite à partir de 100 kg de blé. Plus les taux de cendres et d'extraction sont bas, plus la farine est blanche. Voir aussi page 31.

Tombant (à chaleur tombante)
Se dit d'un four dont on a baissé la température.

Tourage
Action de superposer des couches de pâte et de matière grasse.

Tourer
Allonger une pâte à l'aide d'un rouleau ou d'un laminoir, puis la plier sur elle-même pour faire un « tour ».

INDEX DES INGRÉDIENTS

NOTE : cet index répertorie uniquement les ingrédients spécifiques qui apportent un goût particulier à la recette. Nous n'avons donc pas indiqué les ingrédients dits « de base » (eau, œufs, sel, farines de tradition…).

TABLE DES MATIÈRES

LES RECETTES

PARCOURS DE FRÉDÉRIC LALOS

Après un double CAP de boulangerie-pâtisserie, Frédéric Lalos arrive en 1989 en finale du concours des Meilleurs apprentis de France, ce qui lui vaut d'être reçu à l'Élysée. Il est très vite repéré par la prestigieuse société Lenôtre qu'il intègre en 1990, où il côtoie les meilleurs, notant scrupuleusement leurs recettes et techniques de fabrication.

Après son service militaire, il retourne chez Lenôtre, continue à apprendre, passe tous les concours de la profession et réussit en 1992 son brevet de maîtrise en Boulangerie. Il intègre de 1994 à 1996 le centre de recherche des Grands Moulins de Paris, où il apprend beaucoup sur la farine – ingrédient essentiel du boulanger. Pendant ces deux années, il se consacre à la préparation du concours Un des Meilleurs Ouvriers de France. En 1997, il décroche le titre suprême en devenant à 26 ans, et pour sa première participation à ce prestigieux concours, l'un des plus jeunes Meilleurs Ouvriers de France de l'histoire.

La société Lenôtre lui propose alors le poste de chef boulanger. Il fabrique le pain pour les magasins et restaurants Lenôtre parisiens, parcourt le monde entier pour former le personnel (Japon, Corée, Koweït…), découvre des modes de vie et… de nouvelles recettes.

Fin 1999, ayant acquis une véritable expérience de production et de management, Frédéric Lalos se lance avec Pierre-Marie Gagneux dans l'aventure du Quartier du Pain. Ils ouvrent une première boutique à Levallois, en 2000, et une deuxième à l'enseigne Quartier du Pain, en 2001. De 2003 à 2016, ce sont 6 nouvelles boulangeries à Paris et en périphérie qui voient le jour. Parallèlement, il commence à fournir en pains et viennoiseries les belles adresses de la gastronomie parisienne.

En 2010, Frédéric Lalos est nommé « Boulanger de l'année 2010 » par le guide *Pudlo*. En 2011, il ouvre en franchise à Taipei (Taïwan) son premier magasin à l'étranger sous l'enseigne « Lalos ».

En parallèle, en 2016, en réponse à la demande croissante des professionnels de la gastronomie parisienne, Frédéric Lalos et son associé Pierre-Marie Gagneux ouvrent leur atelier central à Sèvres, dédié à leur activité de fourniture extérieure. Le succès est immédiat et, à ce jour, ce sont 30 étoilés au *Guide Michelin* qui sont livrés, par eux, chaque jour.

En février 2019, il décide avec son associé de se consacrer intégralement à la clientèle professionnelle. Ce sont 30 personnes qui travaillent aujourd'hui dans cet atelier. Tout ceci n'entame pas la simplicité de ce MOF, mais renforce son envie de partager sa passion pour le bon pain et le bon croissant artisanal. C'est ainsi que Frédéric Lalos forme de très nombreux apprentis avec pour seul objectif de les faire réussir dans cette belle profession. Ses maîtres mots sont transmission, rigueur et respect.

Par ailleurs, Frédéric Lalos développe une activité de conseils auprès de nombreuses sociétés avec toujours pour unique objectif la promotion du bon pain et du savoir-faire à la française.

Frédéric Lalos a publié : *Le Pain, l'envers du décor* (2003), *Je fais tout avec ma machine à pain* (2007) et *Un pain, c'est tout* (2016).

LES MOULINS D'ANTOINE

Les Moulins d'Antoine

RÉVÉLER l'authenticité de nos terroirs

Implantés sur les monts du Cantal, à Murat en Auvergne, les Moulins d'Antoine se sont donné pour vocation de révéler de beaux terroirs à céréales afin de proposer des farines authentiques et de qualité supérieure.

Le travail quotidien des Moulins d'Antoine est centré sur la recherche permanente de l'excellence des farines au service des artisans. Cela passe notamment par une sélection et un assemblage minutieux de céréales tracées, produites selon des cahiers des charges rigoureux, en partenariat avec les agriculteurs locaux. 100 % des matières premières – Blés de Limagne des Terres d'Auvergne®, Seigle des Terres de Margeride® ou variétés anciennes – sont produites à moins de 100 km du moulin de Murat, au pied des volcans d'Auvergne ou sur les hauts plateaux de Margeride.

Les Moulins d'Antoine comptent plus de 50 étoiles au guide Michelin parmi leurs clients directs et indirects et travaillent, en France et à l'export, en étroite collaboration avec plusieurs grands noms de la boulangerie et de la gastronomie française dont de nombreux Meilleurs Ouvriers de France. Proximité, convivialité et service aux boulangers sont les maîtres-mots de l'équipe des Moulins d'Antoine.

Guidée par des valeurs fortes – le respect de l'Homme, des Savoir-Faire, et de la Nature – l'entreprise pluri-centenaire poursuit aujourd'hui son ambition : s'engager pour une alimentation plus saine, plus de goût et plus de sens !

REMERCIEMENTS

Tout d'abord, je tiens à remercier Pierre-Marie Gagneux, mon associé de toujours, toute l'équipe de mon atelier et plus particulièrement Philippe et Pierre pour leur aide si précieuse, ainsi que les Moulins d'Antoine.

Mes pensées vont ensuite à Sandra, mon épouse, Louna et Lucas, mes enfants, que je remercie chaleureusement pour leur soutien sans faille et leur aide pour la relecture.

Un grand merci bien sûr aussi à Laurence et toute l'équipe des Éditions Epa pour leur confiance et leur travail assidu sur ce bel ouvrage.

Je n'oublie pas non plus Bénédicte Bortoli, Françoise Mathay, Emanuela Cino, Marie-Paule Jaulme et Sylvie Kempler sans lesquelles ce livre n'aurait pas vu le jour.

Merci à vous tous!

CRÉDITS PHOTOGRAPHIQUES

© Emanuela Cino pour toutes les photographies,
excepté pour les visuels suivants :
page 11 : creativecommons *via* MET;
page 13 : © Getty Images, photo Josse/Leemage;
page 14 : © akg-images;
page 20 : illustration du grain de blé © Grafatom;
page 21 : © Florilegius/Alamy Stock Photo;
page 27 : © P. Soissons, Les Moulins d'Antoine;
page 31 : illustration des types de farine et taux de cendres © Grafatom;
page 33 : © Éric d'Herouville/hemis.fr.

Direction : Antoine Béon
Responsable éditoriale : Laurence Lehoux
Suivi éditorial : Françoise Mathay
Révision des textes et rédaction « Du pain et de la boulangerie » et des « Paroles de chef » : Bénédicte Bortoli
Textes : Les Moulins d'Antoine – page 16-17 (C. Teyssedou), page 26 (E. Jacquart), page 40-41
Préparation de copie/relecture : Sylvie Kempler
Direction artistique : Charles Ameline
Conception graphique : Marie-Paule Jaulme
Mise en pages : Marie-Paule Jaulme et Marylène Lhenri
Fabrication : Cécile Alexandre-Tabouy
Photogravure : Chromostyle
Partenariats et ventes directes : Dana Lichiardopol-George
dlichiardopol@hachette-livre.fr
Relations presse : epa@hachette-livre.fr

Édité par les Éditions EPA
(58, rue Jean-Bleuzen, 92178 Vanves Cedex)
Achevé d'imprimer en Espagne par ESTELLA GRAFICAS
Dépôt légal : octobre 2021
ISBN : 978-2-37-671232-9
EAN : 59 1706 8